鼎典法律应用百科

仲裁司法审查

裁判规则理论与实务

杨秀清 著

法律出版社 LAW PRESS · CHINA

序　言

商事仲裁作为一种行之有效的争议解决机制,已成为现代社会多元化纠纷解决机制中与民事诉讼相并行的重要制度。商事仲裁以当事人意思自治为原则,以协议仲裁为其核心特征,仲裁协议不仅是当事人通过灵活、快捷的仲裁方式解决其争议意愿得以实现的基础,也是仲裁机构受理争议案件以及排除法院司法管辖权的依据,因此,仲裁协议构成现代协议仲裁制度的基石,没有仲裁协议,也就没有现代意义上的协议仲裁。然而,仲裁实行一裁终局制度,一旦作出的仲裁裁决失去其公正性,势必损害当事人的合法权益,因此,作为协议仲裁制度公正性的保障,司法监督制度不可或缺。正如杨良宜在谈到仲裁的司法因素时所言:在法院的司法监督下,仲裁的公正性与合法性有了进一步的保障。基于此,从某种意义上说,仲裁所具有的司法因素在有些时候显得更为重要。因此,仲裁必须具有司法精神,符合自然的公正,做到司法上的公道。①

近年来,最高人民法院相继出台了《最高人民法院关于审理仲裁司法审查案件若干问题的规定》《最高人民法院关于仲裁司法审查案件报核问题的有关规定》《最高人民法院关于仲裁裁决执行案件若干问题的规定》等司法解释,与《仲裁法》以及《仲裁法解释》共同构成仲裁司法审查的主要法律依据,进一步规范了仲裁司法审查相关法律问题,适应了商事仲裁发展的需要。然而,《仲裁法》自 1995 年实施以来 20 余年,我国社会处于不断的发展变革之中,仲裁司法审查理论与司法实践也随之不断发展,因此,总结与提炼运用抽象的制定法规范合理解决复杂多样的司法审查案件的重要裁判规则十分必要。

本书的编写理念与特点主要体现在以下几个方面:

第一,突出规则的实用性。笔者通过“中国裁判文书网”等网站收集已公布的司法审查案件的裁判文书,经过整理与归纳,对司法审查实践中经常涉及的仲裁协议的内容、仲裁协议的书面形式、仲裁协议的效力、仲裁与诉讼的关系、申请撤销仲裁裁决、执行与不予执行仲裁裁决这六大类问题,精选并提炼出具有参考价值的裁

---

① 参见杨良宜:《国际商务与海事仲裁》,大连海运学院出版社 1994 年版,第 5 页。

判规则，辅助理解抽象的制定法规范在仲裁司法审查案件中的适用。

第二，保持内容的体系性。仲裁司法审查案件主要包括申请确认仲裁协议效力案件、申请撤销仲裁裁决案件、申请不予执行仲裁裁决案件这几种类型，本书编写以上述类型案件的裁判文书为基础资料，按照先明确仲裁协议的内容、书面形式与效力这几个基本问题，再到正确处理仲裁与诉讼之间的关系，最后通过司法监督制度保障仲裁公正性的思路，形成本书内容的体系化结构。

第三，揭示法理的简洁性。本书以通过归纳与提炼裁判规则为仲裁司法审查提供指引为目的，对仲裁司法审查实践中的常见问题，以法律规范和实践案例为基础，秉承法律规范之原意，通过简洁的法理阐释，为仲裁司法审查案件的处理思路和裁判规则提供理论回应和必要的法理支持。

第四，体现使用的便捷性。本书定位于司法实务之用，在“典型案解”和“类案检索”部分，力求在既定案件事实基础上，对裁判意见的理论分析进行梳理与归纳，并概括提炼出相应的裁判规则；同时，详细列明裁判作出法院、案号，裁判文书作出时间以及当事人的基本信息，便于读者据此检索相关案例。

司法实践复杂多样，尽管笔者希望力所能及地全面归纳与提炼仲裁司法审查中的裁判规则，鉴于能力所限，疏漏在所难免。衷心希望广大读者多提出宝贵意见。

诚挚感谢法律出版社朱峰、苗婕女士对本书写作提出的许多建设性意见，感谢她们为本书出版的辛勤付出。

杨秀清

2020年11月20日

于北京太阳园

编 写 说 明

一、法律、法规、规章和规范性文件名称中的“中华人民共和国”省略。

二、叙述法律、法规、规章和规范性文件，没有特别说明的，一般为制定法的最新版本。

三、引用法律条文时，条文的款、项之间不另分行、分段。

四、为了节省正文篇幅，除正文阐述需借助法律条文内容进行以外，法律条文的具体内容将采取“引注”的方式。本书中的“引注”主要包括：(一)有关法律规定、行政法规、司法解释的条文；(二)有关学者的观点和解读；(三)法院判决的内容；(四)国际条约以及域外国家法律规定等。

五、本书出现较多的仲裁机构名称与简称如下：

序号	仲裁机构名称全称	本书简称
1	中国国际经济贸易仲裁委员会	贸仲委
2	北京仲裁委员会	北仲

六、本书出现较多的法律、司法解释和司法文件，使用如下简称：

序号	文件全称	本书简称	施行日期
1	最高人民法院关于适用《中华人民共和国仲裁法》若干问题的解释	《仲裁法解释》	2006 年 9 月 8 日
2	承认和执行外国仲裁裁决公约	《纽约公约》	1958 年 6 月 10 日
3	最高人民法院关于适用《中华人民共和国民事诉讼法》若干问题的解释	《民诉法解释》	2021 年 1 月 1 日
4	最高人民法院关于适用《中华人民共和国行政诉讼法》的解释	《行政诉讼法解释》	2018 年 2 月 8 日
5	《国际商事仲裁示范法》	《示范法》	2006 年 12 月 4 日
6	《最高人民法院关于审理建设工程施工合同纠纷案件适用法律问题的解释(一)》	《建设工程施工合同解释(一)》	2021 年 1 月 1 日

续表

序号	文件全称	本书简称	施行日期
7	《最高人民法院关于审理仲裁司法审查案件若干问题的规定》	《仲裁司法审查规定》	2018 年 1 月 1 日
8	《最高人民法院关于审理民事案件适用诉讼时效制度若干问题的规定》	《诉讼时效规定》	2021 年 1 月 1 日
9	《最高人民法院关于适用〈中华人民共和国涉外民事关系法律适用法〉若干问题的解释(一)》	《涉外法律适用法司法解释(一)》	2013 年 1 月 7 日
10	《最高人民法院关于仲裁司法审查案件报核问题的有关规定》	《仲裁司法审查报核规定》	2018 年 1 月 1 日
11	《最高人民法院关于人民法院办理仲裁裁决执行案件若干问题的规定》	《仲裁裁决执行规定》	2018 年 3 月 1 日
12	《最高人民法院关于适用〈中华人民共和国企业破产法〉若干问题的规定(二)》	《企业破产法解释(二)》	2021 年 1 月 1 日
13	《中国海事仲裁委员会仲裁规则》	《海事仲裁规则》	2018 年 10 月 1 日
14	《最高人民法院关于适用〈中华人民共和国公司法〉若干问题的规定(二)》	《公司法司法解释(二)》	2021 年 1 月 1 日
15	《中华人民共和国民法典》	《民法典》	2021 年 1 月 1 日

简　　目

细　目

第一章　仲裁协议的内容

常见问题与法条导航

序号	常见问题	法条导航
1	合同纠纷与财产权益纠纷具有可仲裁性	《仲裁法》第 2 条①
2	行政争议不具有可仲裁性,但是行政合同中民事权利义务争议具有可仲裁性	《仲裁法》第 3 条②
3	劳动争议和农业集体经济组织内部的农业承包合同纠纷的仲裁,不适用仲裁法	《仲裁法》第 77 条③
4	当事人概括约定仲裁事项为"合同争议"的理解	《仲裁法解释》第 2 条④
5	未约定仲裁机构,仲裁协议无效	《仲裁法》第 16 条第 2 款⑤
6	选定仲裁委员会不明确,仲裁协议无效	《仲裁法》第 18 条⑥
7	仲裁机构名称不准确,但能确定仲裁机构的,仲裁协议有效	《仲裁法解释》第 3 条⑦
8	约定仲裁规则而未约定仲裁机构的仲裁协议效力认定	《仲裁法解释》第 4 条⑧
9	约定两个以上仲裁机构的仲裁协议效力认定	《仲裁法解释》第 5 条⑨
10	约定某地的仲裁机构的仲裁协议效力认定	《仲裁法解释》第 6 条⑩

①《仲裁法》第 2 条规定:"平等主体的公民、法人和其他组织之间发生的合同纠纷和其他财产权益纠纷,可以仲裁。"

②《仲裁法》第 3 条规定:"下列纠纷不能仲裁:(一)婚姻、收养、监护、扶养、继承纠纷;(二)依法应当由行政机关处理的行政争议。"

③《仲裁法》第 77 条规定:"劳动争议和农业集体经济组织内部的农业承包合同纠纷的仲裁,另行规定。"

④《仲裁法解释》第 2 条规定:"当事人概括约定仲裁事项为合同争议的,基于合同成立、效力、变更、转让、履行、违约责任、解释、解除等产生的纠纷都可以认定为仲裁事项。"

⑤《仲裁法》第 16 条第 2 款规定:"仲裁协议应当具有下列内容:(一)请求仲裁的意思表示;(二)仲裁事项;(三)选定的仲裁委员会。"

⑥《仲裁法》第 18 条规定:"仲裁协议对仲裁事项或者仲裁委员会没有约定或者约定不明确的,当事人可以补充协议;达不成补充协议的,仲裁协议无效。"

⑦《仲裁法解释》第 3 条规定:"仲裁协议约定的仲裁机构名称不准确,但能够确定具体的仲裁机构的,应当认定选定了仲裁机构。"

⑧《仲裁法解释》第 4 条规定:"仲裁协议仅约定纠纷适用的仲裁规则的,视为未约定仲裁机构,但当事人达成补充协议或者按照约定的仲裁规则能够确定仲裁机构的除外。"

⑨《仲裁法解释》第 5 条规定:"仲裁协议约定两个以上仲裁机构的,当事人可以协议选择其中的一个仲裁机构申请仲裁;当事人不能就仲裁机构选择达成一致的,仲裁协议无效。"

⑩《仲裁法解释》第 6 条规定:"仲裁协议约定由某地的仲裁机构仲裁且该地仅有一个仲裁机构的,该仲裁机构视为约定的仲裁机构。该地有两个以上仲裁机构的,当事人可以协议选择其中的一个仲裁机构申请仲裁;当事人不能就仲裁机构选择达成一致的,仲裁协议无效。"

第一节　仲裁事项

【法理辨析】

1. 仲裁事项的理解

仲裁事项是双方当事人在仲裁协议中约定的提请仲裁解决的争议范围。根据国际通行惯例,当事人只有把仲裁协议中约定的具有可仲裁性的事项所产生的争议提请仲裁,仲裁机构才能受理,因此,该仲裁事项的约定是否合法,直接影响当事人双方提请仲裁解决争议案件意愿的实现,而仲裁事项的核心问题是争议事项的可仲裁性。

争议事项的可仲裁性,实际上是一国法律允许通过仲裁解决的争议事项的范围。由于争议事项的可仲裁性是由国内法加以规定的,每个国家都可以出于本国公共政策的考虑,确定哪些问题可以通过仲裁解决,哪些问题不可以通过仲裁解决。即使对仲裁持赞成态度的国家,其国内法也会对仲裁的范围做一定的限制,因此,在争议事项可仲裁性问题上,不同国家经常可能出现冲突,即在一国被认为具有可仲裁性的事项,在其他国家可能会被界定为不具有可仲裁性。因此,争议事项可仲裁性是一个国家鼓励或者限制仲裁制度发展的重要工具。正因如此,确定争议事项的可仲裁性具有重要意义:第一,决定仲裁作为一种商事争议解决机制之职能的实现程度。也就是说,争议事项可仲裁范围宽,仲裁制度得以发挥其争议解决职能的领域随之扩宽;反之,可供仲裁制度作用的领域狭窄必然限制其争议解决职能的发挥。第二,决定仲裁协议是否有效。仲裁协议是仲裁程序得以顺利进行的基础,也是当事人将争议事项提请仲裁解决意愿能够得以实现的前提。争议事项可仲裁性决定仲裁协议有效与否实际上也就决定着仲裁庭的管辖权问题。如果根据仲裁协议所适用的法律,仲裁庭认为争议事项具有可仲裁性,则仲裁庭可以行使对争议事项的管辖权进行审理并作出仲裁裁决;否则,对于不具有可仲裁性的事项,即使当事人依据自愿达成的仲裁协议申请仲裁,仲裁庭也不得行使对该争议事项的管辖权。第三,决定仲裁裁决能否得到有关国家的承认和执行。仲裁庭对争议事项经过审理作出仲裁裁决后,如果义务人不能自觉履行义务,则依据仲裁裁决享有实体权利的一方当事人有权申请法院承认并运用国家强制力执行仲裁裁决。如果仲裁裁决所解决的争议事项不具有可仲裁性,义务人则可以此为由请求法院不予承认和执行仲裁裁决,一旦法院经过审查,以争议事项不具有可仲裁性为由裁定不予执行仲裁裁决,则意味着当事人之间的争议未得到解决,且当事人的实体权利无法得以实现。在国际商事仲裁裁决需要得到其他国家法院的承认与执行时,同样面临这一问题。对此,《纽约公约》第 1 条第 3 款规定"任何国家亦得声明,该国唯有争议起于法律关系,不论其为契约性质与否,而依提出声明国家之国内法认为系属商事关系者,始适用本公约"。该公约第 5 条第 2 款规定:"倘声请承认及执行地所在国之主管机关认定依该国法律,争议事项系不能以仲裁解决者,亦得拒不承认及执行仲裁裁决。"可见,依照有关国家之法律,如果争议事项不具有可仲裁性,对该争议事项所作出之仲裁裁决即无法根据《纽约公约》得到他国的承认与执行。

2. 仲裁事项的范围

根据我国《仲裁法》第 2 条的规定,平等主体的公民、法人和其他组织之间发生的合同纠纷和其他财产权益纠纷,可以仲裁。这里的其他财产权益纠纷,通常是指因财产侵权而产生的纠纷。也就是说,可以根据《仲裁法》仲裁的案件具有以下特点:第一,当事人具有平等性;第二,仲裁事项具有可处分性;第三,争议内容具有财产性。

根据《仲裁法》第 3 条的规定,下列纠纷不能仲裁:(一)婚姻、收养、监护、抚养、继承纠纷;(二)依法应当由行政机关处理的行政争议。此外,《仲裁法》第77条还规定:"劳动争议和农业集体经济组织内部的农业承包合同纠纷的仲裁,另行规定"。对于农业集体经济组织内部的农业承包合同纠纷的仲裁,应当依法适用《农村土地承包经营纠纷调解仲裁法》。该法第2条规定:"农村土地承包经营纠纷调解和仲裁,适用本法。农村土地承包经营纠纷包括:(一)因订立、履行、变更、解除和终止农村土地承包合同发生的纠纷;(二)因农村土地承包经营权转包、出租、互换、转让、入股等流转发生的纠纷;(三)因收回、调整承包地发生的纠纷;(四)因确认农村土地承包经营权发生的纠纷;(五)因侵害农村土地承包经营权发生的纠纷;(六)法律、法规规定的其他农村土地承包经营纠纷。因征收集体所有的土地及其补偿发生的纠纷,不属于农村土地承包仲裁委员会的受理范围,可以通过行政复议或者诉讼等方式解决。"第4条规定:"当事人和解、调解不成或者不愿和解、调解的,可以向农村土地承包仲裁委员会申请仲裁,也可以直接向人民法院起诉。"

3. 仲裁事项的约定

仲裁协议中约定的仲裁事项是当事人通过仲裁解决的争议及其范围,也是仲裁机构受理当事人仲裁申请的依据。一般而言,仲裁事项的约定可以分为概括的仲裁事项和具体的仲裁事项。概括的仲裁事项通常表述为因合同产生或者与合同有关的全部争议事项,由当事人在签订的合同中直接作出约定。而具体的仲裁事项通常表述为某一项具体的争议,由当事人在争议发生后针对某一项具体的合同纠纷或者其他财产权益纠纷作出约定。

当事人约定仲裁事项时需注意两点:第一,所约定的争议事项必须具有可仲裁性,即须是仲裁法允许仲裁的事项。第二,仲裁事项的约定具有明确性。根据《仲裁法》第18条的规定,仲裁协议对仲裁事项或者仲裁委员会没有约定或者约定不明确的,当事人可以补充协议;达不成补充协议的,仲裁协议无效。此外,《仲裁法解释》第2条规定,当事人概括约定仲裁事项为合同争议的,基于合同成立、效力、变更、转让、履行、违约责任、解释、解除等产生的纠纷都可以认定为仲裁事项。

【典型案解】

1. PPP项目投资协议履行问题发生的争议具有可仲裁性

裁判规则 ▶▶

案涉PPP项目投资协议并未就行政审批、行政许可等行政法上权利义务内容进行约定,合同系为了约定设立项目公司后签署PPP项目协议,实施项目的设计、

投融资、建设、运营管理及维护等事宜而签订，且诸暨市大唐街道办事处的仲裁请求涉及的是案涉 PPP 项目投资协议的履行问题，纠纷并不涉及具体的行政行为。因此，本案争议具有可仲裁性。

典型案例

天颂建设集团有限公司与诸暨市人民政府大唐街道办事处申请确认仲裁协议效力纠纷案［浙江省绍兴市中级人民法院民事裁定书(2020)浙06民特4号(2020年4月14日)］

申请人：天颂建设集团有限公司

被申请人：诸暨市人民政府大唐街道办事处

2017年11月7日，诸暨市人民政府审批通过《诸暨袜艺小镇综合配套PPP采购项目实施方案》。2018年1月3日，诸暨市大唐镇人民政府发布《诸暨袜艺小镇综合配套PPP采购项目的招标公告》。同年1月23日，天颂建设集团有限公司与中新房东方有限公司作为联合体投标并中标。2018年2月7日，诸暨市大唐镇人民政府作为甲方，中新房东方有限公司、天颂建设集团有限公司作为乙方签订诸暨袜艺小镇综合配套PPP采购项目投资协议。该协议第5条"争议的解决"约定：本协议在履行过程中发生的争议，各方本着友好、互利的原则协商解决；协商或调解不成的，任一方有权向绍兴仲裁委员会诸暨分会提交仲裁。在仲裁裁决作出之前，双方均应遵守绍兴仲裁委员会诸暨分会的决定。

裁判观点

绍兴市中级人民法院认为，本案纠纷是否具有可仲裁性取决于案涉PPP项目投资协议的法律性质。首先，案涉项目虽然与行政机关实现行政管理目标、履行公共管理职责有一定的关联，但该项目并非诸暨市大唐街道办事处完全无偿的、单一的向社会公众提供的公共服务。其次，从合同订立及合同内容确定情况来看，虽然合同的一方当事人是诸暨市大唐街道办事处，但案涉协议内容不能充分表明行政机关在订立合同、监督和指挥合同的履行、变更或者解除合同等方面均享有单方的优越和主导地位。合同相对人天颂建设集团有限公司、中新房东方有限公司在订立合同及决定合同内容等方面仍享有充分的意思自治，并不受单方行政行为强制。最后，从合同内容来看，本案合同并未就行政审批、行政许可等行政法上权利义务内容进行约定，合同系为了约定设立项目公司后签署PPP项目协议，实施项目的设计、投融资、建设、运营管理及维护等事宜而签订。合同约定的具体的权利义务及违约责任，均体现了双方当事人的平等、等价协商一致的合意。本案协议具有明显的民商事法律关系性质，应当定性为民商事合同，不属于行政机关为实现公共利益或者行政管理目标，在法定职责范围内，与公民、法人或者其他组织协商订立的具有行政法上权利义务内容的行政协议。另外，从诸暨市大唐街道办事处的仲裁请求来看，其涉及的是案涉 PPP 项目投资协议的履行问题，纠纷并不涉及具体的行政行为。因此，本案争议具有可仲裁性，不属于依法应当由行政机关处理的行政争议。

2. 合同解除发生的纠纷属于仲裁协议约定的仲裁事项

裁判规则

龙归液化气站租赁协议书约定的仲裁事项为本协议在执行过程中发生的争议，请求解除该协议及交还租赁场地属于仲裁协议约定的仲裁事项。安燃公司主张合同解除不可能产生履行过程中的争议，是对《仲裁法解释》第 2 条规定的错误理解，其以此为由认为仲裁协议无效，本院不予采纳。

典型案例

广州安燃能源有限公司与南方医科大学申请确认仲裁协议效力案［广东省广州市中级人民法院民事裁定书(2020)粤 01 民特 1 号(2020 年 1 月 21 日)］

申请人：广州安燃能源有限公司（以下简称安燃公司）

被申请人：南方医科大学（以下简称医科大学）

2012 年 6 月 28 日，医科大学与安燃公司签订龙归液化气站租赁协议书，其中，第 14 条第 2 款约定，本协议在执行过程中如有争议，双方同意提交广州仲裁委员会并按该会的仲裁规则进行仲裁，双方均承认其仲裁结果。

裁判观点

广州市中级人民法院认为，《仲裁法》第 16 条第 2 款规定，仲裁协议应当具有下列内容：（一）请求仲裁的意思表示；（二）仲裁事项；（三）选定的仲裁委员会。本案中，龙归液化气站租赁协议书关于争议解决方式的约定有请求仲裁的意思表示，对仲裁的事项、范围已经作出了明确的约定，仲裁事项为本协议在执行过程中发生的争议，现医科大学因与安燃公司在履行该协议的过程中产生争议，向中国广州仲裁委员会申请仲裁，请求解除该协议及安燃公司交还租赁场地，属于仲裁协议约定的仲裁事项。安燃公司主张合同解除不可能产生履行过程中的争议，是对《仲裁法解释》第 2 条规定的错误理解，其以此为由认为仲裁协议无效，本院不予采信。虽然上述仲裁协议约定的仲裁机构“广州仲裁委员会”与现受理了仲裁案件的“中国广州仲裁委员会”在名称上稍有差异，但中国广州仲裁委员会原名广州仲裁委员会，《中国广州仲裁委员会仲裁规则》第2条第2项规定，当事人约定将争议提交……本会、仲裁院原名称的，均视为同意由本会仲裁。因此，医科大学与安燃公司约定发生争议由广州仲裁委员会仲裁，则中国广州仲裁委员会依法应为双方约定的仲裁机构，安燃公司认为协议约定的仲裁机构名称不准确、应为无效，理由不成立。

3. 劳动合同性质的认定

裁判规则

按照收入数额进行比例分成的约定并非劳动合同的独有特征，不能认定该合同具有劳动合同性质。申请人黄某云主张约定的仲裁事项超出法律规定的仲裁范围，缺乏事实根据。

典型案例

黄某云与湖南炎帝星创文化传媒有限公司申请确认仲裁协议效力案［湖南省株洲市中级人民法院民事裁定书(2019)湘02民特19号(2019年12月29日)］

申请人：黄某云

被申请人：湖南炎帝星创文化传媒有限公司(以下简称星创传媒公司)

2019年3月26日，星创传媒公司(甲方)和黄某云(乙方)签订一份经纪及直播合作合同，合同约定：双方一致同意乙方借助甲方有权运营的互联网直播平台进行直播活动，乙方不得在甲方指定的直播平台之外进行任何直播活动。基于本协议履行双方发生争议协商不能解决的，双方均可向株洲仲裁委员会申请仲裁。

裁判观点

株洲市中级人民法院认为，当事人对仲裁协议的效力有异议，请求人民法院审查仲裁协议效力的，实质上所要解决的是仲裁机构是否有权审理案涉合同纠纷的程序性问题。《仲裁法》第17条规定：“有下列情形之一的，仲裁协议无效：(一)约定的仲裁事项超出法律规定的仲裁范围的……”本案中，按照收入数额进行比例分成的约定并非劳动合同的独有特征。仅凭对经纪及直播合作合同约定内容进行审查，不能认定该合同具有劳动合同性质。申请人黄某云主张约定的仲裁事项超出法律规定的仲裁范围，缺乏事实根据，理由不能成立，本院不予采纳。

4. 以劳动合同关系为基础签订的协议中，平等主体之间的法律关系所产生的争议具有可仲裁性

裁判规则 ▶▶

双方当事人所签订的保密、不竞争及知识产权保护协议虽然以劳动合同关系为基础，但该协议内容不仅包括劳动合同权利义务关系，还包括属于平等民事主体之间的其他法律关系，因其他属于平等民事主体之间的法律关系所产生的争议可进行仲裁。

典型案例 ▶▶

夏某春与杭州呼嘭智能技术有限公司申请确认仲裁协议效力案［浙江省杭州市中级人民法院民事裁定书(2019)浙01民特311号(2019年12月23日)］

申请人：夏某春

被申请人：杭州呼嘭智能技术有限公司(以下简称呼嘭公司)

2017年11月6日，呼嘭公司与夏某春签订保密、不竞争及知识产权保护协议，约定：任何有关协议的解释、履行或违反而产生的争议或争论，应提交由杭州仲裁委员会按照其届时的仲裁规则进行仲裁。

裁判观点 ▶▶

杭州市中级人民法院认为，双方当事人所签订的保密、不竞争及知识产权保护协议虽然以劳动合同关系为基础，但该协议内容不仅包括劳动合同权利义务关系，还包括属于平等民事主体之间的其他法律关系。《仲裁法》第77条规定："劳动争议和农业集体经济组织内部的农业承包合同纠纷的仲裁，另行规定。"根据该规定，双方当事人之间的劳动争议的确不属于《仲裁法》所规定的仲裁事项范围，但因其他属于平等民事主体之间的法律关系所产生的争议可进行仲裁。经审查双方当事人之间的保密、不竞争及知识产权保护协议中的仲裁条款，该条款包括了请求仲裁的意思表示、仲裁事项、选定的仲裁委员会，且不存在其他法定无效事由，故对夏某春关于确认案涉仲裁条款无效的申请，本院不予支持。至于呼嘭公司已经提起的仲裁案件是否属于劳动争议、杭州仲裁委员会是否有权仲裁的问题，应由杭州裁委员会在案件审理中依法独立决定，不属于确认仲裁协议效力案件审查范围。

5. 股东之间协议提供离职补偿金系合同关系而非劳动争议，具有可仲裁性

裁判规则

劳动争议是指用人单位与劳动者之间因劳动关系中的权利义务而发生的纠纷。本案协议书的签订双方是两个自然人，系因作为股东的申请人自愿向被申请人提供离职补偿金而达成，属于平等主体之间的合同关系而非向劳动争议仲裁委员会申请仲裁的劳动争议。系争仲裁协议约定的仲裁事项并未超出法律规定的仲裁范围。

典型案例

邓某金诉石某申请确认仲裁协议效力案［上海市第一中级人民法院民事裁定书(2019)沪01民特675号(2019年12月3日)］

申请人：邓某金

被申请人：石某

邓某金(乙方)和石某(甲方)于2018年7月9日签订协议书，载明：本协议受中华人民共和国法律管辖，并据其解释所有条款。如果因为执行本协议书发生争议的，任何一方有权将该争议提交上海仲裁委员会根据即时有效的仲裁条款予以裁决解决。

裁判观点

上海市第一中级人民法院认为，双方当事人均认可协议书的真实性，其中第8条仲裁条款选定了仲裁机构，具有明确的提交仲裁的意思表示，申请人认为存在意思表示错误并无依据。劳动争议是指用人单位与劳动者之间因劳动关系中的权利义务而发生的纠纷。本案协议书的签订双方是两个自然人，系因作为股东的申请人自愿向被申请人提供离职补偿金而达成，属于平等主体之间的合同关系而非向劳动争议仲裁委员会申请仲裁的劳动争议。根据《仲裁法》第2条的规定，平等主体的公民、法人和其他组织之间发生的合同纠纷和其他财产权益纠纷，可以仲裁。因此，系争仲裁协议约定的仲裁事项并未超出法律规定的仲裁范围，申请人的申请缺乏依据，其要求确认仲裁协议无效的主张不能成立，本院不予支持。

6. 合伙合同而非劳动合同中的仲裁条款，合法有效

裁判规则

本案合作协议以及补充协议多处明确郑某军与虎牙公司之间是合作关系，并

不存在劳动合同中的隶属关系，该合同是平等主体在意思自治基础上签订的商事合同。该合同中约定的仲裁条款是合法有效的仲裁条款。

典型案例

郑某军与广州虎牙信息科技有限公司申请确认仲裁协议效力案［广东省广州市中级人民法院民事裁定书(2019)粤01民特1164号(2019年10月23日)］

申请人：郑某军

被申请人：广州虎牙信息科技有限公司(以下简称虎牙公司)

虎牙公司作为甲方，郑某军作为乙方，深圳市新耀传媒有限公司作为丙方于2018年5月25日签订合作协议，约定：因本协议引起的相关争议，各方应友好协商解决，若协商不成，各方同意将纠纷提交广州仲裁委员会，按照该机构有效的仲裁规则仲裁解决。

裁判观点

广州市中级人民法院认为，郑某军与虎牙公司签订的合作协议以及补充协议的具体内容，该合同多处明确郑某军与虎牙公司之间是合作关系，并不存在劳动合同中的隶属关系，合同约定的收益分配与支付不符合劳动合同体现的按劳分配原则，该合同是郑某军与虎牙公司作为平等主体在意思自治基础上签订的商事合同。该合同中约定的仲裁条款有请求仲裁的意思表示，约定了仲裁事项和明确的仲裁委员会，是合法有效的仲裁条款。而各方当事人签订的补充协议，并未约定争议解决方式，且补充协议中亦约定未尽之处仍按原协议约定执行。虎牙公司据此向中国广州仲裁委员会提起仲裁申请，符合法律规定。综上所述，郑某军主张案涉仲裁条款无效的理由不能成立，本院依法不予支持。

7. 征地协议的主要内容并非行政法上的权利义务关系，合同无效不影响仲裁协议效力

裁判规则

《行政诉讼法解释》第11条第1款规定，行政机关为实现公共利益或者行政管理目标，在法定职责范围内，与公民、法人或者其他组织协商订立的具有行政法上权利义务内容的协议，属于《行政诉讼法》第12条第1款第11项规定的行政协议。本案所涉征地协议，汀祖镇政府并未行使行政职权，协议的主要内容也并非行政法上的权利义务关系。汀祖镇政府以合同无效为由主张仲裁条款无效，有悖法律规定，本院不予支持。

典型案例

鄂州市鄂城区汀祖镇人民政府与武汉飞达冶金矿山机械制造有限公司、湖北浙楚工业地产开发有限公司申请确认仲裁协议效力案［湖北省武汉市中级人民法院民事裁定书(2019)鄂01民特408号(2019年11月14日)］

申请人:鄂州市鄂城区汀祖镇人民政府(以下简称汀祖镇政府)

被申请人:武汉飞达冶金矿山机械制造有限公司(以下简称飞达公司)

被申请人:湖北浙楚工业地产开发有限公司(以下简称浙楚公司)

2014年3月3日,汀祖镇政府与浙楚公司、飞达公司共同签订征地协议,约定争议解决:凡因履行本协议所发生的或与本协议有关的一切争议当事人应友好协商;如协商不成,任何一方均有权提交武汉仲裁委员会依法裁决。

裁判观点

武汉市中级人民法院认为,从案涉合同签订主体来看,汀祖镇政府与浙楚公司、飞达公司之间并不存在行政管理关系,各方在合同中系平等的民事主体;从案涉合同主要内容来看,虽名为征地协议,但实际并未涉及土地征收补偿关系,三方主要是就土地出让、项目投资建设事项设定设立权利义务,三方之间系民事权利义务关系。《行政诉讼法解释》第11条第1款规定,行政机关为实现公共利益或者行政管理目标,在法定职责范围内,与公民、法人或者其他组织协商订立的具有行政法上权利义务内容的协议,属于《行政诉讼法》第12条第1款第11项规定的行政协议。据此,行政协议一般包括以下要素:一是协议有一方当事人必须是行政主体;二是该行政主体行使的是行政职权;三是协议目的是实现社会公共利益或者行政管理目标;四是协议的主要内容约定的是行政法上的权利义务关系。本案所涉征地协议,汀祖镇政府并未行使行政职权,协议的主要内容也并非行政法上的权利义务关系。故汀祖镇政府关于本案所涉征地协议系行政协议的主张,没有事实和法律依据,本院不予支持。汀祖镇政府还称从供地主体、供地程序和案涉土地性质而言,本案所涉合同违反土地行政法规,应为无效。根据《民法典》第507条规定,合同不生效、无效、被撤销或者终止的,不影响合同中有关解决争议方法的条款的效力。《仲裁法》第19条亦规定,仲裁协议独立存在,合同的变更、解除、终止或者无效,不影响仲裁协议的效力。仲裁庭有权确认合同的效力。故汀祖镇政府以合同无效为由主张仲裁条款无效,有悖法律规定,本院不予支持。

8. 合同约定事项具有可仲裁性，合同诈骗不属于确认仲裁协议效力审查的范围

裁判规则

案涉合同系各方当事人关于发行股份及业绩补偿的协议，并未超出《仲裁法》规定的可仲裁事项。虽然东力公司被合同诈骗一案已被公安机关立案侦查，但对具体犯罪行为及范围，尚未有生效裁判予以确定，且本案审查的仲裁协议效力，与刑事侦查诉讼程序应当分别进行。

典型案例

深圳富裕控股有限公司与宁波东力股份有限公司申请确认仲裁协议效力案［上海市第一中级人民法院民事裁定书（2019）沪01民特597号（2019年12月3日）］

申请人：深圳富裕控股有限公司（以下简称富裕公司）

被申请人：宁波东力股份有限公司（以下简称东力公司）

2016年6月15日，东力公司与富裕公司及案外人九江A有限公司、九江易维长和信息管理咨询合伙企业（有限合伙）、宋济隆签订关于深圳市B有限公司之发行股份及支付现金购买资产业绩补偿协议书（以下简称业绩补偿协议）。该协议第15.2条约定“因本协议的成立、生效、履行、解释等事宜所发生的或者与本协议有关的一切争议，各方应当首先通过友好协商解决。在任何一方以书面方式提出协商之日起三十日内，该等争议仍未解决的，则任何一方可以将该等争议提交上海仲裁委员会依据其届时适用的仲裁规则仲裁解决”。

裁判观点

上海市第一中级人民法院认为，双方当事人对于2016年6月15日签订的业绩补偿协议真实性并无异议，其中约定了明确的仲裁条款，对双方当事人均具有法律约束力。案涉合同系各方当事人关于发行股份及业绩补偿的协议，并未超出《仲裁法》规定的可仲裁事项。虽然东力公司被合同诈骗一案已被公安机关立案侦查，但对具体犯罪行为及范围，尚未有生效裁判予以确定。且本案审查的仲裁协议效力，与刑事侦查诉讼程序应当分别进行。申请人“载有案涉仲裁协议的《关于深圳市B有限公司之发行股份及支付现金购买资产协议书》和《业绩补偿协议》系实施合同诈骗犯罪的方式和手段”的主张，并不在本案确认仲裁协议效力审查的范围之内。

9. 农业集体经济组织内部的农业承包合同纠纷不属于《仲裁法》规定的可仲裁事项

裁判规则

本案属于农业集体经济组织内部的农业承包合同纠纷，应当依法适用《农村土地承包经营纠纷调解仲裁法》。根据该法第2条与第4条的规定，申请人可以选择向农村土地承包仲裁委员会申请仲裁，也可直接向人民法院起诉，在案涉仲裁条款约定不明且仲裁条款无法执行的情况下，申请人可直接向人民法院提起诉讼，无须向人民法院申请确认仲裁条款的效力。

典型案例

邻水县城南镇芭蕉村第五村民小组与四川省茂名园林绿化工程有限公司申请确认仲裁协议效力案[四川省广安市中级人民法院民事裁定书(2019)川16民特15号(2019年11月14日)]

申请人：邻水县城南镇芭蕉村第五村民小组(以下简称芭蕉村五组)

被申请人：四川省茂名园林绿化工程有限公司(以下简称茂名园林公司)

2015年12月25日，芭蕉村五组(甲方)与茂名园林公司(乙方)签订了农村土地流转承包合同，关于合同纠纷的解决方式约定为“本合同在履行中如发生纠纷，由争议双方协商解决，达成共识。若协商不成，提交仲裁委员会仲裁”。

裁判观点

广安市中级人民法院认为，依照《仲裁法》第77条“劳动争议和农业集体经济组织内部的农业承包合同纠纷的仲裁，另行规定”之规定，本案属于农业集体经济组织内部的农业承包合同纠纷，应当依法适用《农村土地承包经营纠纷调解仲裁法》。该法第2条规定：“农村土地承包经营纠纷调解和仲裁，适用本法。农村土地承包经营纠纷包括：(一)因订立、履行、变更、解除和终止农村土地承包合同发生的纠纷；(二)因农村土地承包经营权转包、出租、互换、转让、入股等流转发生的纠纷；……”第4条规定：“当事人和解、调解不成或者不愿和解、调解的，可以向农村土地承包仲裁委员会申请仲裁，也可以直接向人民法院起诉。”因此，依照上述两条规定，申请人芭蕉村五组与被申请人茂名园林公司之间因履行农村土地流转承包合同产生纠纷，申请人可以选择向农村土地承包仲裁委员会申请仲裁，也可直接向人民法院起诉，在案涉仲裁条款约定不明且仲裁条款无法执行的情况下，申请人可直接向人民法院提起诉讼，无须向人民法院申请确认仲裁条款的效力。

10. 当事人概括约定仲裁事项是“合同争议”，认定对仲裁事项作出约定

裁判规则 ▶▶

根据《仲裁法解释》第2条关于“当事人概括约定仲裁事项为合同争议的，基于合同成立、效力、变更、转让、履行、违约责任、解释、解除等产生的纠纷都可以认定为仲裁事项”的规定，应确认案涉房屋租赁合同的仲裁条款中对仲裁的事项作出了约定。

典型案例 ▶▶

崔某亮与天津巴特力新能源材料有限公司申请确认仲裁协议效力案［天津市第二中级人民法院（2020）津02民特139号（2020年9月18日）］

申请人：崔某亮

被申请人：天津巴特力新能源材料有限公司（以下简称巴特力公司）

巴特力公司及崔某亮均认可有过三份房屋租赁合同，且三份合同的第11条争议解决方式均约定了：“本合同在履行如中发生争议，双方应协商解决；协商不成时，任何一方均可向天津市仲裁委员会申请仲裁。”

裁判观点 ▶▶

天津市第二中级人民法院认为，关于崔某亮主张的房屋租赁合同并未明确约定仲裁事项且双方未能就仲裁事项达成补充协议的问题，根据《仲裁法解释》第2条关于“当事人概括约定仲裁事项为合同争议的，基于合同成立、效力、变更、转让、履行、违约责任、解释、解除等产生的纠纷都可以认定为仲裁事项”的规定，应确认案涉房屋租赁合同的仲裁条款中对仲裁的事项作出了约定。综上所述，崔某亮的申请本院不予支持。

【类案检索】

1. 检索词：特许经营合同

典型案例 ▶▶

泰邦基建发展有限公司（以下简称泰邦公司）与湖南省交通运输厅申请确认仲裁协议效力案［北京市第四中级人民法院民事裁定书（2019）京04民特97号（2019年3月15日）］

裁判观点

北京市第四中级人民法院认为，在仲裁机构尚未正式受理泰邦公司的仲裁申请，泰邦公司拟提交仲裁解决的争议具体内容和法律关系性质尚不明确的情况下，一方面不能仅从合同名称上认定双方所订立的即为政府特许经营协议，以及双方之间的争议属依法应当由行政机关处理的行政争议；另一方面不能认定双方约定的仲裁事项超出法律规定的仲裁范围，进而据此认定仲裁协议无效。经查，泰邦公司与湖南省交通运输厅在特许经营合同中订立的仲裁协议，系双方真实意思表示，未违反法律和行政法规的强制性规定。上述仲裁协议有明确请求仲裁的意思表示、仲裁事项和双方选定的仲裁委员会，同时不具有仲裁协议无效的情形，故应认定为合法有效。

2. 检索词：征地补偿关系

典型案例

鄂州市鄂城区汀祖镇人民政府（以下简称汀祖镇政府）与武汉市顶固商贸有限公司（以下简称顶固公司）、湖北浙楚工业地产开发有限公司（以下简称浙楚公司）申请确认仲裁协议效力案［湖北省武汉市中级人民法院民事裁定书（2019）鄂01民特404号（2019年10月23日）］

裁判观点

武汉市中级人民法院认为，从案涉合同签订主体来看，汀祖镇政府与浙楚公司、顶固公司之间并不存在行政管理关系，各方在合同中系平等的民事主体；从案涉合同主要内容来看，虽名为征地协议，但实际并未涉及土地征收补偿关系，三方主要是就土地出让、项目投资建设事项设定设立权利义务，三方之间系民事权利义务关系。本案所涉征地协议，汀祖镇政府并未行使行政职权，协议的主要内容也并非行政法上的权利义务关系。故汀祖镇政府关于本案所涉征地协议系行政协议的主张，没有事实和法律依据，本院不予支持。

3. 检索词：农业承包合同纠纷　不可仲裁

典型案例

岳某一与张某波申请确认仲裁协议效力纠纷案［辽宁省鞍山市中级人民法院民事判决书（2015）鞍民三初字第00089号（2015年9月16日）］

裁判观点 ▶▶

鞍山市中级人民法院认为，根据《农村土地承包法》第55条"因土地承包经营发生纠纷的，双方当事人可以通过协商解决，也可以请求村民委员会、乡（镇）人民政府等调解解决。当事人不愿协商、调解或者协商、调解不成的，可以向农村土地承包仲裁机构申请仲裁，也可以直接向人民法院起诉"之规定，土地承包经营发生的纠纷，当事人可以向农村土地仲裁机构申请仲裁。《仲裁法》第77条规定"劳动争议和农业集体经济组织内部的农业承包合同纠纷的仲裁，另行规定"，因此农业承包合同不能适用于《仲裁法》。根据《农村土地承包经营纠纷仲裁规则》第2条"农村土地承包经营纠纷仲裁适用本规则"、第4条"仲裁委员会依法设立，其日常工作由当地农村土地管理部门承担"之规定，当事人因土地承包经营纠纷提起的仲裁应当依法向农村土地仲裁机构申请。本案中，原告岳某一与被告张某波在租赁协议中约定的仲裁条款，不属于鞍山仲裁委员会受理的范围，应当认定无效。

第二节　仲裁机构

【法理辨析】

1. 仲裁委员会的设立

根据《仲裁法》第10条的规定："仲裁委员会可以在直辖市和省、自治区人民政府所在地的市设立，也可以根据需要在其他设区的市设立，不按行政区划层层设立。仲裁委员会由前款规定的市的人民政府组织有关部门和商会统一组建。设立仲裁委员会，应当经省、自治区、直辖市的司法行政部门登记。"

2. 选定的仲裁委员会明确是仲裁协议的有效要件之一

我国《仲裁法》不仅在第16条将"选定的仲裁委员会"作为仲裁协议的法定内容之一，即双方当事人在仲裁协议中必须明确约定所选择仲裁委员会的名称。而且《仲裁法》第18条还将选定仲裁委员会的明确性作为仲裁协议的有效条件之一，即仲裁协议对仲裁委员会没有约定或者约定不明确的，当事人可以补充协议；达不成补充协议的，仲裁协议无效。该立法规定既可以防止仲裁协议约定的实体权利义务关系发生争议后，双方当事人就应当提请哪一个仲裁委员会进行仲裁产生意见分歧，也有利于辅助仲裁委员会及时判断对当事人申请仲裁的争议案件是否享有仲裁管辖权。

3. 认定“仲裁机构名称不准确”仲裁协议效力时应考量的因素

《仲裁法解释》第 3 条规定：“仲裁协议约定的仲裁机构名称不准确，但能够确定具体的仲裁机构的，应当认定选定了仲裁机构。”在仲裁实践中，一方面，由于当事人对于作为争议解决方式的仲裁协议的约定，可能不太注意其中用语的准确性；另一方面，我国仲裁机构数量较多，且类型不同，导致当事人可能不完全熟悉仲裁机构的准确名称，因此，经常出现当事人对仲裁机构名称约定不准确的仲裁协议。该条是对约定的仲裁机构名称不准确的仲裁协议如何认定其效力的规定。

在仲裁立法中将是否明确约定仲裁机构作为判断仲裁协议是否有效的依据是我国法律的特殊制度。尽管这一制度与世界绝大多数国家有所不同，但在既存的立法框架下，在认定“仲裁机构名称不准确”瑕疵仲裁协议的法律效力时，如何在法律的现有严苛规定与保障当事人通过仲裁方式解决商事争议意愿的实现之间寻求合理的契合点，进而统一司法认定标准是一个重要的现实问题。

就国际仲裁实践而言，只要当事人在合同中规定以仲裁方式解决争议，即使仲裁协议约定的仲裁机构名称不全或者不准确，本着尊重当事人意思自治的原则，许多国家法院的通常做法是认定仲裁协议有效，法院此时的主要任务是帮助当事人实现以仲裁方式解决争议的意愿。[①] 杨良宜先生认为，当仲裁条文包括了一个不明确的仲裁机构时，正确的做法是不应该整个地删除仲裁条文，如果该表达出来的仲裁机构名字与一个存在的仲裁机构相近，则甚至可能是笔误导致，而双方的仲裁意愿是明显的，只需简单地调整即可。但如果扯不上一个存在的仲裁机构，就不能乱来，强加给当事人根本没有想到与约定的存在的仲裁机构。在他担任仲裁员的一起案件中，当事人约定的仲裁条款是：“In the event of dispute in the execution of this contract by both parties, they should to resolve it by International Arbitration Body in Hong Kong”，杨良宜先生认为，香港没有这样一个仲裁机构，但名字相对接近的香港国际仲裁中心（HKIAC），后者属于法定的仲裁机构，这等于排除 International Arbitration Body 的不存在机构或者调整为 HKIAC。[②]

在我国司法实践中，对“仲裁机构名称不准确”的仲裁协议，应当根据当事人在仲裁协议中的文字措辞，考虑当事人订立仲裁协议的本意，合理地确定仲裁协议的效力。因此，对此类仲裁协议效力的判断，应重点考察以下几个方面：第一，当事人

---

① 参见沈德咏、万鄂湘主编，最高人民法院研究室、最高人民法院民事审判第四庭编著：《最高人民法院仲裁法司法解释的理解与适用》，人民法院出版社 2015 年版，第 41 页。

② 参见杨良宜等：《仲裁法——从 1996 年英国仲裁法到国际商务仲裁》，法律出版社 2006 年版，第 70 页。

在签订合同时,请求仲裁的意思表示是否是明确的;第二,被申请人一方能否提出并证明其在订立合同时,在选择仲裁机构上有其他的理解;第三,对仲裁机构名称约定不准确的情况是否由于双方在订立合同时的笔误或对仲裁委员会的全称了解不够确切所造成的,是否影响当事人对约定的仲裁机构的真实意思表示。①

综上所述,对于"仲裁机构名称不准确"的仲裁协议,应当根据案件具体情况判断是否属于对仲裁委员会约定不明确的仲裁协议。虽然当事人在仲裁协议中约定的仲裁机构名称不准确,但结合案件实际情况能够确定具体的仲裁机构,应当根据《仲裁法解释》第3条认定选定了仲裁机构,此时,仲裁协议应为有效。

4."仲裁机构名称不准确"仲裁协议的解释原则

在仲裁实践中,判断"仲裁机构名称不准确"仲裁协议的效力时,除涉及应考量的外在因素以外,还可能涉及对瑕疵仲裁协议本身的解释问题。合理解释瑕疵仲裁协议的前提是如何确立一项瑕疵仲裁协议的解释原则,对同一项瑕疵仲裁协议,依据不同原则予以解释,作为其解释结果的瑕疵仲裁协议的效力可能会完全不同。仲裁协议作为一种特殊类型的以约定实体权利义务争议的解决方式为内容的程序法上的协议,归根结底属于一种契约,因此,我们可以从19世纪到20世纪契约法的发展变化以及契约的解释中得到启发。在西方法学家看来,19世纪是一个契约法的时代。19世纪的法国注释法学派把《法国民法典》视为1789年资产阶级革命的胜利成果,认为只要探究法典立法者的本意,即可从法典的解释中找到资本主义私法的一切。于是这些注释法学者一方面严格遵循法定的条文规定,另一方面又以条文为指导原则,从中引出契约法的一般原则,并使这些原则互相衔接,构成体系。依靠这种方法构建的契约理论体系,就是19世纪盛极一时但在20世纪屡遭冲击的那个体系,它的中心是契约自由。② 在那样一个奉行契约自由原则的19世纪古典契约理论时代,当合同因所使用语言的模糊而产生歧义需要解释时,自然就产生出合同解释方面的主观说。按照主观说的观点,解释合同应采用主观解释原则,即通过对合同所使用的文字的含义进行解释,以探求合同所表达的当事人的真实意思。但由于语言文字本身具有多义性以及当事人语言程度和法律知识的不足,难免出现使用的语言不准确、不适当的现象,以致其所表示于外的意思与其真实意思不一致,甚至是当事人基于恶意而故意使用不当文字隐蔽其真实意思。因此,主观解释,不应满足于对词语含义的解释,不应拘泥于所使用的文字,而应探求当事人的

① 参见沈德咏、万鄂湘主编,最高人民法院研究室、最高人民法院民事审判第四庭编著:《最高人民法院仲裁法司法解释的理解与适用》,人民法院出版社2015年版,第42页。

② 参见傅静坤:《二十世纪契约法》,法律出版社1997年版,第2页。

真实意思。[①] 这一主观解释原则一直到19世纪后期均占据主导地位。因此,在司法实践中,当契约条款因规定不明确而需要解释时,19世纪的法官不能根据自己的判断而作出任意的解释,而只能是以努力找出双方当事人的真实意思的方式进行解释。换言之,19世纪的法官在处理当事人之间的契约争议时,不是把法律规定强加于当事人双方,而只是在找出双方自己的真实意图以及所选择的解决争议的办法。[②] 随着19世纪后期个人主义极度膨胀所带来的社会问题,个人本位向社会本位转变,20世纪以来契约法的一个明显变化,就是不再过分强调契约自由,因为对于20世纪的契约法来说,适用上的妥当性比体系上的安定性更为重要。因此,20世纪的契约法不仅是理论中的法,更是实践中的法。它所关注的不是如何去刻画和注解有关契约的公式,而是去发现和衡量契约在一个不断变化着的社会中所要保护的权利和利益。[③] 契约理论的变化必然导致对契约解释的变化。由于主观解释原则是以探究当事人内心真实意思的意思主义为核心的,而事实上,在双方当事人就合同条款发生分歧时,要想真正探求当事人的内心真实意思是十分困难的,甚至是不可能的。因此,随着契约理论以及个人本位向社会本位的转变,国家基于维护社会利益与交易安全的需要,逐渐采用对契约内容进行客观解释的原则,即用一个通情达理的人作为标准来解决模棱两可的问题。[④] 当然,在意思主义与表示主义、主观解释规则与客观解释规则的关系问题上,现代各国民法典和司法实务采取绝对单一化的十分罕见,一般是采取折中主义,有的以意思主义、主观解释主义为主,而以表示主义和客观解释主义为补充;有的则以表示主义、客观解释主义为主,而以意思主义和主观解释主义为补充。而采后者的较多。[⑤] 由此可见,无论是采取折中主义中的哪一种,在对合同进行解释时均离不开对当事人意思表示的探求。仲裁协议作为程序法上的契约,虽然有其与实体契约不同的一面,但作为以意思自治为基础的契约的本质是相同的,因此,在确立瑕疵仲裁协议的解释原则时,契约的解释原则值得我们考虑。[⑥]

商事仲裁中的首要原则是当事人意思自治原则,除非当事人同意将其争议提

---

① 参见李永军:《合同法》,法律出版社2004年版,第540页。

② 参见杨秀清:《协议仲裁制度研究》,法律出版社2006年版,第126页。

③ 参见傅静坤:《二十世纪契约法》,法律出版社1997年版,第23页。

④ 参见沈达明:《英美合同法引论》,对外经济贸易大学出版社1993年版,第52页。

⑤ 参见李永军:《合同法》,法律出版社2004年版,第546页。

⑥ 参见杨秀清:《协议仲裁制度研究》,法律出版社2006年版,第128页。

交仲裁而不是在法院诉讼,否则就不会有仲裁。[①] 仲裁协议是双方当事人保证将仲裁协议所约定的争议提交仲裁解决的协议,即使仲裁协议存在"仲裁机构名称不准确"的内容瑕疵,只要该仲裁协议由具有民事行为能力的缔约主体所订立,并且就可仲裁事项订立的协议中包括提请仲裁的意思表示,从解释契约应探究当事人的真实意思这一原则出发,都应当解释为,就协议约定事项所发生争议的解决,当事人已经达成了通过仲裁方式而不是诉讼方式予以解决的共同的自愿合意。因此,即使双方当事人就该内容瑕疵仲裁协议的效力提请法院认定,也应当以探究当事人真实意思为原则,只要根据"仲裁机构名称不准确"仲裁协议能够确定仲裁机构,即应当认定有效。正如塞尔泊恩大法官早在 1873 年的一个判例中所指出:如果当事人自己选择解决他们之间争议的场所,而不是诉诸一般的法院,则从国会法颁布以后,法院的首要责任就是准许当事人按他们之间的协议办理。[②]

5. 对地方仲裁机构名称约定不准确的仲裁协议

1995 年 9 月 1 日《仲裁法》开始实施后,我国取消了多头行政机关对商事纠纷进行仲裁的做法,各地根据《仲裁法》第 10 条的规定重新组建仲裁委员会,且统一命名为"××仲裁委员会"。但是,在仲裁实践中,经常出现当事人对地方仲裁机构名称约定不准确的仲裁协议,因此,此类仲裁协议效力的认定就成为实践中不可回避的一个现实问题。如当事人约定将合同争议提交"北京市仲裁委员会"仲裁,对该仲裁协议效力的判断就涉及对仲裁协议的解释问题。为实现当事人订立仲裁协议,通过仲裁方式解决争议的真实意愿,在解释仲裁协议时应当尊重当事人的真实意思。当事人约定将合同争议提交"北京市仲裁委员会"仲裁,虽然对仲裁机构的名称约定不准确,但是,就文义解释而言,"北京市"不同于"北京","北京市"是一个行政区域的概念,"北京"则是一个地名。从该约定中探究当事人的真实意思可以看出,当事人约定了"北京市"行政区域内的仲裁机构,并非约定位于"北京"的仲裁机构,而属于"北京市"行政区域内的仲裁机构只有北仲,贸仲委和中国海事仲裁委员会属于位于"北京"的全国性仲裁机构。因此,对于"北京市仲裁委员会"的约定,不应当适用《仲裁法》第 18 条的规定认定无效,而应当适用《仲裁法解释》第 3 条"仲裁协议约定的仲裁机构名称不准确,但能够确定具体的仲裁机构的,应当认定选定了仲裁机构"的规定认定该仲裁协议有效。

---

① 参见[英]施米托夫:《国际贸易法文选》,程家瑞编辑,赵秀文选译,中国大百科全书出版社,1993 年版,第 611 页。

② 参见[英]施米托夫:《国际贸易法文选》,赵秀文译,中国大百科全书出版社 1993 年版,第 612 页。此处的"国会法"指 1854 年《普通法诉讼程序法》。

在对“仲裁机构名称不准确”仲裁协议效力进行认定时，维护司法统一是司法审查的要义。在以往仲裁协议效力审查的司法审判实践中，法院认为，“北京市仲裁委员会”的约定与“北京仲裁委员会”虽然相差一个“市”字，但可以确定选择了“北京仲裁委员会”，不会产生理解歧义，属于有效仲裁协议。

6. 对贸仲委名称约定不准确的仲裁协议

贸仲委是世界上主要的常设商事仲裁机构之一，于 1956 年 4 月由中国国际贸易促进委员会（以下简称中国贸促会）根据 1954 年 5 月 6 日中央人民政府政务院第 215 次会议通过的《关于在中国国际贸易促进委员会内设立对外贸易仲裁委员会的决定》组织设立，当时名称为对外贸易仲裁委员会。中国实行对外开放政策以后，为了适应国际经济贸易关系不断发展的需要，于 1980 年根据国务院发布的《关于将对外贸易仲裁委员会改称为对外经济贸易仲裁委员会的通知》，改名为对外经济贸易仲裁委员会，又于 1988 年根据国务院《关于将对外经济贸易仲裁委员会改名为中国国际经济贸易仲裁委员会和修订仲裁规则的批复》，改名为中国国际经济贸易仲裁委员会。2000 年，贸仲委同时启用中国国际商会仲裁院的名称。贸仲委总会设在北京，分别于 1989 年和 1990 年在深圳和上海设立了贸仲委深圳分会（以下简称深圳分会①）和贸仲委上海分会（以下简称上海分会）。此后，分别在天津、重庆、杭州、武汉、福州、西安、南京、成都、济南分别设有天津国际经济金融仲裁中心（天津分会）、西南分会、浙江分会、湖北分会、福建分会（福建自贸区仲裁中心）、丝绸之路仲裁中心、江苏仲裁中心、四川分会和山东分会。此外，贸仲委在香港特别行政区设立香港仲裁中心，在加拿大温哥华设立北美仲裁中心，在奥地利维也纳设立欧洲仲裁中心。贸仲委及其分会、仲裁中心是一个统一的仲裁委员会，适用相同的仲裁规则和仲裁员名册。《中国国际经济贸易仲裁委员会章程》第 10 条规定，根据业务发展的需要，贸仲委在具备条件的城市和行业设立分会、仲裁中心等派出机构。第 21 条规定，分会/仲裁中心是贸仲委的派出机构，由贸仲委报请中国国际贸易促进委员会（中国国际商会）批准后设立，由贸仲委直接领导。第 23 条规定，经贸仲委授权，分会/仲裁中心、仲裁院根据仲裁规则的规定，负责仲裁案件的程序管理。此外，《中国国际经济贸易仲裁委员会仲裁规则》第 2 条（机构和职责）规定：“……（三）仲裁委员会设在北京。仲裁委员会在深圳、上海、天津和重庆设有分会或中心。仲裁委员会的分会/中心是仲裁委员会的派出机构，根据仲裁委员会的授权接受仲裁申请并管理仲裁案件。……（六）当事人可以约定将争议提交仲裁委员

① 2004 年 6 月，深圳分会更名为“中国国际经济贸易仲裁委员会华南分会”，目前已与深圳仲裁委员会合并为“深圳国际仲裁院”。

会或仲裁委员会分会/中心进行仲裁;约定由仲裁委员会进行仲裁的,由仲裁委员会秘书局接受仲裁申请并管理案件;约定由分会/中心仲裁的,由所约定的分会/中心秘书处接受仲裁申请并管理案件;约定的分会/中心不存在或约定不明的,由仲裁委员会秘书局接受仲裁申请并管理案件。如有争议,由仲裁委员会作出决定。……”由此可知,依法登记设立的贸仲委分会/中心作为贸仲委的派出机构,可以根据贸仲委的授权并给予当事人的仲裁协议选择接受并管理仲裁案件。在司法实践中,关于贸仲委在天津、重庆等地设立的分会的理解问题,有法院认为从贸仲委仲裁规则来看,贸仲委设于北京市,贸仲委西南分会系贸仲委的派出机构,非独立的仲裁机构。该观点值得斟酌。此外,贸仲委根据仲裁发展的需要,还设立了一些办事处,对此,《中国国际经济贸易仲裁委员会章程》第 24 条规定,仲裁办事处,系贸仲委的宣传联络机构,根据贸仲委授权,协助开展相关工作。由此可见,贸仲委的办事处属于贸仲委的内部机构,不能受理并仲裁案件。

由于我国地方仲裁机构数量众多,贸仲委名称复杂,且其多家分会名称各异,因此,在仲裁实践中,对当事人约定仲裁机构名称不准确的仲裁协议,不应简单机械地将仲裁机构名称不准确的约定视为未约定仲裁机构或者约定仲裁机构不明确,而应当结合具体情况作出合乎逻辑的灵活解释,以便最大限度地实现当事人订立仲裁协议,通过仲裁方式解决其争议的意思自愿。

7. 约定“××地的仲裁机构”的仲裁协议

《仲裁法解释》第 6 条规定:“仲裁协议约定由某地的仲裁机构仲裁且该地仅有一个仲裁机构的,该仲裁机构视为约定的仲裁机构。该地有两个以上仲裁机构的,当事人可以协议选择其中的一个仲裁机构申请仲裁;当事人不能就仲裁机构选择达成一致的,仲裁协议无效。”实践中确定“某地”时所涉及的情况较为复杂,应根据相关法律或者司法解释确定。例如,涉及合同成立地点的确定,《民法典》第 492 条、第 493 条作出了具体规定,即承诺生效的地点为合同成立的地点。采用数据电文行使订立合同的,收件人的主营业地为合同成立的地点;没有主营业地的,其住所地为合同成立的地点。当事人另有约定的,按照其约定。当事人采用合同书形式订立合同的,最后签名、盖章或者按指印的地点为合同成立的地点,但是当事人另有约定的除外。再如,涉及合同履行地的确定,根据《民诉法解释》第 18 条规定,合同约定履行地点的,以约定的履行地点为合同履行地。合同对履行地点没有约定或者约定不明确,争议标的为给付货币的,接收货币一方所在地为合同履行地;交付不动产的,不动产所在地为合同履行地;其他标的,履行义务一方所在地为合同履行地。即时结清的合同,交易行为地为合同履行地。

8. 约定两个以上仲裁机构的仲裁协议

《仲裁法解释》第 5 条规定:“仲裁协议约定两个以上仲裁机构的,当事人可以协议选择其中的一个仲裁机构申请仲裁;当事人不能就仲裁机构选择达成一致的,仲裁协议无效。”仲裁实践中的情形较为复杂,有时根据仲裁协议表述即可以判断当事人约定了两个以上仲裁机构,如双方当事人约定将合同争议提交××仲裁委员会和××仲裁委员会仲裁;有时则需要结合案件的具体情况才可以判断当事人约定了两个以上仲裁机构,如双方当事人约定将合同争议提交双方住所地仲裁委员会仲裁,而双方当事人住所地分别处于两个仲裁委员会所在地时,该仲裁协议实际上约定了两个以上仲裁机构。司法实践中,有些法院对此类仲裁协议效力的认定做法有待斟酌。如某案甲公司与乙公司双方当事人签订的购销合同第 6 条约定:“本合同在履行过程中发生争议,由当事人双方协商解决。协商不出,当事人双方同意由双方所在地区仲裁委员会仲裁。”而本案双方当事人注册地分别在 A 市和 B 市,法院认为,B 市是甲公司所在地的仲裁委员会,甲公司已向该仲裁委员会提起仲裁申请,该仲裁委员会也依法予以受理。本案双方将争议提交仲裁解决的意思明确,且受理甲公司仲裁申请的 B 市仲裁委员会为甲公司所在地唯一的仲裁委员会。因此,本案不符合《仲裁法》第 18 条规定的对仲裁委员会约定不明确的情形,案涉仲裁条款应认定有效。该案法院认定仲裁条款有效的理由值得斟酌。

9. 仅约定仲裁规则而未约定仲裁机构的仲裁协议

《仲裁法解释》第 4 条规定:“仲裁协议仅约定纠纷适用的仲裁规则的,视为未约定仲裁机构,但当事人达成补充协议或者按照约定的仲裁规则能够确定仲裁机构的除外。”根据该条规定,理解仅约定纠纷适用的仲裁规则的仲裁协议,应当注意两点:第一,该协议视为未约定仲裁机构;第二,该仲裁协议的效力取决于当事人是否就仲裁机构的选择达成补充协议,或者按照约定的仲裁规则能否确定仲裁机构。换言之,当事人达成补充协议选择了仲裁机构或者按照约定的仲裁规则能够确定仲裁机构,该仲裁协议即有效。例如,《中国国际经济贸易仲裁委员会仲裁规则》第 4 条(规则适用)规定:“……(四)当事人约定按照本规则进行仲裁但未约定仲裁机构的,视为同意将争议提交仲裁委员会仲裁。……”

10. 前后数份合同中约定不同仲裁机构的处理

(1)处理前后数份合同关系时应区分合同变更与合同内容的补充

市场经济的快速发展,加剧了商事关系的复杂性与多样性,实践中,经常出现当事人之间签订合同之后,又签订一份或者数份补充合同的情形,此时就涉及前后数份合同的关系问题。就理论分析与实践情况而言,当事人签订合同后,又签订一份或者数份补充合同,补充合同既可以是对前合同内容的变更,也可以是对前合同内容的补充,前后数份合同既相互关联又各自独立,因此,有必要区分合同变更与合同内容的补充。

对于合同变更,就现有立法而言,我国《民法典》用第543条与第544条两个条文对合同变更及其规制作出了规定。《民法典》第543条规定:"当事人协商一致,可以变更合同。"第544条规定:"当事人对合同变更的内容约定不明确的,推定为未变更。"广义的合同变更,不论是非要素变更的合同更改,还是要素变更的合同更新、合同替代,都是实践中合同变更普遍存在的现象。广义合同变更,是指合同关系的主体保持不变,合同关系的内容发生要素改变或者非要素改变,导致新合同产生、原合同消灭效果的合同内容更改。合同变更包括合同更改、合同更新和合同替代。合同更改,是指合同关系的主体保持不变,合同关系的内容发生非要素改变,仍然保持合同关系同一性的合同内容更改。这一定义突出的是一个"改"字。合同更新,是指合同关系的主体保持不变,合同关系的内容发生要素改变,新合同与原合同的性质未发生改变的合同内容更改。其突出的是一个"新"字。合同替代,是指合同关系的主体保持不变,合同关系的内容发生要素改变,并使新合同的性质不同于原合同的合同内容更改。其突出的是一个"替"字。① 合同变更应当具备以下要件:第一,合同变更的主体须为原合同当事人;第二,合同变更须为合同关系内容的更改;第三,合同变更的内容既包括要素变更也包括非要素变更,但一般认为,合同变更的内容应当是重大变更,而不是一般性内容的改变;第四,合同变更须以民事法律行为为之,即《民法典》第543条所要求的双方当事人意思表示一致,且须明示为之;第五,合同变更的禁止推定规则。我国《民法典》第544条的规定从表面上看好像是一个推定,但其实是反推定规则,即对约定不明的合同变更推定为未变更。这样的反推定,是禁止推定规则的另一种表现形式,维护的正是原合同之债的稳定性,维护当事人之间利益关系原有的平衡状态,防止因约定不明却认定为合同变更而损害一方当事人的权益。② 合同变更的最主要的效力是成立新的合同后,被新合同约定内容所改变的原合同约定内容消灭。

对于合同内容的补充,是指在原合同主体与内容保持不变的情形下,原合同当事人通过签订补充协议的方式,就原合同未约定内容作补充约定。在此情形下,补

---

① 参见杨立新:《广义合同变更规则研究——〈合同变更案件法律适用指引〉的内容及依据》,载《法治研究》2019年第3期。

② 参见杨立新:《广义合同变更规则研究——〈合同变更案件法律适用指引〉的内容及依据》,载《法治研究》2019年第3期。

充协议成立后，只是对原合同约定内容进行了补充与完善，并不影响原合同及其约定内容的效力。

(2)前后数份合同约定不同仲裁机构时应区分数份合同之间的关系

在仲裁实践中，如果当事人前后签订了数份合同，且数份合同中约定的仲裁机构不同时，应区分两种情况分别处理：第一，前后数份合同中的仲裁协议各自独立，当事人之间发生争议后，只能依据合同中各自独立的仲裁协议，申请约定的仲裁机构解决该合同项下内容所发生的争议。在这种情形下，可能出现当事人向不同的仲裁机构申请仲裁解决具有关联性的数份合同各自项下内容所发生的争议。第二，后签订合同中的仲裁协议变更在前合同中的仲裁协议。也就是说，当事人在后签订的合同中约定了仲裁机构，且该仲裁机构与在前签订合同中约定的仲裁机构不同，且当事人明确约定争议解决方式以在后签订合同中的约定为准。在这种情形下，实际上当事人以在后签订合同中的仲裁协议变更了在前签订合同中的仲裁协议，当事人只能向在后签订合同中约定的仲裁机构申请解决前后数份合同项下约定事项所发生的争议。

【典型案解】

1. 约定的仲裁机构不存在，仲裁协议无效

裁判规则

双方约定的"漳县仲裁委员会"不存在，且双方亦未达成书面补充协议，该仲裁协议应属无效。

典型案例

赵某与甘肃富民房地产开发有限公司申请确认仲裁协议效力纠纷案［甘肃省定西市中级人民法院民事裁定书(2020)甘11民特2号(2020年3月31日)］

申请人：赵某

被申请人：甘肃富民房地产开发有限公司

2019年12月12日申请人赵某与被申请人甘肃富民房地产开发有限公司签订商品房买卖合同，该合同第19条约定，合同在履行过程中发生的争议，由双方当事人协商解决，协商不成的，提交漳县仲裁委员会仲裁。

裁判观点

定西市中级人民法院认为,《仲裁法》第18条规定:“仲裁协议对仲裁事项或者仲裁委员会没有约定或约定不明确的,当事人可以补充协议;达不成补充协议的,仲裁协议无效。”本案中,双方当事人签订的商品房买卖合同约定在履行合同中发生争议提交“漳县仲裁委员会仲裁”,但双方约定的“漳县仲裁委员会”并不存在,属双方约定不明确,且双方亦未达成书面补充协议,该仲裁协议应属无效。

2.约定“北京市仲裁委员会”的仲裁协议效力

裁判规则

(1)**当事人对仲裁委员会名称表述不准确的情形,应当作出合理解释,有助于尊重当事人意思自治以及维护仲裁协议效力司法审查法律适用尺度的统一。**

(2)**当事人约定的仲裁委员会为“北京市仲裁委员会”,系约定北京市行政区域内的仲裁机构,结合将仲裁机构地点设置在北京的仲裁委员会的实际情况,仅“北京仲裁委员会”系地方性仲裁机构,与约定仲裁机构在表述上相似。结合立约本意与文字措辞,可以确定北仲是唯一对涉合同争议具有管辖权的仲裁机构。**

(3)**在以往司法审判实践中,法院对“北京市仲裁委员会”的司法审查也认为,该约定明确,仲裁协议应为有效。**

典型案例

北京信力筑正新能源技术股份有限公司与天津坤诚子科技有限公司申请确认仲裁协议效力案[北京市第四中级人民法院民事裁定书(2018)京04民特83号(2018年5月16日)]

申请人:北京信力筑正新能源技术股份有限公司(以下简称北京信力公司)

被申请人:天津坤诚子科技有限公司(以下简称天津坤诚公司)

2013年4月16日,北京信力公司与天津坤诚公司签订工矿产品购销合同,其中第9条约定:“合同在履行过程中发生争议,由双方协商或调解解决,协商或调解不成时按下列第(1)种方式解决:(1)提交北京市仲裁委员会仲裁;……”2018年3月19日,北京信力公司收到由北仲发送的答辩通知,得知天津坤诚公司已向北仲提出仲裁申请,案件已被受理。北京信力公司认为,购销合同中仲裁协议约定的“北京市仲裁委员会”是泛指住所地在北京市的所有仲裁委员会,而非特指“北京仲裁委员会”,二者的名称亦不相同。购销合同属于对仲裁委员会没有约定或约定不明的情形，之后双方也未达成补充协议，依据《仲裁法》第18条[①]之规定，该仲裁协议应属无效。而被申请人天津坤诚公司称：购销合同中约定的“北京市仲裁委员会”仅多了一个“市”字，应为笔误，双方约定的是“北京仲裁委员会”，仲裁协议有效。

裁判观点

北京市第四中级人民法院认为：仲裁协议（仲裁条款）系合同当事人约定将争议提交仲裁解决的意思表示，其效力与否决定了争端解决方式的选择。虽然在合同中，存在当事人对于仲裁委员会名称表述有瑕疵的情形，但应当作出合理解释，以维护当事人意思自治原则。本案中，当事人约定的仲裁委员会为“北京市仲裁委员会”，结合将仲裁地点设置在北京的仲裁委员会的实际情况，仅“北京仲裁委员会”与约定仲裁机构在表述上相似，其余仲裁机构与约定仲裁机构在表述上均有较大区别。结合立约本意及文字措辞，当事人选择将争议提交仲裁解决的意愿是明显的，虽然“北京市仲裁委员会”的名称不完全准确，但经综合对比分析文字表述、当事人真实意思、仲裁机构名称，可以确定北仲系唯一对涉合同争议具有管辖权的仲裁机构。除此之外，在以往审判实践中，法院对于“北京市仲裁委员会”的司法审查均认为，其与“北京仲裁委员会”相差一“市”字，并不会因此产生歧义，故“北京市仲裁委员会”的约定应属明确，仲裁协议应为有效。综上所述，结合尊重当事人选择将争议解决提交仲裁的意思自治与维护仲裁协议效力司法审查的法律适用尺度统一，应认定购销合同中的仲裁条款有效。

3. 对贸仲委名称约定不准确的仲裁协议的效力

裁判规则

双方约定的“贸仲委北京分会”名称不准确，但贸仲委北京分会不会与其他仲裁机构相混淆，应当认定双方选定了贸仲委仲裁。

典型案例

中新华（北京）教育科技有限公司与北京龚氏建筑设计有限公司申请撤销仲裁裁决案［北京市第四中级人民法院民事裁定书（2019）京04民特422号（2019年8月29日）］

---

① 《仲裁法》第18条规定：“仲裁协议对仲裁事项或者仲裁委员会没有约定或者约定不明确的，当事人可以补充协议；达不成补充协议的，仲裁协议无效。”

申请人：中新华（北京）教育科技有限公司（以下简称中新华公司）

被申请人：北京龚氏建筑设计有限公司（以下简称龚氏公司）

中新华公司与龚氏公司于2016年2月23日签订GF－0000－0209建筑工程设计合同（一）（以下简称合同一）第8.8条约定：本合同发生争议，双方当事人应及时协商解决，也可由当地建筑行政主管部门调解，调解不成时，双方当事人同意由贸仲委北京分会仲裁。中新华公司以合同约定的仲裁条款属于“对仲裁委员会没有约定或约定不明”的情形，且中新华公司与龚氏公司并就仲裁条款达成补充协议为由，向仲裁委员会提交了管辖权异议申请书，仲裁委员会作出“对本案有管辖权”的裁决。

裁判观点

北京市第四中级人民法院认为：依据《仲裁法解释》第3条的规定，仲裁协议约定的仲裁机构名称不准确，但能够确定具体的仲裁机构的，应当认定选定了仲裁机构。本案中双方当事人仲裁协议约定仲裁机构为贸仲委北京分会，确实存在机构名称不规范，但贸仲委北京分会不会与其他仲裁机构相混淆，故可以认定双方就将争议提交仲裁达成合意，虽仲裁机构名称确有瑕疵，但能够确定具体的仲裁机构，故应当认定双方选定了贸仲委进行仲裁。据此，中新华公司主张贸仲委无管辖权，缺乏事实和法律依据。

4. 贸仲委合肥办事处不属于独立仲裁机构

裁判规则

根据《中国国际经济贸易仲裁委员会章程》，贸仲委安徽办事处系其在合肥设立的其他机构，并非独立的仲裁机构。本案双方约定的租赁物所在地合肥市行政区域内只有一个独立的仲裁机构，即合肥仲裁委员会，因此，案涉合同对仲裁机构的约定明确。

典型案例

合肥高美清洁设备有限责任公司与合肥市锦华服装纺织有限公司申请确认仲裁协议效力案［安徽省合肥市中级人民法院民事裁定书（2019）皖01民特357号（2019年12月5日）］

申请人：合肥高美清洁设备有限责任公司

被申请人：合肥市锦华服装纺织有限公司

2015年11月20日，申请人与被申请人签署厂房出租合同书。该合同书第12

条约定："本合同如发生的任何争议，双方应先协商解决，协商不成，提交租赁物所在地的仲裁委仲裁解决。"

裁判观点

合肥市中级人民法院认为，根据《中国国际经济贸易仲裁委员会章程》，贸仲委安徽办事处系其在合肥设立的其他机构，并非独立的仲裁机构。《仲裁法解释》第6条规定，仲裁协议约定由某地的仲裁机构仲裁且该地仅有一个仲裁机构的，该仲裁机构视为约定的仲裁机构。本案双方约定合同争议由租赁物所在地的仲裁委仲裁，由于租赁物所在地位于合肥市，而合肥市行政区域内只有一个独立的仲裁机构，即合肥仲裁委员会，因此，案涉合同对仲裁机构的约定明确。

5. 贸仲委山东分会属于独立分会

裁判规则

2018年9月4日双方签订必普全国创业指导合作协议时，济南市有两个仲裁机构，分别是济南仲裁委员会和贸仲委山东分会。涉案协议中的仲裁条款对仲裁机构约定不明确，事后双方未签订补充协议，也未就仲裁机构选择达成一致意见，仲裁条款无效。

典型案例

徐某与必普电子商务集团股份有限公司申请确认仲裁协议效力案［山东省济南市中级人民法院民事裁定书(2019)鲁01民特154号(2019年11月14日)］

申请人：徐某

被申请人：必普电子商务集团股份有限公司

徐某(甲方)与山东必普电子商务股份有限公司(乙方)签订必普全国创业指导合作协议一份，该协议第7条约定：甲方与乙方双方因本协议的效力和执行发生争议时应协商解决，协商不成时，双方同意将争议向乙方所在地仲裁委员会申请诉讼。

裁判观点

济南市中级人民法院认为，必普电子商务集团有限公司注册地为济南市，2018年9月4日双方签订必普全国创业指导合作协议时，济南市有两个仲裁机构，分别是济南仲裁委员会和贸仲委山东分会。根据《仲裁法》第18条："仲裁协议对仲裁事项或者仲裁委员会没有约定或者约定不明确的，当事人可以补充协议；达不成补充协议的，仲裁协议无效。”《仲裁法解释》第6条“仲裁协议约定由某地的仲裁机构仲裁且该地仅有一个仲裁机构的，该仲裁机构视为约定的仲裁机构。该地有两个以上仲裁机构的，当事人可以协议选择其中的一个仲裁机构申请仲裁；当事人不能就仲裁机构选择达成一致的，仲裁协议无效”之规定，本案，涉案协议中的仲裁条款对仲裁机构约定不明确，事后双方未签订补充协议，也未就仲裁机构选择达成一致意见，故，必普全国创业指导合作协议第7条所约定的仲裁条款无效。

6. 约定“向承包方公司注册地仲裁委员会申请仲裁”的仲裁协议

裁判规则

仲裁协议约定由某地的仲裁机构仲裁且该地仅有一个仲裁机构的，该仲裁机构视为约定的仲裁机构。充分尊重当事人通过仲裁协议反映出的仲裁意愿是仲裁协议效力认定应遵循的基本原则。

典型案例

九江东方伟业房地产开发有限公司与江西金海建设有限公司申请确认仲裁协议效力纠纷案[江西省抚州市中级人民法院民事裁定书（2017）赣10民初73号（2017年10月31日）]

申请人：九江东方伟业房地产开发有限公司（以下简称东方伟业房产）

被申请人：江西金海建设有限公司（以下简称金海建设）

2015年11月16日，申请人东方伟业房产作为发包人、被申请人金海建设作为承包人，签订了九江国际金融广场4#楼幕墙工程合同，该合同第24条仲裁约定“凡因执行本合同所产生的或与本合同有关的一切争议，双方应通过友好协商解决，如协商不成，可以向承包公司方公司注册地仲裁委员会申请仲裁”。后因工程合同纠纷，被申请人金海建设依据上述合同条款，向抚州仲裁委员会申请仲裁。申请人东方伟业房产认为被告公司注册地（住所）在××市××区，但临川区没有仲裁委员会，上述仲裁条款的约定属“对仲裁委员会没有约定或约定不明”，遂诉至法院申请确认该仲裁条款无效。

裁判观点

抚州市中级人民法院认为，涉案仲裁条款约定的是“在承包公司方公司注册地仲裁委员会申请仲裁”，该条款并未直接约定具体的仲裁委员会，只是通过仲裁地即承包公司方公司注册地来确定具体仲裁机构。被申请人金海建设登记的公司住所地在江西省抚州市临川区大公路。据此，其一，按照文义解释，被申请人公司注册地为抚州市。其二,公司住所地抚州市临川区大公路的地理区域系抚州市市辖区范围,行政区域管辖也属抚州市。故,涉案仲裁条款约定的仲裁地可以确定为抚州市。前述因双方并未约定具体的仲裁机构,根据法律规定,仲裁协议约定的仲裁机构名称不明确,但能够确定具体的仲裁机构的,应当认定选定了仲裁机构;仲裁协议约定由某地的仲裁机构仲裁且该地仅有一个仲裁机构的,该仲裁机构视为约定的仲裁机构。上述仲裁地抚州市只有一个仲裁机构即抚州仲裁委员会,因此,根据协议能够确定具体的仲裁机构。

当事人的意愿对仲裁协议的效力认定具有决定性的作用,充分尊重当事人通过仲裁协议反映出的仲裁意愿是仲裁协议效力认定应遵循的基本原则。当事人只要表明仲裁意图,仲裁条款是有效的,对仲裁条款的内容解释时适当放宽限制,尊重当事人的仲裁意愿,也系当今仲裁的主流趋势。

7. 约定"提交甲方所在地的仲裁委员会仲裁"的协议

裁判规则

仲裁协议约定由某地的仲裁机构仲裁,郑州市辖区域内从事民商事仲裁的仲裁委员会只有一个即郑州仲裁委员会,故郑州仲裁委员会应视为本案中仲裁条款约定的"甲方所在地的仲裁委员会"。

典型案例

郑州荣立置业有限公司与河南博观联行房地产顾问有限公司申请确认仲裁协议效力纠纷案[河南省郑州市中级人民法院民事裁定书(2019)豫 01 民特 124 号(2020 年 2 月 12 日)]

申请人:郑州荣立置业有限公司(以下简称荣立公司)

被申请人:河南博观联行房地产顾问有限公司(以下简称博观公司)

2014 年 6 月 21 日,荣立公司与博观公司签订郑州荣立置业有限公司郑州龙湖"荣立 · 龙盛国际"项目全程独家策划销售代理合同,该合同第 13.2 条约定"如双方不能协商解决与本合同有关的或由本合同引致的任何问题,任何一方均可将争议提交甲方所在地的仲裁委员会予以裁决"。

裁判观点

郑州市中级人民法院认为,根据《仲裁法》的规定,当事人对仲裁协议的效力有异议,应当在仲裁庭首次开庭前提出,可以请求仲裁委员会作出决定或者请求人民法院作出裁定;荣立公司提起本次确认仲裁条款无效诉讼符合法律规定。仲裁条款效力方面，根据《仲裁法》第 10 条“仲裁委员会可以在直辖市和省、自治区人民政府所在地的市设立，也可以根据需要在其他设区的市设立，不按行政区划层层设立”和《仲裁法解释》第 6 条“仲裁协议约定由某地的仲裁机构仲裁且该地仅有一个仲裁机构的，该仲裁机构视为约定的仲裁机构”之规定，截至目前，郑州市辖区域内从事民商事仲裁的仲裁委员会只有一个即郑州仲裁委员会，故郑州仲裁委员会应视为本案中仲裁条款约定的“甲方所在地的仲裁委员会”。

8. 约定“向合同签署地仲裁委员会提起仲裁”，合同签订地仅有一个仲裁机构的，仲裁协议有效

裁判规则

双方签字盖章不在同一地点的，以最后一方签字盖章的地点为合同签订地。合同签订地仅有一个仲裁机构的，该仲裁机构视为约定的仲裁机构。

典型案例

俞某龙与陈某成、薛某雪申请确认仲裁协议效力案［山东省青岛市中级人民法院民事裁定书(2018)鲁 02 民特 167 号(2018 年 12 月 17 日)］

申请人：俞某龙

被申请人：陈某成、薛某雪

本案各方签订的借款协议第 9 条约定，因本协议产生的或与本协议有关的争议，协商不成可向合同签署地仲裁委提起仲裁。被申请人陈某成主张协议签署地为青岛市，但涉案协议的实际签署地为郑州市，双方未进一步达成协议，申请认定本案所涉仲裁条款无效。

裁判观点

青岛市中级人民法院认为：本案仲裁协议效力认定的焦点问题是本案合同签订地是否能够确定。根据申请人俞某龙的主张，本案签约的过程为其先在空白合同上签字，其余两人签字完毕后，再由中间人将合同交付给申请人。被申请人陈某成、被申请人薛某雪均主张本案合同系在青岛市签订。根据《最高人民法院关于如何确定合同签订地问题的批复》中的意见，双方签字盖章不在同一地点的，以最后一方签字盖章的地点为合同签订地。本案的合同签订地应以最后一方签字的地点即山东省青岛市为合同签订地。在山东省青岛市的仲裁机构仅有青岛仲裁委员会，因此根据该仲裁协议可以确定唯一的仲裁委员会，本案仲裁协议有效。

9. 约定"向合同交货地仲裁机构申请仲裁",仲裁机构明确而单一,仲裁协议有效

裁判规则 ▶▶

本案合同约定的履行地点所在的台州市范围内仅有台州仲裁委员会一家仲裁机构,因此,二手洗涤设备购销合同约定的仲裁机构是明确而单一的。

典型案例 ▶▶

上海闽涤洗涤设备有限公司与张某申请确认仲裁协议效力纠纷案[浙江省台州市中级人民法院民事裁定书(2020)浙10民特10号(2020年3月20日)]

申请人:上海闽涤洗涤设备有限公司(以下简称闽涤公司)

被申请人:张某

2018年10月31日,张某与闽涤公司签订二手洗涤设备购销合同。上述合同第7条第3款约定:"合同执行过程中出现的一切争议,双方应本着互谅互惠原则进行协商解决,协商不成,双方可以选择向合同交货地仲裁机构申请仲裁。"

裁判观点 ▶▶

台州市中级人民法院认为,《仲裁法》第18条规定:"仲裁协议对仲裁事项或者仲裁委员会没有约定或者约定不明,当事人可以补充协议;达不成补充协议的,仲裁协议无效。"《仲裁法解释》第6条规定:"仲裁协议约定由某地的仲裁机构仲裁且该地仅有一个仲裁机构的,该仲裁机构视为约定的仲裁机构。"二手洗涤设备购销合同第4条约定交货地点为浙江省台州市椒江区外沙路96号,第7条第3款约定双方在履行合同过程中出现争议经协商不成可以选择向合同交货地仲裁机构申请仲裁,而台州市椒江区外沙路96号这一地点所在的台州市范围内仅有台州仲裁委员会一家仲裁机构,因此,二手洗涤设备购销合同约定的仲裁机构是明确而单一的,闽涤公司与张某之间就合同履行产生的纠纷可由且仅可由台州仲裁委员会受理并裁决。

10. 约定"项目所在地仲裁委员会",能确定具体仲裁机构,仲裁协议有效

裁判规则 ▶▶

合同约定争议提交项目所在地仲裁委员会仲裁,本案所涉项目所在地仅有一家商事仲裁机构,即双方约定了仲裁条款且能确定具体仲裁机构,应认定仲裁协议有效。

典型案例

湖北佳境建筑设计有限公司与习水县丽地房地产开发有限公司申请确认仲裁协议效力案[贵州省遵义市中级人民法院民事裁定书(2020)黔03民特27号(2020年3月28日)]

申请人:湖北佳境建筑设计有限公司(以下简称佳境建筑设计公司)

被申请人:习水县丽地房地产开发有限公司(以下简称丽地房开公司)

2019年2月19日,佳境建筑设计公司与丽地房开公司签订建设工程施工合同第8条第6款约定:合同在履行过程中发生的争议,由双方当事人协商解决,协商不成的按下列第(一)种方式解决:(一)提交项目所在地仲裁委员会仲裁。

裁判观点

遵义市中级人民法院认为,双方签订建设工程施工合同第8条第6款约定争议提交项目所在地仲裁委员会仲裁,本案所涉项目所在地为贵州省遵义市习水县,遵义市境内仅有一家商事仲裁机构即遵义市仲裁委员会。根据《仲裁法解释》第3条"仲裁协议约定的仲裁机构名称不准确,但能够确定具体的仲裁机构的,应当认定选定了仲裁机构"和第6条"仲裁协议约定由某地的仲裁机构仲裁且该地仅有一个仲裁机构的,该仲裁机构视为约定的仲裁机构。该地有两个以上仲裁机构的,当事人可以协议选择其中的一个仲裁机构申请仲裁;当事人不能就仲裁机构选择达成一致的,仲裁协议无效"之规定,双方约定了仲裁条款且能确定具体仲裁机构,应认定仲裁协议有效。

11. 约定"向工程所在地仲裁机构",工程所在地在两个以上地方且均设有仲裁机构,当事人未达成补充协议,仲裁协议无效

裁判规则

仲裁条款选定的仲裁机构不明确,双方亦未就仲裁机构选择达成一致,仲裁条款无效。

典型案例

淄博齐泓自动化设备有限公司与山东江建天成物资有限公司申请确认仲裁协议效力案[山东省济南市中级人民法院民事裁定书(2020)鲁01民特17号(2020年2月27日)]

申请人:淄博齐泓自动化设备有限公司

被申请人:山东江建天成物资有限公司

申请人与被申请人于 2017 年 6 月 19 日签订洗车台、雾炮、扬尘检测系统购销合同,该合同第 10 条约定:本合同在履行中发生的争议,由双方当事人协商解决。也可由当地工商行政部门调解;协商或调解不成的,可以向工程所在地仲裁机构提起仲裁。

裁判观点

济南市中级人民法院认为,案涉仲裁条款约定的仲裁机构为工程所在地仲裁机构,本案工程所在地分别在济南、淄博、菏泽三个地区,三地均设有仲裁机构。《仲裁法解释》第 5 条规定:"仲裁协议约定两个以上仲裁机构的,当事人可以协议选择其中的一个仲裁机构申请仲裁;当事人不能就仲裁机构选择达成一致的,仲裁协议无效。"案涉仲裁条款选定的仲裁机构不明确,双方亦未就仲裁机构选择达成一致,故洗车台、雾炮、扬尘检测系统购销合同中的仲裁条款无效。

12. 约定向"起诉方所在地仲裁委员会",能确定仲裁机构,仲裁协议有效

裁判规则

合同约定"可依法向起诉方所在地仲裁委员会提请仲裁",该条款应当解释为由首先申请仲裁的一方当事人所在地的仲裁委员会仲裁。本案中,双方当事人的所在地均设有唯一的仲裁机构,应认定涉案仲裁协议有效。

典型案例

平江县信可装饰有限公司与广州信源体育产业有限公司申请确认仲裁协议效力案[广东省广州市中级人民法院民事裁定书(2019)粤 01 民特 960 号(2019 年 12 月 30 日)]

申请人:平江县信可装饰有限公司(以下简称装饰公司)

被申请人:广州信源体育产业有限公司(以下简称体育公司)

装饰公司作为需方,与供方体育公司于 2018 年 8 月 2 日签订的混合型跑道材料购销合同第 6 条约定"履行过程中发生的争议,由双方当事人协商解决或申请调解;协商、调解不成的,可依法向起诉方所在地仲裁委员会提请仲裁"。

裁判观点

广州市中级人民法院认为,《仲裁法》第 16 条第 2 款规定,仲裁协议应当具有下列内容:(一)请求仲裁的意思表示;(二)仲裁事项;(三)选定的仲裁委员会。案

涉混合型跑道材料购销合同第6条约定的纠纷“可依法向起诉方所在地仲裁委员会提请仲裁”，该条款应当解释为由首先申请仲裁的一方当事人所在地的仲裁委员会仲裁。本案中，双方当事人的所在地即广东省广州市和湖南省岳阳市，均设有唯一的仲裁机构，依照《仲裁法解释》第6条的规定，仲裁协议约定由某地的仲裁机构仲裁且该地仅有一个仲裁机构的，该仲裁机构视为约定的仲裁机构。据此，应当认定涉案仲裁协议有效。

13. 根据约定的“签订地”无法确定仲裁机构的，仲裁协议无效

裁判规则

该产品购销合同虽约定了如有争议提交合同签订地仲裁委员会仲裁，但合同签订地一栏为空白，签订地不明，也无法证明合同签订地仅有一家仲裁机构，应认定该仲裁协议无效。

典型案例

舟山潍柴产品销售服务有限公司与宁波中洲华海国际贸易有限公司申请确认仲裁协议效力案［宁波海事法院民事裁定书(2019)浙72民特559号(2019年12月26日)］

申请人：舟山潍柴产品销售服务有限公司(以下简称潍柴公司)

被申请人：宁波中洲华海国际贸易有限公司(以下简称华海公司)

2011年7月8日，潍柴公司与华海公司签订产品购销合同一份，合同第13条约定：若供需双方履行本合同发生争议，由双方协商解决或提交合同签订地仲裁委员会仲裁。

裁判观点

宁波海事法院认为，潍柴公司与华海公司于2011年7月8日签订的产品购销合同为原件，本院对其形式真实性予以认定，但该审查不影响未来可能诉讼中，人民法院对该合同真实性、合法性的具体认定。该产品购销合同虽约定了如有争议提交合同签订地仲裁委员会仲裁，但合同签订地一栏为空白，在本案中无法进一步查清，应认定为签订地不明，也无法证明合同签订地仅有一家仲裁机构，属当事人之间的仲裁事项约定不明，且无法进一步达成补充协议予以明确，应认定该仲裁协议无效。

14. 仲裁机构约定不明确，仲裁协议无效

裁判规则

仲裁条款对仲裁委员会约定不明确，仲裁协议无效。

典型案例

张某、王某仙与丽水市开秀餐饮娱乐管理有限公司申请确认仲裁协议效力案［（浙江省丽水市中级人民法院民事裁定书2019）浙11民特17号（2019年12月23日）］

申请人：张某

申请人：王某仙

被申请人：丽水市开秀餐饮娱乐管理有限公司

2015年10月15日，申请人张某、王某仙与被申请人丽水市开秀餐饮娱乐管理有限公司签订房屋租赁合同，该合同第11条约定：本合同如在履行中发生纠纷时，双方应通过协商解决，协商不成时由合同仲裁机关进行仲裁。

裁判观点

丽水市中级人民法院认为，《仲裁法》第18条规定，仲裁协议对仲裁事项或者仲裁委员会没有约定或者约定不明确的，当事人可以补充协议，达不成补充协议的，仲裁协议无效。本案双方签订的房屋租赁合同第11条约定"……协商不成时由合同仲裁机关进行仲裁"。因此，本案属于因仲裁条款对仲裁委员会约定不明确而导致仲裁协议无效的情形。

15. 合同中针对各自独立的纠纷约定不同仲裁机构，不属于仲裁协议约定两个仲裁机构

裁判规则

案涉展位联订协议包括了第54、55、56届国际美博会的展位联订内容，其中第54、56届国际美博会关于争议解决的条款约定的是由广州仲裁委仲裁；第55届国际美博会约定的是由上海仲裁委仲裁，不属于仲裁协议约定两个仲裁机构的情形。

典型案例

广州佳美展览有限公司与深圳市益豪科技有限公司、上海腾美展览有限公司申请确认仲裁协议效力案［广东省广州市中级人民法院民事裁定书（2020）粤01民特63号（2020年2月14日）］

申请人:广州佳美展览有限公司(以下简称佳美公司)

被申请人:深圳市益豪科技有限公司(以下简称益豪公司)

被申请人:上海腾美展览有限公司(以下简称腾美公司)

益豪公司作为甲方,与佳美公司作为乙方、腾美公司作为丙方签订展位联订协议,其中第1条分别对第54届中国(广州)国际美博会、第55届中国(上海)国际美博会、第56届中国(广州)国际美博会的展位号、面积、展位总费用以及付款安排进行约定。

裁判观点

广州市中级人民法院认为,案涉展位联订协议包括了第54、55、56届国际美博会的展位联订内容,每届美博会均分别约定了展位号、面积、费用、付款安排和对应的参展申请表及其背页标准条例及规则——条款及规则,其中第54、56届国际美博会对应的标准条例及规则——条款及规则中关于争议解决的条款约定的是由广州仲裁委仲裁;第55届国际美博会对应的标准条例及规则——条款及规则中关于争议解决的条款约定的是由上海仲裁委仲裁。本案中,益豪公司仅就与第54、56届国际美博会相关的争议向广州仲裁委提起案涉仲裁申请,根据对应的标准条例及规则——条款及规则中就争议解决条款的约定,均约定争议由广州仲裁委仲裁,并不存在佳美公司所称的仲裁协议约定两个仲裁机构的情形。

16. 约定泰安仲裁委员会设在新泰市的分会,仲裁协议有效

裁判规则

虽然新泰市不存在名称为"新泰仲裁委员会"的仲裁机构,但双方选定的商事仲裁机构在新泰市具有指向唯一性,只是约定的仲裁机构名称不准确,应确认当事人双方选定的仲裁机构即为泰安仲裁委员会新泰分会。

典型案例

山东晶泰星光电科技有限公司与中国电子系统工程第二建设有限公司确认仲裁协议效力案[山东省泰安市中级人民法院民事裁定书(2019)鲁09民特50号(2020年4月22日)]

申请人:山东晶泰星光电科技有限公司(以下简称晶泰星光电公司)

被申请人:中国电子系统工程第二建设有限公司(以下简称电子工程第二建设公司)

2015年3月、2015年4月20日、2016年3月和2016年6月6日双方先后订了

4份建设施工合同，合同第3节专用条款部分争议条款约定“双方约定，在履行合同过程中发生争议时，双方协商解决或者调解不成时，按下列第（1）种方式解决争议：（1）将争议提交新泰仲裁委员会申请仲裁”。

裁判观点

泰安市中级人民法院认为，案涉仲裁条款约定在履行合同过程中发生争议时，双方协商解决或者调解不成时，将争议提交新泰仲裁委员会申请仲裁，可以看出，双方约定选择由新泰市的商事仲裁机构适用仲裁方式解决争议的意思表示明确。泰安仲裁委员会在新泰市设有分会，且新泰市也只有这一家商事仲裁分支机构，根据《泰安仲裁委员会仲裁规则》，当事人协议选定含分会在内的派出或分支仲裁机构仲裁的，只要不产生歧义，泰安仲裁委员会有权受理，新泰分会也可根据授权依法受理案件。本案中，虽然新泰市并不存在名称为“新泰仲裁委员会”的仲裁机构，但双方选定的商事仲裁机构在新泰市具有指向唯一性，只是约定的仲裁机构名称不准确，根据《仲裁法解释》第3条关于“仲裁协议约定的仲裁机构名称不准确，但能够确定具体的仲裁机构的，应当认定选定了仲裁机构”及第6条“仲裁协议约定由某地的仲裁机构仲裁且该地仅有一个仲裁机构的，该仲裁机构视为约定的仲裁机构”之规定，应确认当事人双方选定的仲裁机构即为泰安仲裁委员会新泰分会。

17. 仲裁机构名称不准确，但足以确定具体的仲裁机构，应当认定选定了仲裁机构

裁判规则

现在广州唯一设立的民商事仲裁机构即广州仲裁委员会，而涉案协议约定“广州市仲裁委员会”这一名称虽不准确，但也足以确定具体的仲裁机构，应当认定选定了仲裁机构。

典型案例

庄某涛申请确认仲裁协议效力案［广东省广州市中级人民法院民事裁定书（2020）粤01民特171号（2020年3月11日）］

申请人：庄某涛

被申请人：广州市益粤建设有限公司（以下简称益粤公司）

益粤公司与庄某涛签订沥青材料购销合同，该合同第11条约定：“争议解决方式：友好协商解决，协商解决不成，任何一方可以向广州市仲裁委员会申请仲裁，仲

裁裁决是终局的,双方必须执行。”

裁判观点

广州市中级人民法院认为,《仲裁法》第16条第2款规定,仲裁协议应当具有下列内容:(一)请求仲裁的意思表示;(二)仲裁事项;(三)选定的仲裁委员会。案涉合同中关于争议解决方式的约定有请求仲裁的意思表示,对仲裁的事项、范围已经作出了明确的约定,并选定了仲裁机构为广州市仲裁委员会。《仲裁法解释》第3条规定:“仲裁协议约定的仲裁机构名称不准确,但能够确定具体的仲裁机构的,应当认定选定了仲裁机构。”首先,虽然案涉仲裁条款约定的仲裁机构“广州市仲裁委员会”与现受理了仲裁案件的“中国广州仲裁委员会”在名称上稍有差异,但“中国广州仲裁委员会”原名广州仲裁委员会(以下简称广仲),该差异不致引人误解。其次,《广州仲裁委员会仲裁规则》第2条第2项明确:“当事人约定将争议提交中国广州国际仲裁院、中国广州网络仲裁院、中国广州金融仲裁院、中国广州知识产权仲裁院、中国广州国际航运仲裁院等专业仲裁院仲裁的,或者使用本会、仲裁院原名称的,均视为同意由本会进行仲裁。”第2条第4项明确:“本会在广东省广州市南沙区联合设立中国南沙国际仲裁中心。”庄某涛所列举的多个仲裁机构实际多数为广仲曾使用的名称或为广仲的内设机构,现在广州唯一设立的民商事仲裁机构即广仲,而涉案协议约定“广州市仲裁委员会”这一名称虽不准确,但也足以确定具体的仲裁机构,应当认定选定了仲裁机构。根据上述司法解释的规定,案涉仲裁协议依法有效。

18. 约定两个仲裁机构,未达成补充协议,仲裁协议无效

裁判规则

当事人对仲裁机构约定不明,根据仲裁条款无法确定具体仲裁机构,且当事人没有就仲裁机构达成补充协议,应当认定本案所涉仲裁条款无效。

典型案例

山东天永建筑工程有限责任公司与广州某国际物流有限公司申请确认仲裁协议效力案[山东省济南市中级人民法院民事裁定书(2019)鲁01民特235号(2020年3月10日)]

申请人:山东天永建筑工程有限责任公司

被申请人:广州某国际物流有限公司

申请人与被申请人于2018年12月10日签订国际联运代理协议,该协议第5

条约定："争议解决：如双方在执行协议中发生争议，应本着友好协商的态度协商解决。若协商不成，一个月内则可向济南市经济合同仲裁委员会申请仲裁。"2018 年 9 月 2 日，贸仲委山东分会在济南登记设立。

裁判观点

济南市中级人民法院认为，国际联运代理协议第 5 条选定的仲裁机构为济南市经济合同仲裁委员会，在该协议签订前，不存在"济南市经济合同仲裁委员会"这一仲裁机构，且该协议签订时，济南市存在贸仲委山东分会与济南仲裁委员会两个仲裁机构。本案属于当事人对仲裁机构约定不明，根据仲裁条款无法确定具体仲裁机构的情形。且当事人没有就仲裁机构达成补充协议，应当认定本案所涉仲裁条款无效。

19. 仲裁机构指向不明确，仲裁协议无效

裁判规则

系争仲裁条款约定由合同签订地（上海）经济仲裁委员会仲裁，因上海存在多家仲裁委员会，上述约定指向不明，当事人不能就仲裁机构的选择达成补充协议，仲裁条款无效。

典型案例

捷仪气体技术（上海）有限公司与广东冠华机电工程有限公司宁夏分公司申请确认仲裁效力案[上海市第一中级人民法院民事裁定书（2019）沪 01 民特 271 号（2020 年 1 月 9 日）]

申请人：捷仪气体技术（上海）有限公司（以下简称捷仪公司）

被申请人：广东冠华机电工程有限公司宁夏分公司（以下简称冠华公司宁夏分公司）

2016 年 4 月 6 日，冠华公司宁夏分公司（发包方）与捷仪公司（承包方）共同签订一份工程合同，合同第 15.2.2 条约定：当事人不愿调解，可向合同签订所在地（上海）经济仲裁委员会提起仲裁。

裁判观点

上海市第一中级人民法院认为，仲裁协议应包含当事人请求仲裁的意思表示、仲裁事项及选定的仲裁委员会。系争仲裁条款约定由合同签订地（即上海）经济仲裁委员会仲裁，因上海存在多家仲裁委员会，上述约定的"经济仲裁委员会"指向不

明,在当事人不能就仲裁机构的选择达成补充协议予以明确的情况下,上述仲裁条款应当认定无效。

20. 在后签订合同中的仲裁协议变更在前签订合同中的仲裁协议

裁判规则

多份协议中所约定的仲裁机构不同,不属于《仲裁法》第18条所规定的在同一份仲裁协议中对仲裁机构约定不明确的情形。因案涉2017补充协议是前四份协议的补充协议,且约定"本协议与原协议不一致之处,以本协议为准",因此,当上述协议中关于仲裁机构的约定不一致时,应当以2017补充协议的约定为准。

典型案例

邹某元等与上海广证东兴投资中心等申请确认仲裁协议效力案[广东省广州市中级人民法院民事裁定书(2019)粤01民特1594号(2019年12月31日)]

申请人:邹某元

申请人:廖某辉

申请人:天津通维投资合伙企业(有限合伙)(以下简称通维企业)

被申请人:上海广证东兴投资中心(以下简称东兴中心)

被申请人:广州广证金骏壹号股权投资基金(以下简称金骏壹号基金)

被申请人:深圳前海广证工业四点零新三板股权投资基金企业(以下简称工业四点零新三板基金企业)

被申请人:深圳前海广证纵联互联网产业基金(以下简称纵联基金)

被申请人:深圳前海金穗叁号投资企业(以下简称金穗叁号企业)

被申请人:深圳前海广证汇通投资基金(以下简称汇通基金)

2015年12月28日,廖某辉、邹某元等作为标的公司通拓公司原股东与东兴中心、金骏壹号基金、工业四点零新三板基金企业、广州证券创新投资管理有限公司(以下简称广证创投)或广证创投控股子公司管理的私募股权投资基金或广证创投指定的投资公司作为投资方共同签署1228增资协议,同日,上述两方与通拓公司三方签订1228补充协议。2016年7月21日,东兴中心、金骏壹号基金、工业四点零新三板基金企业、纵联基金、金穗叁号企业、汇通基金、前海企业与廖某辉、邹某元、通维企业共同签署了0721补充协议,上述协议均约定将争议提交深圳仲裁委员会依据其届时有效的仲裁规则仲裁。2017年,东兴中心、金骏壹号基金、工业四点零新三板基金企业、纵联基金、金穗叁号企业、汇通基金作为甲方,邹某元、廖某辉、通维企业作为乙方签署了 2017 补充协议,作为上述协议(统称为原协议)的补充协议,其中第 6 条第 4 款约定“本协议与原协议不一致之处,以本协议为准”。第 7 条第 2 款约定“经双方同意,因本合同而产生的或与本合同有关的一切争议,合同当事人应尽量通过协商、调解途径解决。经友好协商未能解决的,应提交中国广州仲裁委,按提交申请当时有效的仲裁规则予以仲裁解决,仲裁裁决是终局的,对双方当事人均有约束力”。

裁判观点

广州市中级人民法院认为,首先,东兴中心、金骏壹号基金、工业四点零新三板基金企业、纵联基金、金穗叁号企业、汇通基金的仲裁请求是裁决邹某元、廖某辉、通维企业支付 2015 年业绩补偿金及违约金、2016 年业绩补偿金及违约金、延期补偿金及违约金,以及承担律师费、仲裁费用、保全费、保函费用。双方关于上述仲裁事项的争议分别在 1228 增资协议、1228 补充协议和 0721 补充协议中进行约定,而 2017 补充协议第 6 条第 4 款已明确约定:本协议与原协议不一致之处,以本协议为准。本协议未尽事宜,以原协议为准。且在第 7.2 条约定争议解决方式为提交中国广州仲裁委,按提交申请当时有效的仲裁规则予以仲裁解决。该仲裁条款有明确请求仲裁的意思表示,有明确的仲裁事项,有选定的仲裁委员会,符合《仲裁法》第 16 条的规定,应属有效条款,对合同各方当事人即邹某元、廖某辉、通维企业与东兴中心、金骏壹号基金、工业四点零新三板基金企业、纵联基金、金穗叁号企业、汇通基金均有约束力。其次,本案涉及的多份协议中所约定的仲裁机构不同,并不属于《仲裁法》第 18 条所规定的在同一份仲裁协议中对仲裁机构约定不明确的情形。虽然 1228 增资协议、1228 补充协议和 0721 补充协议已约定涉及该合同的争议提交深圳仲裁委员会仲裁解决,但因 2017 补充协议是该四份协议的补充协议,根据 2017 补充协议第 6.4 条约定:本协议与原协议不一致之处,以本协议为准。本协议未尽事宜,以原协议为准。因此,当上述协议中关于仲裁机构的约定不一致时,应当以 2017 补充协议的约定为准,即适用 2017 补充协议第 7.2 条的约定,因此,广州仲裁委对本案具有管辖权。邹某元、廖某辉、通维企业申请确认 2017 补充协议中的仲裁条款无效的理由不成立,本院不予支持。

21. 未约定仲裁机构,仲裁协议无效

裁判规则

仲裁条款虽然有明确的请求仲裁的意思表示,也约定了仲裁事项,但未选定具体的仲裁机构,且争议发生后,双方当事人也没有就仲裁机构选定达成补充协议。

厦门叁幕公司请求确认仲裁协议有效缺乏事实和法律依据,本院不予支持。

典型案例 ▶▶

厦门叁幕互动科技有限公司与厦门深度空间装饰工程有限公司申请确认仲裁协议效力案[福建省厦门市中级人民法院民事裁定书(2019)闽02闽特202号(2019年11月29日)]

申请人:厦门叁幕互动科技有限公司(以下称厦门叁幕公司)

被申请人:厦门深度空间装饰工程有限公司(以下称厦门深度空间公司)

厦门叁幕公司与厦门深度空间公司签订了瑞景天台二次装修合同,合同第8条约定:争议解决办法:在合同履行过程中发生争议的,双方应协商解决;协商解决无法解决的,由仲裁机构裁决。

裁判观点 ▶▶

厦门市中级人民法院认为,依照《仲裁法》第16条第2款规定:“仲裁协议应当具有下列内容:(一)请求仲裁的意思表示;(二)仲裁事项;(三)选定的仲裁委员会。”本案中,双方共同签订的瑞景天台二次装修合同第8条争议解决办法中约定:“在合同履行过程中发生争议的,双方应协商解决;协商解决无法解决的,由仲裁机构裁决。”该仲裁条款虽然有明确的请求仲裁的意思表示,也约定了仲裁事项,但未选定具体的仲裁机构,且争议发生后,双方当事人也没有就仲裁机构选定达成补充协议。虽然合同主体住所地、合同履行地均在厦门市,但仲裁不受地域限制,案涉仲裁条款也未约定以当事人所在地或合同履行地的仲裁机构仲裁,该条款无法确定具体的仲裁机构。厦门叁幕公司请求确认仲裁协议有效缺乏事实和法律依据,本院不予支持。

【类案检索】

1. 检索词:仲裁机构名称　表述不准确

典型案例 ▶▶

天津二建建筑工程有限公司与天津大元永泰建筑工程有限公司申请确认仲裁协议效力案[天津市第二中级人民法院民事裁定书(2020)津02民特23号(2020年4月26日)]

裁判观点 ▶▶

天津市第二中级人民法院认为,案涉天津市建设工程施工劳务分包合同约定了双方因履行合同发生的争议向天津市仲裁委员会申请仲裁。虽然协议中仲裁机构名称表述不准确，但能够从文字和逻辑上确定仲裁机构为天津仲裁委员会，不影响仲裁条款的效力，根据《仲裁法解释》第3条的规定，应当认定双方选定了仲裁机构，该仲裁条款约定有效。

2. 检索词：仲裁机构名称　表述不规范

典型案例

北京邮电大学与北京辰晓世纪工程技术有限公司申请确认仲裁协议效力纠纷案［北京市第四中级人民法院民事裁定书(2020)京04民特102号(2020年3月20日)］

裁判观点

北京市第四中级人民法院认为，《仲裁法解释》第3条规定："仲裁协议约定的仲裁机构名称不准确，但能够确定具体的仲裁机构的，应当认定选定了仲裁机构。"本案中，当事人约定的仲裁委员会为"北京市仲裁委员会"，比"北京仲裁委员会"的名称多个"市"字，结合将仲裁地点设置在北京的仲裁委员会的实际情况，仅"北京仲裁委员会"与约定仲裁机构在表述上相似，其余仲裁机构与约定仲裁机构在表述上均有较大区别。该情形应系当事人对仲裁机构的名称表述不规范，不影响双方当事人将争议提交北仲进行仲裁的意思表示，并不会产生歧义，应当认定为仲裁机构约定明确。

3. 检索词：选择仲裁机构　意思表示明确

典型案例

海南金手指房地产开发有限公司与邢某刚申请确认仲裁协议效力案［海南省第一中级人民法院民事裁定书(2020)琼96民特58号(2020年4月17日)］

裁判观点

海南省第一中级人民法院认为，案涉房屋买卖合同第19条约定：本合同在履行过程中发生的争议，由双方当事人协商解决；协商不成的，按下列第1种方式解决：1. 申请海口仲裁委员会仲裁。2. 依法向有管辖权的人民法院起诉。根据《仲裁法解释》第3条"仲裁协议约定的仲裁机构名称不准确，但能够确定具体的仲裁机构的，应当认定选定了仲裁机构"和第6条"仲裁协议约定由某地的仲裁机构仲裁且该地仅有一个仲裁机构的,该仲裁机构视为约定的仲裁机构。该地有两个以上仲裁机构的,当事人可以协议选择其中的一个仲裁机构申请仲裁;当事人不能就仲裁机构选择达成一致的,仲裁协议无效”的规定,本案双方在签订合同时海南省仅有海南仲裁委员会一家仲裁机构,本案不存在当事人选择其他仲裁机构的可能性,当事人提交仲裁解决争议的意思表示明确。

4. 检索词:仲裁机构名称　指向明确

典型案例

镇江市水利建筑工程有限公司与江苏华苑环境建设有限公司申请确认仲裁协议效力案[江苏省镇江市中级人民法院民事裁定书(2020)苏11民特14号(2020年4月3日)]

裁判观点

镇江市中级人民法院认为,本案中,涉案仲裁条款约定的仲裁机构为建筑物所在地经济合同仲裁委员会,该名称虽不准确,但涉案建设工程项目地点在本市,而本市仲裁平等主体间发生的合同纠纷和其他权益纠纷的仅有一个仲裁机构,即镇江仲裁委员会,指向明确,不会产生歧义。因此,涉案仲裁条款能够确定具体的仲裁机构为镇江仲裁委员会,应当认定为有效。

5. 检索词:仲裁机构名称　不准确但唯一

典型案例

海南鑫达房地产开发有限公司(以下简称鑫达公司)与韩某申请确认仲裁协议效力案[海南省第一中级人民法院民事裁定书(2020)琼96民特8号(2020年2月26日)]

裁判观点

海南省第一中级人民法院认为,《仲裁法解释》第3条规定:“仲裁协议约定的仲裁机构名称不准确,但能够确定具体的仲裁机构的,应当认定选定了仲裁机构。”本案中,鑫达公司与韩某签订的职工住房合同约定了双方因履行本协议所发生的或与本协议有关的一切争议,应当协商解决;如协商不成,任何一方均可向海南省仲裁委员会申请仲裁。该仲裁条款具备仲裁的意思表示、仲裁的事项和明确的仲裁机构三方面的内容,虽然约定的仲裁机构名称为海南省仲裁委员会,名称不准确,但双方当事人有明确的仲裁意愿,涉案房屋所在地为海南省,且海南仲裁委员会是海南省唯一一家民商事仲裁机构。因此涉案仲裁条款能够确定具体的仲裁机构,应认定为有效。

6. 检索词:某地的仲裁委员会

典型案例 ▶▶

潘某阳、黄某博与广汉秋实投资有限责任公司申请确认仲裁协议效力案[四川省德阳市中级人民法院民事裁定书(2019)川06民特147号(2019年12月17日)]

裁判观点 ▶▶

德阳市中级人民法院认为,广汉秋实投资有限责任公司与潘某阳、黄某博签订的四川省商品房买卖合同(预售)第38条约定了解决争议的方式:提交出卖人注册地仲裁委员会仲裁。首先,该约定表明了双方有请求仲裁的意思表示;其次,该约定明确了向出卖人注册地仲裁委员会申请仲裁。根据《仲裁法》第10条第1款对仲裁委员会设立地的规定,虽然合同中约定的出卖人注册地广汉市没有设立仲裁委员会,但广汉市行政区划属德阳市,且德阳市辖区内只有一个仲裁机构即德阳仲裁委员会,根据《仲裁法解释》第6条"仲裁协议约定由某地的仲裁机构仲裁且该地仅有一个仲裁机构的,该仲裁机构视为约定的仲裁机构"之规定,应认定双方签订的仲裁协议约定的仲裁机构明确。

7. 检索词:贸仲委北京分会

典型案例 ▶▶

北京浩宇视界会展服务有限公司与璞提文化传播(上海)有限公司申请确认仲裁协议效力纠纷案[北京市第四中级人民法院民事裁定书(2019)京04民特534号(2019年10月28日)]

裁判观点 ▶▶

北京市第四中级人民法院认为,《仲裁法解释》第3条规定:"仲裁协议约定的仲裁机构名称不准确,但能够确定具体的仲裁机构的,应当认定选定了仲裁机构。"本案中,当事人约定的仲裁机构为贸仲委北京分会,虽然贸仲委未设置北京分会,但结合贸仲委将仲裁地点设置在北京的实际情况,可以认为贸仲委与合同约定仲裁机构在表述上相似,且其他仲裁机构与约定仲裁机构在表述上均有较大区别。该情形应系当事人对仲裁机构的名称表述不规范，不影响双方当事人将争议提交贸仲委进行仲裁的意思表示，并不会产生歧义，应当认定为仲裁机构约定明确。

8. 检索词：中国国际贸易促进会对外贸易仲裁委员会

典型案例 ▶▶

云南飞来者通用航空有限公司与被申请人湖南洲际航空技术有限公司申请确认仲裁协议效力案［北京市第四中级人民法院民事裁定书（2019）京04民特537号（2019年10月28日）］

裁判观点 ▶▶

北京市第四中级人民法院认为，双方当事人约定将争议提交"中国国际贸易促进会对外贸易仲裁委员会"，该仲裁机构与"中国国际贸易促进委员会对外贸易仲裁委员会"只差"委员"二字，除"中国国际贸易促进委员会对外贸易仲裁委员会"外，未存在其他相似表述的仲裁机构，该情形系当事人对仲裁机构的名称表述不规范，不影响双方将争议提交"中国国际贸易促进委员会对外贸易仲裁委员会"进行仲裁的意思表示。另中国国际贸易促进委员会对外贸易仲裁委员会系贸仲委的原名称，当事人使用原名称为仲裁机构的，均视为同意由贸仲委仲裁。

9. 检索词：约定仲裁机构　不存在

典型案例 ▶▶

绍兴远顺物流有限公司与赵某申请确认仲裁协议效力案［浙江省绍兴市中级人民法院民事裁定书（2020）浙06民特5号（2020年3月27日）］

裁判观点 ▶▶

绍兴市中级人民法院认为，《仲裁法》第18条规定："仲裁协议对仲裁事项或者仲裁委员会没有约定或者约定不明确的，当事人可以补充协议；达不成补充协议的，仲裁协议无效。"本案中，双方当事人在协议中约定了"柯桥区仲裁委员会"作为争议解决的仲裁机构，但"柯桥区仲裁委员会"并不存在，且当事人未就此达成补充协议，应为无效。

10. 检索词:仲裁机构　约定不明　未达成补充协议

典型案例

李某与朝阳市铭丰房地产开发有限公司申请确认仲裁协议效力案[辽宁省朝阳市中级人民法院民事裁定书(2019)辽13民特28号(2019年12月14日)]

裁判观点

朝阳市中级人民法院认为,根据《仲裁法》第18条规定:"仲裁协议对仲裁事项或者仲裁委员会没有约定或者约定不明确的,当事人可以补充协议;达不成补充协议的,仲裁协议无效。"本案中的仲裁协议仅约定双方产生争议提交仲裁委员会仲裁,不能依此确定仲裁机构,属于仲裁委员会约定不明确的情形。同时,双方当事人未达成补充协议,故认定仲裁协议无效。

11. 检索词:××仲裁委员会的分支机构

典型案例

贵州杰博电气科技有限公司与江西省万隆实业有限公司申请确认仲裁协议效力案[贵州省黔东南苗族侗族自治州中级人民法院民事裁定书(2019)黔26民特12号(2019年11月14日)]

裁判观点

黔东南苗族侗族自治州中级人民法院认为,"南昌仲裁委员会第三(昌南)分会"是经南昌市人民政府法制办批准设立的南昌仲裁委员会的分支机构,至今为止尚无有关单位(或部门)作出认定该分会系违法设立的结论,故对申请人认为"该仲裁机构未取得合法地位"的理由不予采纳。《仲裁法解释》第6条规定:"仲裁协议约定由某地的仲裁机构仲裁且该地仅有一个仲裁机构的,该仲裁机构视为约定的仲裁机构。"本案中,双方当事人在合同中选择的仲裁机构"南昌仲裁委员会第三(昌南)分会"真实存在,并非约定的仲裁机构不明或依据约定不能推断出是哪一家仲裁机构的情形,说明双方约定的仲裁机构明确具体。本案的仲裁条款并不存在《仲裁法》第17条、第18条及《仲裁法解释》第5条、第6条、第7条规定的仲裁协议无效的情形。

12. 检索词:约定仲裁　未约定仲裁机构

典型案例

中国人民财产保险股份有限公司北京分公司与东方电气风电有限公司申请确

认仲裁协议效力案[北京市第四中级人民法院民事裁定书(2018)京04民特452号(2019年8月30日)]

裁判观点

北京市第四中级人民法院认为,《仲裁法》第16条第2款规定,仲裁协议应当具有下列内容:(一)请求仲裁的意思表示;(二)仲裁事项;(三)选定的仲裁委员会。该法第18条规定,仲裁协议对仲裁事项或者仲裁委员会没有约定或者约定不明确的,当事人可以补充协议;达不成补充协议的,仲裁协议无效。本案中,2015—2016年度保险单中保险合同争议的解决方式约定为仲裁,但并没有选定仲裁委员会。现双方不能就仲裁委员会的选择达成一致意见,依法属于仲裁协议对仲裁委员会没有约定之情形。故2015—2016年度保险单中的仲裁条款应属无效。

第二章　仲裁协议的书面形式

常见问题与法条导航

序号	常见问题	法条导航
1	仲裁协议应采取书面形式	《仲裁法》第16条第1款①
2	仲裁协议书面形式的类型	《仲裁法解释》第1条②、第11条③
3	《纽约公约》对仲裁协议书面形式的要求	《纽约公约》第2条第1款和第2款④
4	《示范法》中的仲裁协议及书面形式	《示范法》第7条⑤

①《仲裁法》第16条第1款规定："仲裁协议包括合同中订立的仲裁条款和以其他书面方式在纠纷发生前或者纠纷发生后达成的请求仲裁的协议。"

②《仲裁法解释》第1条规定："仲裁法第十六条规定的'其他书面形式'的仲裁协议，包括以合同书、信件和数据电文(包括电报、电传、传真、电子数据交换和电子邮件)等形式达成的请求仲裁的协议。"

③《仲裁法解释》第11条规定："合同约定解决争议适用其他合同、文件中的有效仲裁条款的，发生合同争议时，当事人应当按照该仲裁条款提请仲裁。涉外合同应当适用的有关国际条约中有仲裁规定的，发生合同争议时，当事人应当按照国际条约中的仲裁规定提请仲裁。"

④《纽约公约》第2条第1款和第2款规定："当事人以书面协定承允彼此间所发生或可能发生之一切或任何争议，如关涉可以仲裁解决事项之确定法律关系，不论为契约性质与否，应提交仲裁时，各缔约国应承认此项协定。称'书面协定'者，谓当事人所签定或在互换函电中所载明之契约仲裁条款或仲裁协定。"

⑤《示范法》第7条规定："仲裁协议的定义和形式：(1)'仲裁协议'是指当事各方同意将他们之间确定的不论是契约性或非契约性的法律关系上已经发生或可以发生的一切或某些争议提交仲裁的协议。仲裁协议可以采取合同中的仲裁条款形式或单独的协议形式。(2)仲裁协议应是书面的。协议如载于当事各方签字的文件中，或载于往来的书信、电传、电报或提供协议记录的其他电讯手段中，或在申诉书和答辩书的交换中当事一方声称有协议而当事他方不否认即为书面协议。在合同中提出参照载有仲裁条款的一项文件即构成仲裁协议，如果该合同是书面的而且这种参照足以使该仲裁条款构成该合同的一部分的话。"

第一节　仲裁协议书面形式的确立与发展

【法理辨析】

1. 仲裁协议书面形式的确立

仲裁作为一种起源于商人解决商事争议需求的纯粹的民间性争议解决机制，在其初始时期，仲裁完全是当事人之间的私人事情，甚至仲裁裁决的实现也完全借助于当事人受道德力量约束的自觉履行。在那种情况下，当事人之间如何达成仲裁协议不受任何形式的约束，只要当事人之间自愿协商达成通过仲裁解决商事争议的合意即可。关于仲裁协议形式的要求是随时代的发展而不断变化的。在 1958 年《纽约公约》订立之前，早期的国际条约对仲裁协议的形式并没有明确的要求，如《1923 年日内瓦仲裁条款议定书》和 1927 年的《关于执行外国仲裁裁决的公约》，对商事仲裁协议的形式均没有作出明确的规定，而是要求各缔约国根据其国内法确定商事仲裁协议在形式上的有效性。再如，《欧洲国际商事仲裁公约》第 1 条第 2 款也规定，在法律不要求仲裁协议必须以书面形式签订的国家，仲裁协议可依该国法律许可的形式订立。当时各国对仲裁协议的形式要求也十分不统一，如德国原《民事诉讼法典》第 1027 条规定，具有完全商人资格的当事人间按商事交易惯例订立的仲裁协议无须书面作成，如果当事人惯常在一个有关的贸易机构进行仲裁，可以口头形式订立仲裁协议，甚至默示订立仲裁协议 。但是有些国家国内法对仲裁协议的形式要求更为严格，它们要求仲裁协议必须采用公证的形式作成，如西班牙、哥伦比亚等国。[①] 由于各国仲裁立法规定之歧异，在适用上往往遭遇困难，且经常出现因仲裁协议的形式而致使仲裁程序无法启动以及仲裁裁决无法执行。为解决此困难，各国开始努力寻求立法之统一，但自民族国家兴起后，主权观念无比浓厚，地域偏见根深蒂固，加以各国风俗人情迥异，很难实现法律统一化的理想境界，于是各国转向致力于国际立法，即通过国际条约来解决仲裁协议及仲裁裁决的效力问题。[②] 在致力于国际立法时，各国也努力通过双边条约的订立来解决这一问题，由于双边条约涉及的参与者少、国情兼顾容易、利益平衡简单，因而为数相当可

---

① 参见黄进、宋连斌、徐前权：《仲裁法学》，中国政法大学出版社 1999 年版，第 82 页。

② 参见杨秀清：《协议仲裁制度研究》，法律出版社 2006 年版，第 68 页。

观。但是,当时各国之间的双边条约均侧重于仲裁协议的效力以及仲裁判断的执行,而不去统一仲裁协议的形式要求,其结果由于各国国内法关于仲裁协议形式要求规定之差异功亏一篑。

自第二次世界大战以后,随着国际商事仲裁的发展和商事仲裁法的国际统一化不断加强,特别是赋予仲裁裁决与法院生效判决同等的法律效力并可以得到法院的承认与执行之后,对仲裁协议的形式要求即发生了相应的变化。此时,仲裁协议的有效不仅需要当事人双方的合意,而且还需要以仲裁庭以及法院认可的形式表现出来才具有相应的法律效力。与此同时,与一般民商事领域中对合同或者契约的要求不同,大多数有关仲裁的国内立法与国际立法以及仲裁实务均要求仲裁协议必须采用书面形式,否则仲裁协议无效。1958 年《纽约公约》对构成书面仲裁协议的要素进行定义正是为了消除国内法关于仲裁协议形式规定的分歧。实践证明,随着《纽约公约》的生效,仲裁协议的书面形式要求已逐渐被各国所普遍接受。

2. 1958 年《纽约公约》关于仲裁协议书面形式的规定

仲裁协议作为一种特殊的程序法上的契约,不同于以实体权利义务约定为内容的普通的私法契约,它以争议解决方式的约定为内容的本质,使有效仲裁协议不仅对仲裁协议的当事人有效,甚至对仲裁机构以及法院有效的特性决定了对仲裁协议须有一定的形式要求。

《纽约公约》的生效在国际商事仲裁领域产生了重大意义,它为迄今为止的 100 多个国家确立了一项强制性统一标准,即仲裁协议应采取书面形式,这就在很大程度上改变了过去因仲裁协议形式不一而产生的适用困难。自此,仲裁协议必须采取书面形式已成为现代仲裁制度中公知的事实。正如英国著名的仲裁法专家雷得芬(Alan Redfern)与亨特(Martin Hunter)所指出:“对仲裁协议书面形式的要求至少起到了一种自我证明的作用。当事人通过一项有效的仲裁协议排斥了国家的司法管辖权,而将他们之间发生的相关纠纷交由私人纠纷解决机制解决,无论如何都是一项重大的民事法律行为,因此,要求存在一个清楚、明确和有效的仲裁协议是适当的。”①然而,何谓仲裁协议的书面形式,如果对仲裁协议的书面形式理解发生分歧,依然会影响对仲裁协议是否有效的判断。

《纽约公约》第 2 条第 1 款和第 2 款规定:“当事人以书面协定承允彼此间所发生或可能发生之一切或任何争议,如关涉可以仲裁解决事项之确定法律关系,不论为契约性质与否,应提交仲裁时,各缔约国应承认此项协定。称‘书面协定’者,谓

---

① Alan Redfern, Martin Hunter, *Law and Practice of International Commercial Arbitration*, 3rd edition, Sweet & Maxwell ,141 (1999).

当事人所签订或在互换函电中所载明之契约仲裁条款或仲裁协定。”可见,《纽约公约》对仲裁协议之书面形式规定了两种:一是当事人签订的仲裁条款或仲裁协定;二是在当事人互换函电中所载明之契约仲裁条款或仲裁协定。笔者对此并无异议。关键在于如何理解《纽约公约》的规定,也就是说,《纽约公约》的规定是书面形式条件的最低限度还是最大限度?此外,自1958年至今,国际商业社会发生了翻天覆地的变化,出现了许多已达成共识的商业惯例,产生于特定历史背景之下的《纽约公约》,特别是其中关于仲裁协议书面形式之要求能否适应现今商业的需要就成为各界关注的焦点。就《纽约公约》所规定的仲裁协议的书面形式而言,在第一种形式中,很明显《纽约公约》要求以当事人签署为其生效条件,问题的焦点在于签署系针对“合同”,还是针对“合同中的仲裁条款”;抑或是既针对“合同”,也针对“合同中的仲裁条款”。从《纽约公约》的文本“an arbitral clause in a contract, signed by the parties”来看,签署应针对“合同中的仲裁条款”,而且,也曾有过此种案例,如意大利最高法院曾在阿特拉斯木材总公司诉阿根齐亚孔科尔迪亚线运输公司(Atlas General Timbers S,P,A,V, Agenzia Concordia Line S,P,A)一案中称,从语法上分析,《纽约公约》“签署的”(signed)一词是指合同中的仲裁条款而言,而不是指合同本身而言。[①] 这种从语法的角度对此所作的解释无疑过于严格,因此,现在普遍的看法是从现代国际商业交易的实情考虑,仲裁条款无须专门签署,只要求双方当事人就整个合同签署即符合形式要求。[②] 实践证明就连这一低微的要求有时都是无法满足的,因为在大多数的国际商事合同关系中,往往是双方已在开始履行合同了,但合同经常仍没有签署,如果因此而判定该仲裁条款无效,就势必意味着仲裁条款的成立有更高于合同成立的要求,其结果必然违背商业惯例。[③] 在第二种形式中,即当事人互换的信函、电文中所包含的合同仲裁条款或仲裁协议的情形下,按照《纽约公约》的规定无须以双方当事人的签署为其有效条件,因为,当事人是通过互换或往来方式相互告知他们的意向。如果意见的交换相一致,那么互换本身就构成了相互同意的关系,也就证明了当事人之间的认可和接受。在这种情况下,只有一方当事人的签名或没有双方当事人的签名并不能证明当事人的接受无效。[④] 但即使这样,从商业实践来看也是不太现实的。在商事交往中,当事人受利益与效

---

① Corte di Casszione (Sez Un)(最高法院), May 18, 1978, no 2392, 5 Yearkbook Commercial Arbitration, 267(1980).

② See Alan, Redfern and Martin, Hunter, *Law and Practice of International Commercial Arbitration*, 2nd ed, 315(1991).

③ 参见杨秀清:《协议仲裁制度研究》,法律出版社2006年版,第73页。

④ Albert Jan van den Berg, The New York Arbitration Convention of 1958, 194(1986).

益的驱动，谁会可能在订约时为了仲裁协议而书面来书面去（written exchange），争议一番才同意？这一来，《纽约公约》原旨是要支持国际仲裁，但它对书面的仲裁协议订得太局限、太严格，反而是去否定仲裁，动不动就说这个协议无效那个协议无效。可见这是一明显的好心做坏事的例子。[①] 特别是到了21世纪的今天，国际贸易中通过电报来订立合同恐已显得与时代的脚步不合拍。再将“书面”限制在“往来函电”而不包括其他通信手段显然既落后于时代的发展，也脱离商业社会的实际。[②] 由此可见，《纽约公约》对仲裁协议的书面形式的要求已与现代社会的快速发展不相适应。

3. 1985年《示范法》关于仲裁协议书面形式的规定

基于《纽约公约》存在的诸多现实问题，1985年《示范法》对仲裁协议的书面形式作了详尽的规定，该法第7条规定：“仲裁协议的定义和形式：（1）‘仲裁协议’是指当事各方同意将他们之间确定的不论是契约性或非契约性的法律关系上已经发生或可以发生的一切或某些争议提交仲裁的协议。仲裁协议可以采取合同中的仲裁条款形式或单独的协议形式。（2）仲裁协议应是书面的。协议如载于当事各方签字的文件中，或载于往来的书信、电传、电报或提供协议记录的其他电讯手段中，或在申诉书和答辩书的交换中当事一方声称有协议而当事他方不否认即为书面协议。在合同中提出参照载有仲裁条款的一项文件即构成仲裁协议，如果该合同是书面的而且这种参照足以使该仲裁条款构成该合同的一部分的话。”《示范法》之所以努力去为仲裁协议的书面形式作出详尽界定，目的在于规范商事活动中的仲裁协议。正如霍尔茨曼（Holtzman）和纽豪斯（Neuhaus）对《示范法》的第7条第2款所作的评论：“统一法律的任何努力并不在法庭或听证室里，而一般在其与日常交易的关系点上产生最大的潜在影响。对仲裁法来说，这个关系点就是确定一项有效的仲裁协议的起草要求的法律，因为正是这项法律对商人及其律师产生最直接影响，决定其是否能够把仲裁作为一个解决国际商业争议的系统。因此，对术语‘仲裁协议’进行定义的《示范法》第7条，在实际上就成为联合国国际贸易法委员会（UNCITRAL）统一各国仲裁法案的尝试中最重要的一部分。正是在这一点上各国应尽力避免对此强加更多的法律性，或尤其是地方性要求。”[③]《示范法》虽然如《纽约公约》一样，为大家规定了仲裁协议的规范形式，并对仲裁协议的书面形式作出了详尽的定义，这对于解决因国内法规定不一而产生的一些问题具有重要作用，

① 参见杨良宜：《国际商务仲裁》，中国政法大学出版社1997年版，第121页。

② 参见赵健：《国际商事仲裁的司法监督》，法律出版社2000年版，第71页。

③ Holtzman、Neuhaus：《联合国国际贸易法委员会示范法指南》，Kluwer1989年版，第258页。转引自杨秀清：《协议仲裁制度研究》，法律出版社2006年版，第76页。

但与国际贸易或商业中各方知晓或理应知晓的惯例就不尽相符，对此英国特许仲裁员协会的内尔克普兰教授（Neil Kaplan）曾严厉指出："在当今的贸易中，许多合同甚至一些书面合同，都没有书面签字。将《示范法》的范围起草得如此狭窄，而将这些合同排除在《示范法》之外是目光短浅的"①。

4. 国内法对仲裁协议书面形式的扩大趋势

《纽约公约》和以此为范本的《示范法》对仲裁协议书面形式的要求在统一规范商事仲裁协议方面的确起到了不容忽视的作用，但随着国际经济交往的发展以及大量的为世界各国所认同的商业惯例的出现，这两者对仲裁协议书面形式的要求与国际商业贸易之间的矛盾也是无法回避的，为此，许多国家开始对仲裁协议的书面形式做扩大性解释。例如，英国《1996年仲裁法》对何谓仲裁协议的书面形式作出了非常宽泛的解释，根据该法第5条第（2）款至第（6）款的规定，仲裁协议的书面形式可以分别为：A. 一个书面的协议——（a）如果该协议是书面形式达成的；（b）如果该协议是通过书面通信交换的形式达成的；（c）如果该协议被证明是书面形式的。B. 如果当事人约定，只要有关条款是书面的，他们之间的协议即为书面协议。C. 如果一项协议被当事人中的一方或第三方以及当事人的授权人所记录下来，该协议即被证实为书面协议。D. 当事人之间虽无书面协议但在他们之间的书面文件交换过程中，或在仲裁或司法程序当中，一方当事人声称他们之间存在一个协议，而另一方当事人在答复中不做否认表示的，关于书面协议的声称即为有效。E. 其他有关参考文件，即以任何方式被记载的或以任何方式被记录的。继英国《1996年仲裁法》之后，德国于1998年对其《民事诉讼法典》有关仲裁的内容进行了修改，对仲裁协议的书面形式作出了宽泛的规定。该法典第1031条（仲裁协议的形式）规定：（1）仲裁协议应包括在当事人签署的文件或交换的信件、电传或其他可提供协议记录的电讯中。（2）如仲裁协议已包括在一方传递给另一方或第三方传递给双方的文件中，并且（如果在有效期内并没有被提出异议）其内容根据惯例被视为合同的一部分，则应认为已经符合第1款规定的形式要求。（3）符合第1款或第2款的形式要件的合同中援引包含有仲裁条款的文件，如该援引是为了使所述仲裁条款成为合同的一部分，则该援引构成仲裁协议。（4）如海运提单明确援引了租船合同的仲裁条款，则提单的签发也可以达成仲裁协议。（5）消费者是一方当事人的仲裁协议应包括在当事人亲自签署的文件之中。除诉诸仲裁的协议外，此类文件中不应包含有其他的协议，但这不适用于公证的情形。就引致争议的交易而言，消

---

① ［英］内尔克普兰：《〈纽约公约〉与〈示范法〉对书面协议的要求与商业惯例相悖吗?》，热依扎译，载《仲裁与法律通讯》1996年第3期。

费者是指为其行业或自营职业之外目的而行事的自然人。(6)在仲裁程序中对争议实体进行讨论即可弥补任何形式要件上的缺陷。[①] 此后,瑞典于1999年、美国于2000年、韩国于2002年相继完成对其仲裁法的修改。

5. 2006年《示范法》对仲裁协议书面形式的发展

2006年6月19日至7月7日在纽约召开的联合国国际贸易法委员会第39届大会上,最终通过了对《示范法》第7条的修订案文,包括了两个备选案文。备选案文一:"第7条仲裁协议的定义和形式:(1)'仲裁协议'是指当事各方同意将他们之间一项确定的契约性或非契约性的法律关系已经发生或可能发生的一切争议或某些争议交付仲裁的协议。仲裁协议可以采取合同中的仲裁条款形式或单独的协议形式。(2)仲裁协议应为书面形式。(3)若仲裁协议的内容以任何形式记录下来,则为书面形式,无论该仲裁协议或合同是以口头方式、行为方式还是其他方式订立的。(4)电子通信所含信息可以调取以备日后查用的,即满足了仲裁协议的书面形式要求。'电子通信'系指当事人以数据电文方式发出的任何通信;'数据电文'系指经由电子手段、光学手段或类似手段生成、发送、接受或存储的信息,这些手段包括但不限于电子数据交换、电子邮件、电报、电传或传真。(5)另外,仲裁协议如载于相互往来的赔偿声明和答辩声明中,且一方当事人声称有协议而另一方当事人不予否认,即为书面协议。(6)在合同中提及载有仲裁条款的任何文件的,即构成书面形式的仲裁协议,条件是此种提及可使仲裁条款成为该合同的一部分。"备选文案二:"第7条仲裁协议的定义'仲裁协议'是指当事各方同意将他们之间一项确定的契约性或非契约性的法律关系中已经发生或可能发生的一切争议或某些争议交付仲裁的协议。"[②]总之,无论是国际立法还是国内立法,对仲裁协议书面形式的规定都呈现扩大理解的趋势。

尽管国际立法以及大多数国家的国内法均确认仲裁协议应当采用书面形式,但是,由于受各国对仲裁的态度以及社会发展和科技进步的影响,各国对仲裁协议的书面形式的理解不同;且同一国家在不同历史时期对仲裁协议的书面形式的理解也会有所不同,可能会出现在商事仲裁实践中,对同一项仲裁协议因书面形式的理解不同而最终导致其效力截然相反。因此,有必要梳理法院对仲裁协议书面形式的裁判规则。

---

① 参见德国《民事诉讼法典》第1031条,载宋连斌编、林一飞译:《国际商事仲裁资料精选》,知识产权出版社2004年版,第393页。

② 参见沈德咏、万鄂湘主编,最高人民法院研究室、最高人民法院民事审判第四庭编著:《最高人民法院仲裁法司法解释的理解与适用》,人民法院出版社2015年版,第24页。

第二节　仲裁协议书面形式的实践样态

【法理辨析】

1. 我国仲裁协议的书面形式

我国《仲裁法》第 16 条规定，仲裁协议包括合同中订立的仲裁条款和以其他书面方式在纠纷发生前或者纠纷发生后达成的请求仲裁的协议，仲裁协议可采取三种书面形式：

(1) 仲裁条款

仲裁条款，是指双方当事人在合同中以合同条款的形式达成的，将以后在本合同履行过程中可能出现的争议提交仲裁机构仲裁，并受仲裁裁决约束的书面意思表示。考证签订仲裁协议的具体时间，当商事关系的主体在履行合同过程中出现争议时，由于双方利益冲突的现实存在，此时，双方对争议解决方式选择的考虑通常不是基于争议的公正、迅捷地解决，而更多的是基于如何维护自己的利益，受双方各自不同利益的驱动，往往不易于纠纷发生后达成仲裁协议。相反，当市场主体选择交易伙伴，签订合同时，由于尚不存在现实的利益冲突，对争议解决方式的约定只是对未来现象的假定，故而有利于达成仲裁协议。此外，在合同中签订仲裁条款也较为简便易行，因此，在仲裁实践中，合同中的仲裁条款是仲裁协议的一种最常见和最主要的类型。

(2) 仲裁协议书

仲裁协议书，是指双方当事人在争议发生前或者争议发生后单独订立的，愿意将他们之间可能发生或者已经发生的争议提交仲裁机构通过仲裁方式解决的一种书面文件。仲裁协议书是在合同中没有仲裁条款，或者仲裁条款规定不明确无法执行，或者根本不存在书面合同的情况下，由双方当事人经过自愿协商共同签订的，因此，它不受当事人之间是否存在合同关系的约束。与仲裁条款相比较，仲裁协议书具有以下特点：一是订立的时间较为灵活，仲裁协议书既可以在争议发生前订立，也可以在争议发生后订立；二是仲裁协议书的内容较为灵活，既可以针对合同关系订立，也可以针对非合同关系的其他财产权益纠纷订立；三是仲裁协议书的内容往往较为丰富而全面，通常包括选定的仲裁机构、仲裁事项、仲裁地点、仲裁庭的组成、仲裁实体法的适用以及仲裁规则等内容。

(3)其他书面形式

其他书面形式,是指双方当事人针对合同关系或者其他财产权益关系,在相互往来的过程中,以信函、电传、电报或者其他书面形式达成的,对已经发生或者将来可能发生的争议提交仲裁解决的共同意思表示。此类仲裁协议是现代商事关系和通讯事业综合发展的结果。现代商事关系的空间距离给当事人之间订立仲裁协议带来了巨大的不便利,而现代通讯事业的迅猛发展又极大地减少了这种不便利,因此,在现代交易中,这种仲裁协议也是经常存在的。

《仲裁法解释》第1条规定:"仲裁法第十六条规定的'其他书面形式'的仲裁协议,包括以合同书、信件和数据电文(包括电报、电传、传真、电子数据交换和电子邮件)等形式达成的请求仲裁的协议。"该条对书面形式的规定不是按照同一标准对书面形式作出的区分,而是从通讯方式的角度对书面形式之常见形态的一种概括总结,而且,该条所规定的几种仲裁协议书面形式明显呈现出不同的特点。其中,合同书是承载合同条款或者合同内容的文书,是合同关系的当事人之间达成仲裁协议的典型形态,是双方或者多方形成将合同争议提交仲裁机构通过仲裁方式解决意思表示一致的书面载体。以"信件"形式所达成的仲裁协议则与合同书不同,信件,是一种由来已久的、在非面对面交流的人与人之间广泛使用的信息传递方式,即由一方将自己的意思表示传递给另一方。由此可见,信息传递具有单向性,因此,以"信件"形式达成仲裁协议,实质上是一方当事人通过"信件"形式向另一方当事人发出通过仲裁方式解决争议的要约,另一方当事人以"信件"形式对对方当事人订立仲裁协议的要约予以承诺。电报、电传、传真这三种"数据电文"极大地克服了"信件"这种传统通信方式所具有的传递信息不便捷、传递速度慢的局限性,是将信息由一方快速传递给另一方的通信方式,它们与信件的主要区别是信息的媒介方式(传递方式)与传递速度,而不是信息的表现形式。因为从表现形式上看,电报、电传与传真最终都必须将信息附在、载、体现于书面之上。电子数据交换(Electronic Data Interchange,EDI)是指按照同一规定的一套通用标准格式,将标准的经济信息,通过通信网络传输,在贸易伙伴的电子计算机系统之间进行数据交换和自动处理,是一种利用计算机进行商务处理的新方法。它强调的不是一方当事人以电子信息向对方发送订立仲裁协议的要约或承诺,而是当事人各方借助电子数据交换系统(计算机软件)以电子形式自动达成通过仲裁方式解决争议的合意。如果将一方当事人按照规定标准向电子数据交换系统输入订立仲裁协议的信息并予以发送看作要约,那么对方当事人计算机的自动回复,则构成承诺。在此种订立仲裁协议的情形下,电子数据交换也可以看作一种意思表示(要约、承诺)的新形式——

数据电文。电子邮件是一种纯粹的电子通信方式,相比于信件、电报、电传、传真等通信方式,它不仅可以传递包括文字、数字、图像、声音在内的各种形式的信息,而且在信息发送、传输与接收上完全以电子为形式,不需要借助传统的纸质文书。①

由此可知,虽然《仲裁法解释》第1条将包括以合同书、信件和数据电文(包括电报、电传、传真、电子数据交换和电子邮件)等形式达成的请求仲裁的协议,均界定为仲裁协议的"其他书面形式",但实质上这些书面形式所达成的仲裁协议还是存在本质区别的。严格地讲,只有合同书可以堪当合同或协议的书面形式,信件、电报、电传、传真、电子数据交换和电子邮件只是缔约意思表示(要约、承诺)或要约邀请的形式,因为它们只能由一方向他方单向地传递信息。另外,电报、电传、传真、电子数据交换和电子邮件的共同之处,只是皆需借助电子传递信息,在信息接收上,只有电子数据交换和电子邮件表现为电子形式,而电报、电传、传真则以传统的纸质文书为形式。② 因此,仲裁协议的"书面形式"应当理解为以传统的纸质介质或者现代的电子介质为载体所形成的当事人通过仲裁解决争议事项的共同意思表示。可见,仲裁协议的"书面形式"是一个外延宽泛的法律概念,可以表现为传统的纸质形式,也可以表现为现代的电子数据形式,合同书只是书面形式的一种表现形态。换言之,该书面形式可以表现为各方当事人共同签署的同一份书面文件,如各方当事人共同签字盖章的合同书中的仲裁条款或者独立的仲裁协议书;也可以表现为各方当事人分别签署或者认可的记载通过仲裁方式解决争议事项的共同意思表示的各自独立的纸质或者电子文件。

2. 当事人各方分别签署载有仲裁条款的合同

合同中的仲裁条款欲体现合同各方当事人自愿将争议提交仲裁解决的共同意思表示,需以合同各方当事人签署包含仲裁条款的合同为前提。实践中,当事人签署包含仲裁条款的合同可能会有不同的情况,通常情况下,如果当事人达成通过仲裁方式解决争议的共同意思表示,合同各方当事人应当在同一份包含仲裁条款的合同上签字盖章,这是当事人签订包含仲裁条款的合同的通常形式,也是双方当事人就达成通过仲裁方式解决争议的共同合意不易发生歧义的一种形式。但是,现代社会中的商事关系呈现复杂性和多样性的特点,经常出现合同各方当事人之间的商事关系实际上是以共同接收第三方推荐的内容一致的合同为基础而建立的。此种情况下,双方当事人之间并不存在共同签字盖章的同一份合同,而是合同各方当事人在同一时间,甚至在不同的时间分别签署由第三方推荐的内容一致的合同

① 参见朱广新:《书面形式与合同的成立》,载《法学研究》2019年第2期。

② 参见朱广新:《书面形式与合同的成立》,载《法学研究》2019年第2期。

后，将合同交由该第三方备案，只要各方当事人签署并备案后，即在各方当事人之间以该合同为基础形成合同关系；如果该合同中包含有仲裁条款，各方当事人分别签署合同时未对仲裁条款表示异议，就应当视为共同接受了第三方推荐的内容同一的合同中的仲裁条款。因此，各方当事人就合同仲裁条款，虽然未采取经协商一致后在同一份合同上签字盖章的方式签订，只要各方当事人分别签字盖章确认的合同中包含的仲裁意思表示清楚、明确，应当认定各方签署了合同中的仲裁条款。

3. 合同示范文本中的仲裁协议

合同示范文本指根据法律的相关规定而制出的文本合同。根据合同的不同性质和种类，分别采取以下方法制定和发布：(一)由国家工商总局制定并发布；(二)由国务院有关业务主管部门制定，经国家工商总局审定、编号后，会同各制定部门联合发布；(三)由国家工商总局会同国务院有关业务主管部门根据实际需要制定并发布；(四)由地方工商局制定并发布；(五)由地方有关业务主管部门制定，经地方工商局审定、编号后，会同各制定部门联合发布；(六)由地方工商局会同有关业务主管部门根据实际需要制定并发布。根据国办发〔1990〕13号文件、国家工商局〔1990〕133号文件精神，合同示范文本制度已于1990年10月1日起在全国逐步推行。这是最初贯彻执行原《合同法》、提高合同履约率、强化合同管理、整顿流通秩序的一项重要措施，它对于规范合同当事人的签约行为和经营行为，保护其自身的合法权益，健全社会主义法制，起到了积极作用。合同示范文本内容比较详细，具体条款完备，其中往往载有争议解决方式的条款，包括可供当事人选择的仲裁条款，或者诉讼条款。如果当事人采取合同示范文本签订合同，并且在争议解决方式中选择“仲裁方式”，则视为当事人签订了书面仲裁协议。

4. 格式合同中的仲裁协议

格式合同，也称为标准合同或者定式合同，是当事人一方预先拟定合同条款，对方只能表示全部同意或者不同意的合同。因此，对于格式合同的非拟定条款的一方当事人而言，要订立格式合同，就必须全部接受合同条件；否则就不订立合同。在一般的概念中，格式合同指全部由格式条款组成的合同，只有部分是以格式条款的形式反映出来的则称为普通合同中的格式条款。为了保护合同非拟定方的利益，达到公平合理，有必要对格式合同的相关条款进行限制。对此，我国《民法典》第496条、第497条、第498条在原来《合同法》第39条、第40条、第41条的基础上作出了如下具体规定：第一，格式条款是当事人预先拟定，并在订立合同时未与对方协商的条款。采用格式条款订立合同的，提供格式条款的一方应当遵循公平原则确定当事人之间的权利和义务，并采取合理的方式提示对方注意免除或者减轻其责任等与对方有重大利害关系的条款,按照对方的要求,对该条款予以说明。提供格式条款的一方未履行提示或者说明义务,致使对方没有注意或者理解与其有重大利害关系的条款的,对方可以主张该条款不成为合同的内容。第二,有下列情形之一的,该格式条款无效:(一)具有本法总则编第六章第三节和本法第五百零六条规定的无效情形;(二)提供格式条款一方不合理地免除或者减轻其责任、加重对方责任、限制对方主要权利;(三)提供格式条款一方排除对方主要权利。第三,对格式条款的理解发生争议的,应当按照通常理解予以解释。对格式条款有两种以上解释的,应当作出不利于提供格式条款一方的解释。格式条款和非格式条款不一致的,应当采用非格式条款。

5. 仲裁协议的其他特殊书面形式

《仲裁法》第16条规定仲裁协议应当采取书面形式,虽然《仲裁法解释》第1条对仲裁协议的书面形式以列举式规定作出了相应的解释,但是,列举式规定难以穷尽各种可能的情形,错综复杂的仲裁实践中可能会存在如下一些特殊情形:

(1)一方出具的法律文件中载明仲裁协议,另一方未提出异议,且根据该仲裁协议申请仲裁,应认定存在书面仲裁协议。

(2)一方出具的法律文件中载明仲裁协议,且该法律文件为针对不特定人的开放性法律文件,不特定人接受该开放性法律文件时未对仲裁协议提出异议,即视为存在书面仲裁协议。

(3)在仲裁实践中,当事人双方在合同中约定适用载明仲裁协议的另一合同、法律文件或者有关国际条约中的仲裁协议,视为当事人之间存在书面仲裁协议。对此,《仲裁法解释》第11条做了明确的规定,即合同约定解决争议适用其他合同、文件中的有效仲裁条款的,发生合同争议的,当事人应当按照该仲裁条款提请仲裁。涉外合同应当适用的有关国际条约中有仲裁规定的,发生合同争议时,当事人应当按照国际条约中的仲裁规定提请仲裁。

【典型案解】

1. 通过电子邮件接受载明仲裁协议的法律文件

裁判规则 ▶▶

双方当事人在长期业务往来中系通过电子邮件形式订立、修改合同,安格尔公司在收到710谅解备忘录时并未对新增加的仲裁条款提出异议,故可推定其接受710谅解备忘录中的仲裁条款。

典型案例

安格尔沃德有限公司与江苏贝尔装饰材料有限公司申请确认仲裁协议效力案［北京市第四中级人民法院民事裁定书(2019)京04民特588号(2019年12月16日)］

申请人:安格尔沃德有限公司(以下简称安格尔公司)

被申请人:江苏贝尔装饰材料有限公司(以下简称贝尔公司)

2018年7月10日,安格尔公司与贝尔公司签订710谅解备忘录第7条约定:"由本备忘录引起的任何争议,应由双方友好协商解决。协商不成,双方应将争议提交中国国际经济贸易仲裁委员会上海分会按照该会仲裁规则进行仲裁,仲裁地点在上海,仲裁裁决是终局的,对双方均有约束力,且败诉一方应赔偿胜诉方仲裁费用和律师费用。"

裁判观点

北京市第四中级人民法院认为,本案中,710谅解备忘录在第7条中明确约定,将由该备忘录引起的任何争议提交贸仲委仲裁。上述条款中有明确的仲裁意思表示、仲裁委员会、仲裁事项,符合《仲裁法》规定的仲裁协议合法有效的形式要件和实质要件,且本案所涉仲裁协议不存在《仲裁法》第17条规定的无效情形,故本案所涉仲裁协议为合法有效的仲裁条款,710谅解备忘录中的各方当事人均可依据涉案仲裁协议向贸仲委提请仲裁。

安格尔公司提出,710谅解备忘录仅有贝尔公司的盖章,而没有安格尔公司的签名或盖章,因此710谅解备忘录中约定的仲裁条款应为不成立生效。对此本院认为,双方当事人在长期业务往来中系通过电子邮件形式订立、修改合同,对于本案所涉710谅解备忘录亦是如此。710谅解备忘录系对其他谅解备忘录的调整和补充。安格尔公司在收到710谅解备忘录时并未对新增加的仲裁条款提出异议,故可推定其接受710谅解备忘录中的仲裁条款。且事实上,双方已对710谅解备忘录进行了实际履行,故710谅解备忘录系实际发生效力的合同,其中的仲裁条款亦为有效。

2. 通过实际履行行为接受载明仲裁协议的合同

裁判规则

涉案剑南春美国纽约文化周合作合同,文化传媒公司虽没有盖章,但依据双方对项目的履行已经构成了事实的确认。对于文化传媒公司与SMOKELESSFIRE

GROUPLLC 是否存在选择仲裁的意思表示，应结合案件事实综合判断，根据现有证据，文化传媒公司主张不存在有效仲裁条款缺乏事实和法律依据，本院不予支持。

典型案例

芜湖湾曲文化传媒有限公司与 SMOKELESSFIREGROUPLLC 确认仲裁协议效力案[北京市第四中级人民法院民事裁定书(2019)京 04 民特 511 号(2019 年 11 月 26 日)]

申请人:芜湖湾曲文化传媒有限公司(以下简称文化传媒公司)

被申请人:SMOKELESSFIREGROUPLLC

剑南春美国纽约文化周合作合同中第 11 条争议解决约定:对于本合同项下发生的一切争议,双方应首先通过友好协商方式加以解决。协商不成,任何一方可提交至北仲,按照申请仲裁时该会现行有效的仲裁规则进行仲裁。仲裁裁决是终局的,对双方均有约束力。合同末页有 SMOKELESSFIREGROUPLLC 的盖章及签字,日期为 2018 年 12 月 19 日。

裁判观点

北京市第四中级人民法院认为,涉案剑南春美国纽约文化周合作合同,文化传媒公司称其确有通过邮件方式收到,但因对合同条款争议较大故没有盖章确认,对此,文化传媒公司不能提交双方关于合同条款有争议的证据予以证明。结合双方履行的情况来看,文化传媒公司认可 SMOKELESSFIREGROUPLLC 完成了部分工作,并且也向其支付了相应费用。因此对于剑南春美国纽约文化周合作合同,文化传媒公司不能提交该合同未能履行的证据,故文化传媒公司虽没有盖章,但依据双方对项目的履行已经构成了事实的确认,文化传媒公司不认可剑南春美国纽约文化周合作合同进而否认双方之间存在仲裁协议的意见缺乏事实及法律依据,亦有悖诚实信用原则,故本院不予支持。合同中的仲裁条款符合《仲裁法》第 16 条的规定,且不存在《仲裁法》第 17 条、第 18 条规定的仲裁协议无效的情形;且对于文化传媒公司与 SMOKELESSFIREGROUPLLC 是否存在选择仲裁的意思表示,应结合案件事实综合判断,根据现有证据,文化传媒公司主张不存在有效仲裁条款缺乏事实和法律依据,本院不予支持。

3. 当事人在保证合同中约定援引主合同中的仲裁条款

裁判规则

依据《仲裁法解释》第 11 条规定,合同约定解决争议适用其他合同、文件中的

有效仲裁条款的，发生合同争议的，当事人应当按照该仲裁条款提请仲裁。本案保证担保书中争议解决条款，援引了主合同借款合同中的仲裁条款。

典型案例 ▶▶

邓某与周某峰申请确认仲裁协议效力案［北京市第四中级人民法院民事裁定书(2019)京04民特604号(2019年11月26日)］

申请人：邓某

被申请人：周某峰

2016年12月6日，出借人周某峰与借款人亿阳集团股份有限公司签署一份借款合同，其中第18条规定该合同履行过程中发生的争议，由协议各方协商解决。协商不成的，可通过以下第(2)种方式——向北仲申请仲裁解决。2016年12月6日，邓某向出借人周某峰作出保证担保书，其中第9条约定：该担保书的争议应协商解决，协商不成的，可通过以下第(3)种方式——与主合同约定一致的方式解决。

裁判观点 ▶▶

北京市第四中级人民法院认为，依据《仲裁法解释》第11条规定，合同约定解决争议适用其他合同、文件中的有效仲裁条款的，发生合同争议的，当事人应当按照该仲裁条款提请仲裁。保证担保书中争议解决条款援引主合同借款合同中的仲裁条款，而借款合同中的仲裁条款具有双方请求仲裁的意思表示、仲裁事项、选定的仲裁机构，符合仲裁协议有效的法定要件，且无《仲裁法》第17条规定的无效的情形。

4. 法定代表人的签字行为代表法人，视为法人接受仲裁条款

裁判规则 ▶▶

李某福作为宝力驰公司的法定代表人，在补充协议中签字的行为是代表法人行使职权，应视为宝力驰公司接受仲裁管辖的真实意思表示。宝力驰公司以案涉补充协议落款处公章并非公安部门备案公章及李某福无权代表公司提供担保，否认双方之间存在合法有效的仲裁条款的理由不成立，本院对此不予支持。

典型案例 ▶▶

广东宝力驰新能源汽车服务有限公司与中国人民财产保险股份有限公司厦门市分公司、李某福申请确认仲裁协议效力案［广东省广州市中级人民法院民事裁定书(2019)粤01民特1383号(2019年11月15日)］

申请人:广东宝力驰新能源汽车服务有限公司(以下简称宝力驰公司)

被申请人:中国人民财产保险股份有限公司厦门市分公司(以下简称中国人民财保厦门分公司)

被申请人:李某福

中国人民财保厦门分公司提供的补充协议第5条约定:"现甲乙丙三方同意上述80份营业用货车贷款保证保险合同及12份营业用客车贷款保证保险合同产生的一切争议,提请广州仲裁委按照其仲裁规则进行仲裁。"

裁判观点

广州市中级人民法院认为,本案中,虽然宝力驰公司和中国人民财保厦门分公司均确认案涉补充协议落款处的"广东宝力驰新能源汽车服务有限公司"字样的公章并非宝力驰公司在公安部门备案的公章,但该合同中李某福的签名是其本人签署,其作为宝力驰公司的法定代表人,在补充协议中签字的行为是代表法人行使职权,应视为宝力驰公司接受仲裁管辖的真实意思表示。宝力驰公司以案涉补充协议落款处公章并非公安部门备案公章及李某福无权代表公司提供担保,否认双方之间存在合法有效的仲裁条款的理由不成立,本院对此不予支持。

5. 提供格式合同一方免除其责任、加重对方责任、排除对方主要权利的,仲裁条款无效

裁判规则

合同格式仲裁条款仅在提供格式条款一方免除其责任、加重对方责任、排除对方主要权利,或造成对方人身损害、故意或重大过失造成对方财产损失的情况下方才无效。

典型案例

湖北佳境建筑设计有限公司与习水县丽地房地产开发有限公司申请确认仲裁协议效力案[贵州省遵义市中级人民法院民事裁定书(2020)黔03民特27号(2020年3月28日)]

申请人:湖北佳境建筑设计有限公司(以下简称佳境建筑设计公司)

被申请人:习水县丽地房地产开发有限公司(以下简称丽地房开公司)

2019年2月19日,佳境建筑设计公司与丽地房开公司签订建设工程施工合同第8条第6款约定:合同在履行过程中发生的争议,由双方当事人协商解决,协商不成的按下列第(一)种方式解决:(一)提交项目所在地仲裁委员会仲裁。

裁判观点

遵义市中级人民法院认为，双方签订建设工程施工合同第8条第6款约定争议提交项目所在地仲裁委员会仲裁，本案所涉项目所在地为贵州省遵义市习水县，遵义市境内仅有一家商事仲裁机构即遵义市仲裁委员会。根据《仲裁法解释》第3条"仲裁协议约定的仲裁机构名称不准确，但能够确定具体的仲裁机构的，应当认定选定了仲裁机构"和第6条"仲裁协议约定由某地的仲裁机构仲裁且该地仅有一个仲裁机构的，该仲裁机构视为约定的仲裁机构。该地有两个以上仲裁机构的，当事人可以协议选择其中的一个仲裁机构申请仲裁；当事人不能就仲裁机构选择达成一致的，仲裁协议无效"之规定，双方约定了仲裁条款且能确定具体仲裁机构，应认定仲裁协议有效。关于丽地房开公司辩称建筑工程施工合同系格式合同、仲裁约定违反自愿原则的问题。格式条款是指一方当事人预先拟定且在订立合同时未与对方协商的条款，该条款仅在提供格式条款一方免除其责任、加重对方责任、排除对方主要权利，或造成对方人身损害、故意或重大过失造成对方财产损失的情况下方才无效，故对丽地房开公司上述辩解理由不予采信。

6. 提供格式合同一方尽到以合理方式提请对方注意的义务，且未加重对方的管辖负担，仲裁协议有效

裁判规则

被申请人在工程施工合同"关于有可能发生争议项目的约定"中尽到了以合理方式提请申请人注意的义务，且选定的咸阳仲裁委员会仲裁并未加重申请人的管辖负担，应认定仲裁协议有效。

典型案例

高某才与陕西装多多信息科技发展有限公司申请确认仲裁协议效力案［陕西省咸阳市中级人民法院民事裁定书(2020)陕04民特6号(2020年3月27日)］

申请人：高某才

被申请人：陕西装多多信息科技发展有限公司(以下简称装多多公司)

2018年12月11日，申请人高某才与被申请人装多多公司签订了工程施工合同，该合同第14条约定争议解决方式为"本合同履行期间，双方如发生争议，应协商解决，或凭本合同向咸阳市工商行政管理局或咸阳市家庭装饰协会投诉，请求调解处理；如协商、调解不成时，可以选择以下方式解决：咸阳仲裁委员会仲裁"。

裁判观点

咸阳市中级人民法院认为，申请人与被申请人在平等自愿基础上签订的工程施工合同，合同文本虽为示范文本，但就主要条款均进行了详细说明，特别在该工程施工合同第 8 页到第 11 页对家庭装修有可能发生争议项目进行了明确的说明和约定。而且该仲裁协议条款系合同双方当事人合意约定将争议提交仲裁解决的意思表示，该仲裁事项清楚明确，符合法律规定的仲裁范围。被申请人在工程施工合同"关于有可能发生争议项目的约定"中也尽到了以合理方式提请申请人注意的义务。再则双方当事人住所地均在咸阳城区，选定的咸阳仲裁委员会仲裁并未加重申请人的管辖负担。依据《仲裁法》第 16 条规定，仲裁协议包括合同中订立的仲裁条款和以其他书面方式在纠纷发生前或者纠纷发生后达成的请求仲裁的协议。仲裁协议应当具有下列内容：（一）请求仲裁的意思表示；（二）仲裁事项；（三）选定的仲裁委员会。《仲裁法》第 17 条规定，有下列情形之一的，仲裁协议无效：（一）约定的仲裁事项超出法律规定的仲裁范围的；（二）无民事行为能力人或者限制民事行为能力人订立的仲裁协议；（三）一方采取胁迫手段，迫使对方订立仲裁协议的。涉案的工程施工合同争议解决部分关于仲裁条款的约定符合上述第 16 条的规定，且无第 17 条规定的无效情形，故应认定有效。

7. 双方在格式合同条款中选择仲裁方式，可以明示选择，也可以默示选择

裁判规则

合同争议解决条款中约定的"默示选择"不存在免除提供合同一方的主要义务，排除对方当事人的主要权利的内容，亦不存在其他影响该条款效力的法定因素，应认定协议约定的提交北仲以仲裁方式解决争议的意思表示明确。

典型案例

王某与中信建投证券股份有限公司确认仲裁协议效力案［北京市第四中级人民法院民事裁定书(2020)京 04 民特 38 号(2020 年 3 月 3 日)］

申请人：王某

被申请人：中信建投证券股份有限公司（以下简称中信建投公司）

2016 年 12 月 9 日，甲方王某与乙方中信建投公司签订的股票质押式回购交易客户业务协议为格式文本，拟定方为中信建投公司。该协议第 87 条争议处理中约定："本协议执行中如出现争议，应首先通过协商解决，协商解决不成的，双方同意按以下第__种方式解决（如甲方不作选择，即默认选择（一））：（一）向北京仲裁委

员会申请按照其当时有效的仲裁规则进行仲裁;(二)向本协议乙方注册所在地人民法院提起诉讼。”

裁判观点

北京市第四中级人民法院认为,股票质押式回购交易客户业务协议中争议解决方式条款由中信建投公司拟定,双方虽未在“双方同意按以下第__种方式解决”上进行填写内容,但该条中亦约定:甲方(王某)不做选择,即默认选择(一),而该默示选择(一)即指向提交北仲进行仲裁的选项。该条款虽由中信建投公司拟定,但条款中约定的“默示选择”不存在免除提供合同一方的主要义务,排除对方当事人的主要权利的内容,亦不存在其他影响该条款效力的法定因素,故应认定协议约定的提交北仲以仲裁方式解决争议的意思表示明确,具备《仲裁法》第16条规定的仲裁协议应当具有的请求仲裁的意思表示、仲裁事项、选定的仲裁委员会的三项要件,应为有效。

8. 双方在不同的文本上先后分别盖章确认由第三方提供的带有仲裁协议的合同

裁判规则

双方当事人先后在第三方提供的带有仲裁协议的内容一致的合同上盖章确认,虽然双方签订仲裁协议的形式并非通常所见的形式,即当事人经协商就仲裁条款达成一致后,双方在同一份合同上均盖章确认,而是采用了双方在不同的文本上分别盖章确认由第三方提供的带有仲裁协议的合同的形式,但是双方将合同约定争议提交仲裁机构仲裁的意思表示清楚、明确,该合同中的仲裁协议应当认定有效。

典型案例

中国银河证券股份有限公司与太平基金管理有限公司申请确认仲裁协议效力案
[北京市第四中级人民法院民事裁定书(2018)京04民特21号(2018年4月13日)]

申请人:中国银河证券股份有限公司(以下简称银河证券)

被申请人:太平基金管理有限公司(以下简称太平基金)

2016年4月6日,银河证券签署上海证券交易所债券质押式协议回购交易主协议(以下简称主协议)。2016年10月14日,太平基金签署主协议。主协议第18条约定“本协议下争议经协商无法解决的,回购双方同意将争议提交上海国际经济贸易仲裁委员会(以下简称上海国际仲裁中心)仲裁解决”;第19条约定“本协议为开放式协议,由参与者签署后在各签署人之间生效”。主协议签订后,自2017年6

月9日至2017年6月27日，以太平基金为逆回购方、以银河证券为正回购方，在上海证券交易所系统中通过申报、系统确认及生成成交数据，共形成四笔债券质押式协议回购交易（以下简称四笔交易），该四笔交易到期出现了未还款情况。

2018年1月19日，太平基金作为申请人依据主协议第18条仲裁条款，以银河证券为被申请人，向上海国际仲裁中心提交仲裁申请，请求银河证券偿还融资款及利息等。上海国际仲裁中心受理了仲裁案件。

银河证券向北京市第四中级人民法院申请，请求裁定被申请人太平基金2016年10月14日签署的主协议仲裁条款无效。

裁判观点 ▶▶

北京市第四中级人民法院认为，本案系申请确认仲裁协议效力的案件。申请人银河证券向本院提交了由其盖章的主协议，该协议内容与被申请人太平基金于2016年10月14日盖章签署的主协议内容完全一致，其中第18条明确约定了将主协议项下争议提交上海国际仲裁中心仲裁解决。可见，虽然双方签订仲裁协议的形式并非通常所见的形式，即当事人经协商就条款达成一致后双方在同一份合同上均盖章确认，而是采用了双方在不同的文本上分别盖章确认由第三方提供的带有仲裁协议的合同的形式，但是双方将主协议项下争议提交上海国际仲裁中心仲裁的意思表示清楚、明确。申请人银河证券提出的主协议上未有其单位公章，双方并未实际签署该协议，从而提出仲裁协议无效的理由，没有事实依据，本院不予采纳。关于申请人银河证券提出的四笔交易主体另有他人，其在交易中仅是以经纪人身份为其他交易主体提供了在上海证券交易所进行申报的通道，以及在案的由银河证券盖章的主协议是银河证券为自营业务而签订的，与涉案交易无关等理由，均涉及对四笔交易的交易主体、对仲裁被申请人主体是否适格的判断等案件实体处理问题，对此问题应由上海国际仲裁中心在审理中作出认定，本院不予审查。综上所述，申请人银河证券提出的仲裁协议无效的理由均不属于法定事由，不能成立，对其申请确认仲裁协议无效的请求，本院不予支持。裁定驳回银河证券确认太平基金于2016年10月14日签署的上海证券交易所债券质押式协议回购交易主协议中的仲裁协议无效的申请。

9. 合同示范文本中的仲裁协议选定的仲裁委员会明确，仲裁条款有效

裁判规则 ▶▶

合同文本虽为示范文本，但就主要条款均进行了详细说明，且被申请人在工程

施工合同“关于有可能发生争议项目的约定”中也尽到了以合理方式提请申请人注意的义务,选定的仲裁委员会仲裁并未加重申请人的管辖负担,仲裁条款有效。

典型案例

高某才与陕西装多多信息科技发展有限公司申请确认仲裁协议效力案[陕西省咸阳市中级人民法院民事裁定书(2020)陕04民特6号(2020年3月27日)]

申请人:高某才

被申请人:陕西装多多信息科技发展有限公司(以下简称装多多公司)

2018年12月11日,申请人高某才与被申请人装多多公司签订了工程施工合同,该合同第14条约定:本合同履行期间,双方如发生争议,应协商解决,或凭本合同向咸阳市工商行政管理局或咸阳市家庭装饰协会投诉,请求调解处理;如协商、调解不成时,可以选择以下方式解决:咸阳仲裁委员会仲裁。且该合同第11页字体加黑写明“我已详细阅读以上内容,并全部理解。完全同意以上的约定”。

裁判观点

咸阳市中级人民法院认为,申请人与被申请人在平等自愿基础上签订的工程施工合同,合同文本虽为示范文本,但就主要条款均进行了详细说明,特别在该工程施工合同第8页到第11页对家庭装修有可能发生争议项目进行了明确的说明和约定。而且该仲裁协议条款系合同双方当事人合意约定将争议提交仲裁解决的意思表示,该仲裁事项清楚明确,符合法律规定的仲裁范围。被申请人在工程施工合同“关于有可能发生争议项目的约定”中也尽到了以合理方式提请申请人注意的义务。再则双方当事人住所地均在咸阳城区,选定的咸阳仲裁委员会仲裁并未加重申请人的管辖负担。依据《仲裁法》第16条规定,仲裁协议包括合同中订立的仲裁条款和以其他书面方式在纠纷发生前或者纠纷发生后达成的请求仲裁的协议。仲裁协议应当具有下列内容:(一)请求仲裁的意思表示;(二)仲裁事项;(三)选定的仲裁委员会。《仲裁法》第17条规定,有下列情形之一的,仲裁协议无效:(一)约定的仲裁事项超出法律规定的仲裁范围的;(二)无民事行为能力人或者限制民事行为能力人订立的仲裁协议;(三)一方采取胁迫手段,迫使对方订立仲裁协议的。涉案的工程施工合同争议解决部分关于仲裁条款的约定符合上述第16条的规定,且无第17条规定的无效情形,故应认定有效。

10. 当事人一方出具的法律文件载明仲裁条款，另一方未提出异议，视为对仲裁条款达成一致意见

裁判规则

案涉岑某均单方出具的借款确认函，约定“如有争议交本地仲裁委员会解决”，但黄某钊在收到该借款确认函后并未提出任何异议，并依据该借款确认函中的争议解决条款向中国广州仲裁委员会提起了仲裁申请，故应视为双方就借款确认函的争议解决条款达成了一致意见。

典型案例

岑某均与黄某钊申请确认仲裁协议效力案[广东省广州市中级人民法院民事裁定书(2019)粤01民特1595号(2019年12月27日)]

申请人：岑某均

被申请人：黄某钊

岑某均于2016年6月5日出具一份借款确认函，载明“如有争议交本地仲裁委员会解决”。

裁判观点

广州市中级人民法院认为，虽然案涉借款确认函是岑某均单方出具的，但黄某钊在收到该借款确认函后并未提出任何异议，并依据该借款确认函中的争议解决条款向中国广州仲裁委员会提起了仲裁申请，故应视为双方就借款确认函的争议解决条款达成了一致意见。案涉借款确认函约定“如有争议交本地仲裁委员会解决”，该条款有请求仲裁的意思表示，约定了仲裁事项。虽然约定的仲裁机构为“本地仲裁委员会”，但双方户籍地和住所地均在广州市，而目前广州市只有一个商事仲裁机构即中国广州仲裁委员会，根据《仲裁法解释》第3条关于“仲裁协议约定的仲裁机构名称不准确，但能够确定具体的仲裁机构的，应当认定选定了仲裁机构”、第6条“仲裁协议约定由某地的仲裁机构仲裁且该地仅有一个仲裁机构的，该仲裁机构视为约定的仲裁机构”的规定，应认定双方约定的仲裁机构为中国广州仲裁委员会，故该仲裁条款合法有效。

11. 开放式协议中载明的仲裁协议，对接受该开放式协议的不特定人具有约束力

裁判规则

协议为开放式协议，投资人认购或购买该债务融资工具，即视为已同意及接受

上述违约事件保护机制的约定，并认可该等约定构成对其有法律约束力的相关合同义务，对于发行人违反约定的行为，有权依据该协议第11.2条款提起仲裁。

典型案例

中国民生投资股份有限公司与中信证券股份有限公司申请确认仲裁协议效力案[北京市第四中级人民法院民事裁定书(2019)京04民特667号(2019年12月24日)]

申请人：中国民生投资股份有限公司(以下简称民生投资公司)

被申请人：中信证券股份有限公司(以下简称中信证券公司)

2017年4月18日，民生投资公司作为发行人发行"17民生投资PPN002债券"，并与上海银行、国泰证券公司签订协议。协议第11.2条款明确约定，若本协议发行人和投资人在协商开始日后30天内就本协议而发生的任何争议无法达成一致意见，则任何一方均有权提交贸仲委按照该会届时有效的《中国国际经济贸易仲裁委员会仲裁规则》在北京以仲裁方式解决，仲裁裁决是终局的，对协议各方具有约束力。

裁判观点

北京市第四中级人民法院认为，协议第11.2条款明确约定有仲裁意思表示、仲裁事项和仲裁委员会，符合《仲裁法》第16条规定的仲裁条款合法有效的形式要件和实质要件，且不存在《仲裁法》第17条规定的无效情形。故案涉仲裁条款应认定为合法有效的仲裁条款。民生投资公司提交的协议虽然只有民生投资公司与上海银行、国泰证券公司三方签字盖章，但是根据协议内容可知，该协议内容不仅约束发行人、主承销商、联席主承销商，还约束投资人，且投资人并不限于上海银行、国泰证券公司，由此可见该协议实为开放式协议。根据协议第4.5.2.2条款的约定，发行人发行本期债务融资工具，主承销商承销本期债务融资工具，以及本期债务融资工具持有人认购或购买本期债务融资工具，均视为已同意及接受上述违约事件保护机制的约定，并认可该等约定构成对其有法律约束力的相关合同义务。发行人违反上述约定，则投资人有权提起仲裁。由此可知，投资人认购或购买该债务融资工具，即视为已同意及接受上述违约事件保护机制的约定，并认可该等约定构成对其有法律约束力的相关合同义务，对于发行人违反约定的行为，有权依据该协议第11.2条款提起仲裁。中信证券公司已经提供初步证据证明其系民生投资公司发行的"17民生投资PPN002债券"持有人，即协议约定的投资人，故其有权依据该协议第11.2条款以民生投资公司为被申请人提起仲裁。

12. 双方当事人明确约定合同的专用条款优先于合同的通用条款，应适用专用条款中的仲裁协议

裁判规则 ▶▶

在申请人自持的合同文本与在相关行政部门备案的合同文本不一致的情况下，应当以备案的合同文本作为依据。该合同中明确约定了合同的专用条款优先于合同的通用条款，在专用条款中，双方当事人变更合同履行发生争议的解决方式为仲裁，涉案仲裁条款有效。

典型案例 ▶▶

张家界市杨家界索道有限公司与张家界华宇建筑工程有限责任公司申请确认仲裁协议效力案［湖南省张家界市中级人民法院民事裁定书（2020）湘08民特1号（2020年1月17日）］

申请人：张家界市杨家界索道有限公司（以下简称索道公司）

被申请人：张家界华宇建筑工程有限责任公司（以下简称华宇公司）

双方当事人于2012年12月3日签订了建设工程施工合同，其中合同第三部分合同专用条款第1.4条约定涉案合同的专用条款优先于合同通用条款，第24.1条约定争议的解决方式是经协商，委托检测、鉴定、审核、申请调解未达成一致意见，向工程项目所在地有管辖权的人民法院提起诉讼，后又手写变更为向工程项目所在地仲裁委员会申请仲裁，双方当事人在变更的条款内容上进行了盖章确认。

裁判观点 ▶▶

张家界市中级人民法院认为，根据《建设工程施工合同解释一》第2条"招标人与中标人另行签订的建设工程施工合同约定的工程范围、建设工期、工程质量、工程价款等实质性内容，与中标合同不一致，一方当事人请求按照中标合同确定权利义务的，人民法院应予支持"的规定，申请人自持的合同文本与在相关行政部门备案的合同文本不一致的情况下，应当以备案的合同文本作为依据。双方当事人签订的并经相关部门备案的涉案合同中明确约定了合同的专用条款优先于合同的通用条款，在专用条款中，双方当事人变更了因合同履行发生争议的解决方式，即由向工程项目所在地有管辖权的人民法院提起诉讼变更为向工程项目所在地仲裁委员会申请仲裁，双方当事人对此变更内容均进行盖章予以确认，故涉案仲裁条款有效。

13. 不同当事人就不同事项各自达成的合同不构成主从合同，其争议解决方式约定各自独立

裁判规则

虽然增资协议是签订补充协议的基础及背景，但两者是不同当事人之间就不同事项达成的各自独立的协议，并不构成主从合同关系。两份协议约定了不同的争议解决方式，不属于相同当事人对相同争议约定了不同的争议解决方式，不构成《仲裁法解释》第7条规定的无效情形。

典型案例

宋某华与宁波聚科股权投资合伙企业（有限合伙）申请确认仲裁协议效力案［浙江省杭州市中级人民法院民事裁定书（2019）浙01民特224号（2019年10月28日）］

申请人：宋某华

被申请人：宁波聚科股权投资合伙企业（有限合伙）（以下简称聚科合伙）

2017年11月8日，聚科合伙作为甲方、宋某华等13方（卓锐公司全部原股东）作为乙方、卓锐公司作为丙方，三方共同签订增资协议。该协议第9.1条约定："若因本协议引起的纠纷，各方应尽量协商解决，协商不成，任一方有权向合同签订地人民法院即杭州市江干区人民法院提起诉讼。"同日，在增资协议的基础上，聚科合伙作为甲方、宋某华作为乙方、卓锐公司作为标的公司，三方共同签订补充协议。该协议第6.2条约定："若因本协议引起的纠纷，各方应尽量协商解决，协商不成的，任一方有权向杭州仲裁委员会提起仲裁解决。涉及增资协议其他协议方权益的事项，按照增资协议的争议解决条款处理。"

裁判观点

杭州市中级人民法院认为，虽然增资协议是签订补充协议的基础及背景，但增资协议与补充协议是不同当事人之间就不同事项达成的各自独立的协议，并不构成主从合同关系。增资协议和补充协议约定了不同的争议解决方式，不属于相同当事人对相同争议约定了不同的争议解决方式，不构成《仲裁法解释》第7条规定的无效情形。两份协议在特定当事人之间约定特定合同内容，虽在各方签署前拟定并全文打印完成，但不属于为了重复使用而预先拟定的在订立合同时未与对方协商的格式文本或格式条款。而且，对争议解决方式的约定，当事人享有对等的权利义务，不构成《民法典》第497条第2款和第3款规定的情形。争议解决方式条款均合法有效，宋某华主张仲裁条款非其真实意思表示，亦缺乏有效证据支持。

【类案检索】

1. 检索词：格式仲裁条款效力

典型案例

东旭集团有限公司（以下简称东旭集团）与华融晟远（江西）企业管理有限公司（以下简称华融晟远公司）申请确认仲裁协议效力案［北京市第四中级人民法院民事裁定书（2020）京04民特151号（2020年3月26日）］

裁判观点

北京市第四中级人民法院认为，《仲裁法》第16条第2款规定，仲裁协议应当具有下列内容：（一）请求仲裁的意思表示；（二）仲裁事项；（三）选定的仲裁委员会。就本案而言，委托贷款合同第10.5条具备请求仲裁的意思表示、仲裁事项、选定的仲裁委员会三项仲裁协议必备的内容，东旭集团签署了该合同，即视为其接受了仲裁条款的内容。《民法典》第497条规定："有下列情形之一的，该格式条款无效：（一）具有本法第一编第六章第三节和本法第五百零六条规定的无效情形；（二）提供格式条款一方不合理地免除或者减轻其责任、加重对方责任、限制对方主要权利；（三）提供格式条款一方排除对方主要权利。"有关合同中的争议解决条款只是选择贸仲委作为争议解决机构，就该争议解决条款而言，华融晟远公司并不存在免除自己责任、加重东旭集团责任、排除其主要权利的情形。

2. 检索词：同意接受其他法律文件

典型案例

邱某国与国信证券股份有限公司（以下简称国信证券）、陆某申请确认仲裁协议效力案［广东省广州市中级人民法院民事裁定书（2019）粤01民特398号（2019年11月20日）］

裁判观点

虽然邱某国、陆某向国信证券出具的担保函没有直接写明签约各方当事人因履行该担保函发生争议的解决方式，但该担保函第1条载明邱某国已明确同意股票质押回购协议及交易文件的全部条款及约定，陆某亦在"担保人配偶声明"中确认已充分理解并同意邱某国在该担保函中所作的任何声明、承诺。邱某国、陆某的上述确认行为均属于两人在担保函中明示表示同意股权质押回购协议及交易文件的全部条款及约定，故本院认为股票质押回购协议中包括第63条在内的全部条款效力均及于担保函，对邱某国、陆某均具有约束力，即担保函也应适用股权质押回购协议第63条的约定，各方当事人之间因履行担保函发生的争议应由深圳国际仲裁院管辖。所以，担保函的仲裁协议存在并有效。

3. 检索词：载有仲裁协议的协议　未异议

典型案例

安通控股股份有限公司（以下简称安通控股公司）与浙商银行股份有限公司（以下简称浙商银行）确认仲裁协议效力纠纷案［浙江省杭州市中级人民法院民事裁定书（2019）浙01民特220号（2019年10月28日）］

裁判观点

杭州市中级人民法院认为，本案中，安通控股公司向浙商银行出具的承诺函明确约定"因本承诺引起的纠纷，由杭州仲裁委员会进行仲裁"，该条款有明确的提交仲裁意思表示、仲裁事项和具体确定的仲裁机构。虽然浙商银行未在承诺函上签章，但浙商银行在收到承诺函后，在知晓承诺函所记载的仲裁条款的情形下，依据该仲裁条款向杭州仲裁委员会提起仲裁，该行为表明浙商银行同意受仲裁条款约束，其与安通控股公司之间已经通过提请仲裁的特定行为就承诺函中的仲裁条款达成合意，且该仲裁条款符合《仲裁法》第16条的规定，合法有效。

4. 检索词：公司职员签订电子合同中的仲裁条款

典型案例

信雅达系统工程股份有限公司（以下简称信雅达公司）与微软（中国）有限公司（以下简称微软公司）申请确认仲裁协议效力［北京市第四中级人民法院民事裁定书（2018）京04民特420号（2018年12月18日）］

裁判观点

北京市第四中级人民法院认为，本案所涉合同为选择附加协议，其为系列合同与文件的组合，在其中所包含的微软商业和服务协议中约定有争议解决方式，即对于特定国家/地区的客户，适用特定国家/地区的争议解决方式。本案所涉客户为信雅达公司，系注册在中华人民共和国境内的法人，符合特定国家/地区条款中约定的“中华人民共和国(‘中国’)”款项,即“由本协议(包括任何补充协议)引起或与其相关的任何争议,包括有关其存在、有效性或终止的任何问题,将提交至位于北京的中国国际经济贸易仲裁委员会(‘CIETAC’)依据其申请仲裁时有效的规则进行有约束力的仲裁”,该条中有明确的仲裁意思表示、仲裁事项和仲裁委员会,符合《仲裁法》第16条规定的仲裁条款合法有效的形式要件。信雅达公司授权张某明,经由微软公司的授权经营商南洋公司购买相关产品,以供信雅达公司及其关联方使用的事实,可以认定张某明系信雅达公司购买微软公司产品的授权人。张某明以信雅达公司的名义,通过点击南洋公司发送至其邮箱的链接进入微软公司网站,并在该网站上进行填写、勾选等操作,与微软公司签订选择附加协议,该合同目的为购买并使用微软公司相关产品,与销售合同的签订目的一致。虽然张某明在签订选择附加协议时没有取得信雅达公司的另行授权,但是通过其签订销售合同的权限及行为,以及销售合同与选择附加协议的共同签订目的来看,张某明的行为已经构成《民法典》第503条规定的表见代理,微软公司有理由相信张某明有代理权,该代理行为有效。事实上,信雅达公司已经使用了经张某明购买的销售合同项下的产品,应当视为其已经认可了张某明的代理行为。因此,信雅达公司与微软公司之间签订选择附加协议的意思表示是真实的,对于合同中约定的仲裁条款,不具备《仲裁法》第17条规定的无效之情形,应当认定为合法有效。

第三章　仲裁协议的效力

常见问题与法条导航

序号	常见问题	法条导航
1	仲裁协议效力的认定机构	《仲裁法》第 20 条第 1 款①
2	认定仲裁协议效力的法院	《仲裁司法审查规定》第 2 条②
3	申请认定仲裁协议效力的时间	《仲裁法》第 20 条第 2 款③、《仲裁法解释》第 13 条④
4	认定涉外仲裁协议的法律适用	《仲裁法解释》第 16 条⑤、《涉外民事关系法律适用法》第 18 条⑥、《仲裁司法审查规定》第 13 条⑦、第 14 条⑧、第 15 条⑨、第 16 条⑩
5	合同变更、解除、终止、无效，不影响仲裁协议的效力	《仲裁法》第 19 条⑪、《仲裁法解释》第 10 条⑫
6	当事人合并、分立、死亡后，仲裁协议的效力	《仲裁法解释》第 8 条⑬
7	债权债务转让后，仲裁协议的效力	《仲裁法解释》第 9 条⑭
8	仲裁协议无效的法定情形	《仲裁法》第 17 条⑮
9	仲裁协议无效的法定情形由主张者承担证明责任	《民诉法解释》第 91 条⑯
10	当事人约定提起仲裁的时间，不影响仲裁协议的效力	《仲裁法》第 74 条⑰、《民法典》第 197 条⑱

①《仲裁法》第 20 条第 1 款规定："当事人对仲裁协议的效力有异议的，可以请求仲裁委员会作出决定或者请求人民法院作出裁定。一方请求仲裁委员会作出决定，另一方请求人民法院作出裁定的，由人民法院裁定。"

②《仲裁司法审查规定》第 2 条规定："申请确认仲裁协议效力的案件，由仲裁协议约定的仲裁机构所在地、仲裁协议签订地、申请人住所地、被申请人住所地的中级人民法院或者专门人民法院管辖。涉及

海事海商纠纷仲裁协议效力的案件，由仲裁协议约定的仲裁机构所在地、仲裁协议签订地、申请人住所地、被申请人住所地的海事法院管辖；上述地点没有海事法院的，由就近的海事法院管辖。”

③《仲裁法》第20条第2款规定：“当事人对仲裁协议的效力有异议，应当在仲裁庭首次开庭前提出。”

④《仲裁法解释》第13条规定：“依照仲裁法第二十条第二款的规定，当事人在仲裁庭首次开庭前没有对仲裁协议的效力提出异议，而后向人民法院申请确认仲裁协议无效的，人民法院不予受理。仲裁机构对仲裁协议的效力作出决定后，当事人向人民法院申请确认仲裁协议效力或者申请撤销仲裁机构的决定的，人民法院不予受理。”

⑤《仲裁法解释》第16条规定：“对涉外仲裁协议的效力审查，适用当事人约定的法律；当事人没有约定适用的法律但约定了仲裁地的，适用仲裁地法律；没有约定适用的法律也没有约定仲裁地或者仲裁地约定不明的，适用法院地法律。”

⑥《涉外民事关系法律适用法》第18条规定：“当事人可以协议选择仲裁协议适用的法律。当事人没有选择的，适用仲裁机构所在地法律或者仲裁地法律。”

⑦《仲裁司法审查规定》第13条规定：“当事人协议选择确认涉外仲裁协议效力适用的法律，应当作出明确的意思表示，仅约定合同适用的法律，不能作为确认合同中仲裁条款效力适用的法律。”

⑧《仲裁司法审查规定》第14条规定：“人民法院根据《中华人民共和国涉外民事关系法律适用法》第十八条的规定，确定确认涉外仲裁协议效力适用的法律时，当事人没有选择适用的法律，适用仲裁机构所在地的法律与适用仲裁地的法律将对仲裁协议的效力作出不同认定的，人民法院应当适用确认仲裁协议有效的法律。”

⑨《仲裁司法审查规定》第15条规定：“仲裁协议未约定仲裁机构和仲裁地，但根据仲裁协议约定适用的仲裁规则可以确定仲裁机构或者仲裁地的，应当认定其为《中华人民共和国涉外民事关系法律适用法》第十八条中规定的仲裁机构或者仲裁地。”

⑩《仲裁司法审查规定》第16条规定：“人民法院适用《承认及执行外国仲裁裁决公约》审查当事人申请承认和执行外国仲裁裁决案件时，被申请人以仲裁协议无效为由提出抗辩的，人民法院应当依照该公约第五条第一款(甲)项的规定，确定确认仲裁协议效力应当适用的法律。”

⑪《仲裁法》第19条规定：“仲裁协议独立存在，合同的变更、解除、终止或者无效，不影响仲裁协议的效力。仲裁庭有权确认合同的效力。”

⑫《仲裁法解释》第10条规定：“合同成立后未生效或者被撤销的，仲裁协议效力的认定适用仲裁法第十九条第一款的规定。当事人在订立合同时就争议达成仲裁协议的，合同未成立不影响仲裁协议的效力。”

⑬《仲裁法解释》第8条规定：“当事人订立仲裁协议后合并、分立的，仲裁协议对其权利义务的继受人有效。当事人订立仲裁协议后死亡的，仲裁协议对承继其仲裁事项中的权利义务的继承人有效。前两款规定情形，当事人订立仲裁协议时另有约定的除外。”

⑭《仲裁法解释》第9条规定：“债权债务全部或者部分转让的，仲裁协议对受让人有效，但当事人另有约定、在受让债权债务时受让人明确反对或者不知有单独仲裁协议的除外。”

⑮《仲裁法》第17条规定：“有下列情形之一的，仲裁协议无效：(一)约定的仲裁事项超出法律规定的仲裁范围的；(二)无民事行为能力人或者限制民事行为能力人订立的仲裁协议；(三)一方采取胁迫手

段，迫使对方订立仲裁协议的。”

⑯《民诉法解释》第 91 条规定：“人民法院应当依照下列原则确定举证证明责任的承担，但法律另有规定的除外：……（二）主张法律关系变更、消灭或者权利受到妨害的当事人，应当对该法律关系变更、消灭或者权利受到妨害的基本事实承担举证证明责任。”

⑰《仲裁法》第 74 条规定：“法律对仲裁时效有规定的，适用该规定。法律对仲裁时效没有规定的，适用诉讼时效的规定。”

⑱《民法典》第 197 条规定：“诉讼时效的期间、计算方法以及中止、中断的事由由法律规定，当事人约定无效。当事人对诉讼时效利益的预先放弃无效。”

第一节　仲裁协议效力的认定机构与时间

【法理辨析】

1. 仲裁协议效力的认定机构

仲裁协议有效成立后，才能产生应有的法律效力。有效仲裁协议不仅是当事人提请仲裁解决争议意思表示实现的前提，也是仲裁机构受理争议案件以及仲裁庭审理并作出仲裁裁决的基础。实践中，仲裁协议订立后，当事人之间可能对该仲裁协议是否有效发生争议，因此，明确仲裁协议效力的认定机构，有助于当事人及时向有关机构请求确认仲裁协议的效力。

（1）法院

法院享有对仲裁协议效力认定的管辖权，已成为各国仲裁立法和司法实践的普遍做法。也就是说，如果当事人对已订立的仲裁协议的效力产生异议，向法院请求认定仲裁协议的效力，法院有权受理并认定仲裁协议的效力。如果法院认定仲裁协议无效，当事人不得依据该无效仲裁协议申请仲裁，仲裁机构或者仲裁庭也应根据法院的认定终止已开始的仲裁程序。对此，1958 年《纽约公约》第 2 条第 3 款规定，当事人就诉讼事项订立有本条所称之协定者，缔约国法院受理诉讼时应依当事人一造之请求，命当事人提交仲裁，但前述协定经法院认定无效、失效或不能实行者不在此限。我国《仲裁法》第 20 条也规定，当事人对仲裁协议的效力有异议的，可以请求人民法院作出裁定。

关于有权认定仲裁协议效力的法院，我国 2006 年《仲裁法解释》第 12 条分别对国内仲裁协议、涉外仲裁协议和海事海商纠纷仲裁协议效力的认定法院作出了不同的规定，即对于国内仲裁协议，当事人向人民法院申请确认仲裁协议效力的案件，由仲裁协议约定的仲裁机构所在地的中级人民法院管辖；仲裁协议约定的仲裁机构不明确的，由仲裁协议签订地或者被申请人住所地的中级人民法院管辖。申请确认涉外仲裁协议效力的案件，由仲裁协议约定的仲裁机构所在地、仲裁协议签订地、申请人或者被申请人住所地的中级人民法院管辖。涉及海事海商纠纷仲裁协议效力的案件，由仲裁协议约定的仲裁机构所在地、仲裁协议签订地、申请人或者被申请人住所地的海事法院管辖；上述地点没有海事法院的，由就近的海事法院管辖。随着市场经济的深入发展，仲裁制度作为一种解决商事争议的重要机制，无须在仲裁协议效力的认定法院方面区分国内仲裁协议与涉外仲裁协议。此外，争议事项可仲裁性理论研究的不断深入，促使知识产权纠纷等进入商事仲裁领域，而我国法院司法体制改革推动了知识产权法院等专门法院的建立，因此，2018 年《仲裁司法审查规定》第 2 条在保留《仲裁法解释》第 12 条关于海事海商纠纷仲裁协议效力认定法院不变的基础上，将国内仲裁协议与涉外仲裁协议效力的认定法院统一，并增加了专门法院的管辖权，即申请确认仲裁协议效力的案件，由仲裁协议约定的仲裁机构所在地、仲裁协议签订地、申请人住所地、被申请人住所地的中级人民法院或者专门人民法院管辖。

(2)仲裁机构

当事人对仲裁协议的效力产生异议时，除了有权申请法院认定仲裁协议效力以外，国际上通行的做法，当事人也可以向仲裁庭申请认定仲裁协议效力，仲裁庭根据自裁管辖原则有权认定仲裁协议的效力。例如，《示范法》第 16 条关于"仲裁庭对其管辖权作出裁定的权力"规定：仲裁庭可以对其管辖权，包括对关于仲裁协议的存在或效力的任何异议作出裁定。为此目的，构成合同一部分的仲裁条款应当视为独立于合同其他条款的一项协议。仲裁庭作出关于合同无效的决定，在法律上不导致仲裁条款无效。我国《仲裁法》第 20 条对仲裁协议效力的认定不是由仲裁庭决定，而是由仲裁机构决定，这种做法在现代仲裁中是较为少见的。由于仲裁机构并不直接审理当事人提请仲裁的争议案件，由仲裁机构而不是仲裁庭认定仲裁协议的效力，一方面，事实上剥夺了仲裁庭对自身管辖权的决定权；另一方面，使仲裁庭对当事人提请仲裁解决争议的仲裁权的行使依附于仲裁机构，难免会使仲裁的独立性受到质疑。此外，如果仲裁庭组成后，因当事人对仲裁协议的效力提出异议而由仲裁机构决定仲裁协议的效力即仲裁庭的管辖权，从而中断仲裁程序，不利于仲裁程序连续而有效地进行。对此，我国仲裁实践中，部分仲裁机构在其仲裁规则中作出了变通性规定，由仲裁委员会授权仲裁庭作出管辖权决定，如《中国国际经济贸易仲裁委员会仲裁规则》第6条规定："（一）仲裁委员会有权对仲裁协议的存在、效力以及仲裁案件的管辖权作出决定。如有必要，仲裁委员会也可以授权仲裁庭作出管辖权决定。……（三）仲裁庭依据仲裁委员会的授权作出管辖权决定时，可以在仲裁程序进行中单独作出，也可以在裁决书中一并作出……"北京仲裁委员会在其仲裁规则中也作出类似的规定。

2. 确定仲裁协议效力时，法院优先于仲裁机构

仲裁管辖权不同于法院的诉讼管辖权。法院对当事人提起诉讼的案件依法行使管辖权是源于国家法律的授权性规定，即法院对确定管辖连接点在其辖区内的案件依法享有管辖权，通常无须被告方当事人同意，除非是基于当事人签订的管辖协议取得争议案件的管辖权。而仲裁庭管辖权则源于以当事人双方合意为基础的协议授权，没有当事人之间依法订立的仲裁协议，则没有仲裁庭对争议案件的管辖权。然而，在仲裁实践中，当事人签订仲裁协议后，甚至在一方当事人依据仲裁协议提出仲裁申请后，还可能出现另一方当事人对仲裁协议的效力提出异议，也就意味着对仲裁管辖权提出异议，此时必然涉及由谁来认定仲裁协议效力的问题，因此，对仲裁协议效力的认定直接关系仲裁庭对争议案件的仲裁管辖权。尽管仲裁庭自裁管辖权原则已得到国际社会的广泛认可，但是，目前我国《仲裁法》尚未确立仲裁庭自裁管辖权制度，而是将判断仲裁协议是否有效或者仲裁庭有无对争议案件管辖权这一权力交给了人民法院和仲裁机构，且当事人对仲裁协议效力有异议，一方请求仲裁委员会作出决定，另一方请求人民法院作出裁定的，由人民法院裁定。

3. 仲裁协议效力的认定时间

《仲裁法》赋予当事人对仲裁协议效力提出异议的权利，如果当事人在仲裁程序开始后行使该异议权，则可能导致仲裁程序的中止，因此，为了防止因当事人对仲裁协议效力提出异议而造成仲裁程序的过分延迟，《仲裁法》及其司法解释对当事人提出仲裁协议效力异议的时间作出了明确的限定，即当事人对仲裁协议的效力有异议，应当在仲裁庭首次开庭前提出。当事人在仲裁庭首次开庭前没有对仲裁协议的效力提出异议，而后向人民法院申请确认仲裁协议无效的，人民法院不予受理。由此可见，我国立法将当事人对仲裁协议效力提出异议的时间限定于仲裁庭首次开庭前，仲裁实践中可能存在当事人在针对仲裁申请书提交答辩书之后，又在仲裁庭首次开庭前提出仲裁协议效力异议的情况，该做法违反民事程序法上的禁止反言规则，因此，我国现行立法所确立的当事人对仲裁协议效力提出异议的时间值得反思。对此，《示范法》第16条"仲裁庭对其管辖权作出裁定的权力"规定：

有关仲裁庭无管辖权的抗辩不得在提出答辩书之后提出。一方当事人指定或参与指定仲裁员的事实,不妨碍其提出此种抗辩。有关仲裁庭超越其权限范围的抗辩,应当在仲裁程序中出现被指称的越权事项时立即提出。在其中任何一种情况下,仲裁庭如认为迟延有正当理由的,可准许推迟提出抗辩。

关于我国《仲裁法》及司法解释对仲裁协议效力认定时间的规定,司法实践中,有些法院的理解值得商榷。例如,某法院认为,虽然甲公司曾于2017年依据同一仲裁协议向珠海仲裁委员会申请过仲裁,但其于2017年、2019年两次申请仲裁委员会裁决的事项并不相同,故其属于不同的仲裁案件。甲公司是否曾经在(2017)第××号仲裁案首次开庭前对该仲裁协议的效力提出异议,并不影响其在(2019)第××号仲裁案中享有在仲裁庭首次开庭前请求人民法院确认该仲裁协议效力的法定权利。一审裁定以甲公司未在另案仲裁庭首次开庭前请求人民法院确认仲裁协议效力为由驳回甲公司在本案中提出的确认仲裁协议效力的申请,适用法律错误,本院予以纠正。该法院的裁判观点值得商榷。

【典型案解】

1. 申请人住所地中级人民法院对认定仲裁协议效力案件有管辖权

裁判规则

申请人向其住所地的中级人民法院提出确认仲裁协议无效的申请符合《仲裁司法审查规定》第2条第1款规定。

典型案例

中国机械工业建设集团有限公司与中国能源建设集团新疆电力设计院有限公司申请确认仲裁协议效力案[新疆维吾尔自治区高级人民法院民事裁定书(2020)新民辖终1号(2020年3月11日)]

上诉人(原审被申请人):中国机械工业建设集团有限公司

被上诉人(原审申请人):中国能源建设集团新疆电力设计院有限公司

涉案新疆华5000t/d熟料新型干法综合利用废渣生产水泥EPC项目输变工程EPC总承包合同约定:"当双方发生争议时,应提交合同签订地北京仲裁委员会仲裁。"

裁判观点

新疆维吾尔自治区高级人民法院认为，自2018年1月1日起施行的《仲裁司法审查规定》第2条第1款规定："申请确认仲裁协议效力的案件，由仲裁协议约定的仲裁机构所在地、仲裁协议签订地、申请人住所地、被申请人住所地的中级人民法院或者专门人民法院管辖。"中国能源建设集团新疆电力设计院有限公司的住所为新疆维吾尔自治区乌鲁木齐市××区，其向住所地的中级人民法院即原审人民法院提出确认仲裁协议无效的申请符合上述规定。原审人民法院对本案依法享有管辖权，其裁定驳回中国机械工业建设集团有限公司对管辖权提出的异议并无不当。

2. 申请人住所地专门法院对仲裁协议效力认定有管辖权

裁判规则

根据《仲裁司法审查规定》第2条以及《最高人民法院关于上海金融法院案件管辖的规定》第1条第4项关于上海金融法院管辖上海市辖区内"金融民商事纠纷的仲裁司法审查案件"之规定，申请人住所地上海金融法院有管辖权。

典型案例

上海河钦餐饮企业管理有限公司、朱某晓与深圳市中际联合商业保理有限公司申请确认仲裁协议效力案[上海金融法院(2019)沪74民特39号(2019年11月28日)]

申请人：上海河钦餐饮企业管理有限公司(以下简称河钦餐饮公司)

申请人：朱某晓

被申请人：深圳市中际联合商业保理有限公司

案涉餐企供应链融资合同第14条"争议解决及法律适用"条款约定："因本合同和/或本合同补充协议引起的或与本合同和/或本合同补充协议有关的任何争议，无论侵权或违约，均提请深圳仲裁委员会按照该会仲裁规则进行仲裁。仲裁裁决是终局的，对双方均有约束力。"

裁判观点

上海金融法院认为，根据《仲裁司法审查规定》第2条"申请确认仲裁协议效力的案件，由仲裁协议约定的仲裁机构所在地、仲裁协议签订地、申请人住所地、被申请人住所地的中级人民法院或者专门人民法院管辖"，以及《最高人民法院关于上海金融法院案件管辖的规定》第1条第4项关于上海金融法院管辖上海市辖区内

"金融民商事纠纷的仲裁司法审查案件"之规定,鉴于申请人河钦餐饮公司住所地位于上海市辖区,本院对本案有管辖权。

3. 仲裁委员会对仲裁协议效力作出决定后,申请法院确认仲裁协议效力,法院不予受理

裁判规则

仲裁委员会作出决定书,确认借款合同项下的仲裁条款有效,洲际公司向湛江中院申请确认借款合同中的仲裁条款效力,法院应驳回。

典型案例

洲际油气股份有限公司与深圳市国鼎晟贸易有限公司申请确认仲裁协议效力案[广东省高级人民法院民事裁定书(2020)粤民终 75 号(2020 年 3 月 12 日)]

上诉人:洲际油气股份有限公司(以下简称洲际公司)

被上诉人:深圳市国鼎晟贸易有限公司(以下简称国鼎晟公司)

2018 年 1 月 19 日,国鼎晟公司与洲际公司签订了借款合同,该合同第 10.6 条约定:凡因本合同引起的或与本合同有关的任何争议,各方可协商解决;协商不成,应提交湛江仲裁委在深圳仲裁解决,按该会当时有效的仲裁规则书面审理。仲裁裁决是终局的,对相关各方均有约束力。除非仲裁庭有裁决,仲裁费应由败诉一方负担。败诉方还应补偿胜诉方的律师费等支出。

裁判观点

广东省高级人民法院认为,本案系申请确认仲裁协议效力纠纷。《仲裁法解释》第 13 条第 2 款规定:"仲裁机构对仲裁协议的效力作出决定后,当事人向人民法院申请确认仲裁协议效力或者申请撤销仲裁机构的决定的,人民法院不予受理。"根据本案已查明的事实,湛江仲裁委于 2019 年 8 月 6 日作出决定书,确认借款合同项下的仲裁条款有效,并向洲际公司邮寄送达了决定书。洲际公司于 2019 年 9 月 26 日向湛江中院申请确认借款合同中的仲裁条款效力。洲际公司申请的时间明显在湛江仲裁委作出的决定书之后,根据上述《仲裁法解释》第 13 条第 2 款的规定,其申请应予驳回。至于洲际公司上诉所称借款合同中的仲裁条款约定湛江仲裁委异地开庭,不影响本案的处理结果。故一审法院裁定驳回洲际公司的申请,并无不当,本院予以维持。

4. 当事人请求人民法院对仲裁协议的效力作出裁定应当在仲裁庭首次开庭前提出

裁判规则

当事人参加了仲裁庭审，于仲裁庭开庭审理后又向法院提出确认仲裁协议无效的申请，不符合《仲裁法》规定的申请法院确认仲裁协议效力的条件，一审法院据此驳回冉某、姜某的申请并无不当。

典型案例

冉某、姜某因与深圳约瑟一号股权投资基金合伙企业（有限合伙）申请确认仲裁协议效力案［北京市高级人民法院民事裁定书（2019）京民终 640 号（2019 年 12 月 12 日）］

上诉人：冉某

上诉人：姜某

被上诉人：深圳约瑟一号股权投资基金合伙企业（有限合伙）（以下简称约瑟合伙企业）

2014 年 11 月 28 日，约瑟合伙企业、朱某丹与冉某、姜某、汪某刚、蔡某春、陆某品、徐某、刘某签订投资协议，该协议第 20.2 条规定：本协议各方当事人因本协议发生的任何争议，均应首先通过友好协商方式解决，协商不成，任一方可将争议提交贸仲委，按照仲裁时该会现行有效的仲裁规则进行仲裁，仲裁地点在北京。

裁判观点

北京市高级人民法院认为，《仲裁法》第 20 条规定，当事人对仲裁协议的效力有异议的，可以请求仲裁委员会作出决定或者请求人民法院作出裁定。一方请求仲裁委员会作出决定，另一方请求人民法院作出裁定的，由人民法院裁定。当事人对仲裁协议的效力有异议，应当在仲裁庭首次开庭前提出。本案申请人冉某、姜某于 2019 年 4 月 22 日提出确认仲裁协议效力的申请，但相关仲裁已由仲裁机构受理，并于 2019 年 3 月 25 日由仲裁庭开庭审理，冉某、姜某亦参加了该次庭审。现冉某、姜某于仲裁庭开庭审理后又向法院提出确认仲裁协议无效的申请，不符合《仲裁法》规定的申请法院确认仲裁协议效力的条件，一审法院据此驳回冉某、姜某的申请并无不当，本院对于一审法院的裁定予以维持。

5. 当事人不因案件通知重新仲裁而重新取得请求法院认定仲裁协议效力的权利

裁判规则

当事人对仲裁协议的效力有异议，应当在仲裁庭首次开庭前提出，当事人不因案件通知重新仲裁而重新取得《仲裁法》第20条所规定的“请求人民法院对仲裁协议的效力作出裁定”之权利。

典型案例

周某康与浙江信德丰创业投资有限公司申请确认仲裁协议效力案［浙江省杭州市中级人民法院民事裁定书(2019)浙01民特262号(2019年12月25日)］

申请人：周某康

被申请人：浙江信德丰创业投资有限公司(以下简称信德丰公司)

2016年3月25日，信德丰公司以浙江三生石创业投资有限公司、邵某、周某康、郝某晖、郝双某、宋某玉、李某甲、吴某苗、廖某宁、郝某军、刘某、杨某新、李某乙、石某合、郑某峰、袁某元、刘某柱、宋某、刘某、中科德润公司为被申请人向杭州仲裁委员会申请仲裁，杭州仲裁委员会于同日受理该案［(2016)杭仲裁字第45号］，并于2016年9月26日组成仲裁庭。2016年10月11日，仲裁庭第一次开庭审理该案。除周某康、宋某玉、郝某军、杨某新、李某乙未到庭参加庭审外，其余当事人均到庭。2018年7月5日，仲裁庭第二次开庭审理该案。除郝某军未到庭参加庭审外，其余当事人均到庭参加。两次开庭时，仲裁庭均向出庭当事人询问“当事人对杭州仲裁委员会管辖本案有无异议”，到庭当事人均表示“无异议”。

裁判观点

杭州市中级人民法院认为，《仲裁法》第20条第2款规定，当事人对仲裁协议的效力有异议，应当在仲裁庭首次开庭前提出。杭州仲裁委员会(2016)杭仲裁字第45号案件已于2016年10月11日首次开庭。尽管该仲裁案件现已重新仲裁，但是该仲裁案件的首次开庭时间已过，当事人不因案件重新仲裁而重新取得《仲裁法》第20条所规定的“请求人民法院对仲裁协议的效力作出裁定”之权利。《仲裁法解释》第13条第1款规定：“依照仲裁法第二十条第二款的规定，当事人在仲裁庭首次开庭前没有对仲裁协议的效力提出异议，而后向人民法院申请确认仲裁协议无效的，人民法院不予受理。”在本院已经受理本案的情况下，根据《仲裁司法审查规定》第8条第1款的规定，人民法院立案后发现不符合受理条件的，裁定驳回申请。

6. 法院在诉讼中基于认定仲裁协议有效裁定驳回起诉后，其他法院不能再次就同一仲裁协议效力进行司法审查

裁判规则 ▶▶

根据《民事诉讼法》《仲裁法》及相关的司法解释的规定，河南省鹿邑县人民法院是在先于本院受理审查并确认了仲裁协议是否有效的基础上作出驳回起诉的裁定，本院不能再次就同一仲裁协议的效力作出审查。

典型案例 ▶▶

鹿邑曙光医疗产业投资建设有限公司与鹿邑县人民医院申请确认仲裁协议效力案［北京市第四中级人民法院（2020）京04民特597号（2020年10月19日）］

申请人：鹿邑曙光医疗产业投资建设有限公司（以下简称曙光医投公司）

被申请人：鹿邑县人民医院（以下简称鹿邑医院）

2016年7月5日，鹿邑医院（甲方）与曙光医投公司（乙方）签订鹿邑县人民医院迁建项目一期工程PPP项目合同。该合同第75条争议解决方式约定："双方友好协商解决。若双方对于由于本合同条款或与本合同有关的条款的解释，包括关于其存在、有效或终止的任何问题产生任何争议、分歧或索赔，则应尽力通过协商友好解决该争议、分歧或索赔。除本合同另有规定，若在尝试友好协商解决后60日内该争议未能根据第75.1条款得到解决，则应适用第75.2条款的规定。第75.2条约定，若双方未能根据第75.1条款解决争议、分歧或索赔，任何一方可向贸仲委申请仲裁。仲裁员3人，仲裁地北京。"

裁判观点 ▶▶

北京市第四中级人民法院认为，《民诉法解释》第216条规定：在人民法院首次开庭前，被告以有书面仲裁协议为由对受理民事案件提出异议的，人民法院应当进行审查。经审查符合下列情形之一的，人民法院应当裁定驳回起诉：（一）仲裁机构或者人民法院已经确认仲裁协议有效的；（二）当事人没有在仲裁庭首次开庭前对仲裁协议的效力提出异议的；（三）仲裁协议符合《仲裁法》第16条规定且不具有《仲裁法》第17条规定情形的。上述规定确定了人民法院在受理案件后有对仲裁协议效力进行审查并作出裁判的权力。河南省鹿邑县人民法院受理双方纠纷后，曙光医投公司以鹿邑县人民医院迁建项目一期工程PPP项目合同第75.2款明确约定了仲裁条款为由对该法院的管辖提出异议，河南省鹿邑县人民法院对该异议进行审查，并作出驳回曙光医投公司起诉的裁定。如当事人对该裁定不服应当通过上诉或者《民事诉讼法》规定的相关途径解决，而非就同一涉及仲裁协议效力的问题另行向其他法院提起仲裁司法审查申请。根据《民事诉讼法》《仲裁法》及相关的司法解释的规定，河南省鹿邑县人民法院是在先于本院受理审查并确认了仲裁协议是否有效的基础上作出的裁定，本院不能再次就同一仲裁协议的效力作出审查。故本案属于人民法院立案后发现不符合受理条件的情形，对曙光医投公司的申请，本院应予驳回。

【类案检索】

1. 检索词：仲裁机构驳回申请　再次申请

典型案例

张某武与刘某、刘某芸申请确认仲裁协议效力纠纷案［广东省广州市中级人民法院民事裁定书(2019)粤01民特1590号(2019年12月26日)］

裁判观点

广州市中级人民法院认为，针对涉案房地产买卖居间合同中的仲裁条款的效力，张某武已经向广州仲裁委提出异议，并由广州仲裁委作出(2019)穗仲案字第11377号决定书，驳回张某武的仲裁管辖权异议的申请。现张某武就同一仲裁条款再次向法院申请确认仲裁协议效力，根据《仲裁法解释》第13条第2款"仲裁机构对仲裁协议的效力作出决定后，当事人向人民法院申请确认仲裁协议效力或者申请撤销仲裁机构的决定的，人民法院不予受理"及《仲裁司法审查规定》第8条第1款"人民法院立案后发现不符合受理条件的，裁定驳回申请"的规定，本案应驳回张某武的申请。

2. 检索词：仲裁协议效力认定一次

典型案例

浙江东阳中广影视文化股份有限公司与中山久丰股权投资中心(有限合伙)申请确认仲裁协议效力案［北京市第四中级人民法院民事裁定书(2019)京04民特647号(2019年11月29日)］

裁判观点

北京市第四中级人民法院认为，依据《仲裁法》第20条第1款之规定，当事人对仲裁协议的效力有异议的，可以请求仲裁委员会作出决定或者请求人民法院作出裁定。依据《仲裁法解释》第 13 条第 2 款之规定，仲裁机构对仲裁协议的效力作出决定后，当事人向人民法院申请确认仲裁协议效力或者申请撤销仲裁机构的决定的，人民法院不予受理。

3. 检索词：法院作出有管辖权裁定　不得再次申请确认仲裁协议效力

典型案例 ▶▶

中冶节能环保有限责任公司（以下简称中冶公司）与山东岱荣节能环保科技有限公司申请确认仲裁协议效力案［北京市第四中级人民法院民事裁定书（2019）京 04 民特 107 号（2019 年 3 月 22 日）］

裁判观点 ▶▶

北京市第四中级人民法院认为，根据《民诉法解释》第 216 条规定，“在人民法院首次开庭前，被告以有书面仲裁协议为由对受理民事案件提出异议的，人民法院应当进行审查。经审查符合下列情形之一的，人民法院应当裁定驳回起诉：（一）仲裁机构或者人民法院已经确认仲裁协议有效的；（二）当事人没有在仲裁庭首次开庭前对仲裁协议的效力提出异议的；（三）仲裁协议符合仲裁法第十六条规定且不具有仲裁法第十七条规定情形的”。上述规定确定了人民法院在受理案件后有对仲裁协议效力审查并作出裁判的权力。中冶公司以双方有仲裁协议为依据对钢城区人民法院的管辖提出异议，钢城区人民法院对该异议进行审查，并作出驳回异议、由该法院审理相关纠纷的裁定。如当事人对该裁定不服应当通过上诉或者《民事诉讼法》规定的相关途径解决，而非就同一涉及仲裁协议效力的问题另行向其他法院提起仲裁司法审查申请。根据《民事诉讼法》《仲裁法》及相关司法解释的规定，钢城区人民法院是在确认了仲裁协议是否有效的基础上作出的生效裁定，对此本院依法不能再次就同一问题作出审查。

第二节　涉外仲裁协议效力认定的法律适用

【法理辨析】

1. 涉外民事法律关系的确定依据

《涉外法律适用法司法解释（一）》第 1 条规定：“民事关系具有下列情形之一

的，人民法院可以认定为涉外民事关系：（一）当事人一方或双方是外国公民、外国法人或者其他组织、无国籍人；（二）当事人一方或双方的经常居所地在中华人民共和国领域外；（三）标的物在中华人民共和国领域外；（四）产生、变更或者消灭民事关系的法律事实发生在中华人民共和国领域外；（五）可以认定为涉外民事关系的其他情形。”此外，《民诉法解释》第 522 条也规定：“有下列情形之一，人民法院可以认定为涉外民事案件：（一）当事人一方或者双方是外国人、无国籍人、外国企业或者组织的；（二）当事人一方或者双方的经常居住地在中华人民共和国领域外的；（三）标的物在中华人民共和国领域外的；（四）产生、变更或者消灭民事关系的法律事实发生在中华人民共和国领域外的；（五）可以认定为涉外民事案件的其他情形。”

2. 认定涉外仲裁协议效力的关键是确定所适用的法律

仲裁协议的有效性不仅决定了以此为基础而进行的仲裁程序的合法性，而且还直接决定以该仲裁协议为基础对当事人仲裁请求所作出的仲裁裁决能否得到执行的问题。但是，由于各国仲裁法对仲裁协议有效要件规定不同，就可能导致适用不同的法律认定仲裁协议的效力可能得出不同的结论，这便构成了各国在确定涉外仲裁协议效力时的法律冲突。因此，如何确定认定涉外仲裁协议效力所适用的法律至关重要。

3. 确认涉外仲裁协议效力法律适用的规则

（1）优先适用当事人明确选择的法律

在确认涉外仲裁协议的效力时，当事人明确选择仲裁协议适用的法律，适用当事人约定的法律，这也是各国普遍遵循的在确定仲裁协议效力法律适用时当事人意思自治原则的体现。在此应区分仲裁协议的准据法与合同的准据法，无论是单独订立的仲裁协议，还是作为合同条款的仲裁协议，均独立于合同而存在，当事人在合同中约定的适用于解决合同争议的准据法，并不当然等同于当事人约定的仲裁协议准据法。为此，我国《涉外民事关系法律适用法》第 18 条以及《仲裁司法审查规定》第 13 条的规定，当事人可以协议选择仲裁协议适用的法律。当事人协议选择确认涉外仲裁协议效力适用的法律，应当作出明确的意思表示，仅约定合同适用的法律，不能作为确认合同中仲裁条款效力适用的法律。

（2）当事人未选择确认涉外仲裁协议效力的法律适用时的处理

根据《涉外民事关系法律适用法》第 18 条的规定，当事人没有选择仲裁协议适用的法律的，适用仲裁机构所在地法律或者仲裁地法律。也就是说，仲裁机构所在地法律或仲裁地法律的适用前提是当事人对仲裁协议适用的法律未作出选择。规定适用仲裁机构所在地法律是我国《涉外民事关系法律适用法》的特殊立法考量，由于我国《仲裁法》第16条将选定仲裁委员会作为仲裁协议的法定内容，因此，我国实践中可能出现当事人约定了仲裁机构，但既未约定涉外仲裁协议的法律适用，也未约定仲裁地，而案涉仲裁机构与仲裁地可能并不一致。当然，适用仲裁机构所在地的法律与适用仲裁地的法律将对仲裁协议的效力作出不同认定的，根据《仲裁司法审查规定》第14条的规定，人民法院应当适用确认仲裁协议有效的法律。此外，根据《仲裁法解释》第16条的规定，对涉外仲裁协议的效力审查，适用当事人约定的法律；当事人没有约定适用的法律但约定了仲裁地的，适用仲裁地法律；没有约定适用的法律也没有约定仲裁地或者仲裁地约定不明的，适用法院地法律，确定本案适用的准据法。

4. 仲裁机构或者仲裁地的确定

在仲裁实践中，当事人在仲裁协议中既可以约定仲裁机构，也可以约定仲裁地。但是，如果当事人在仲裁协议中未约定仲裁协议效力适用的法律，也没有约定仲裁地或者仲裁机构，若根据仲裁协议约定适用的仲裁规则可以确定仲裁机构或者仲裁地的，根据《仲裁司法审查规定》第15条的规定，应当认定其为《涉外民事关系法律适用法》第8条中规定的仲裁机构或者仲裁地。

5. 明确尽量认定仲裁协议有效的原则

在确定认定仲裁协议效力的法律时，放宽对仲裁协议的效力要求，尽量认定仲裁协议有效，不仅有利于尊重当事人选择仲裁作为争议解决方式的意思自治，也有利于促进和支持商事仲裁制度的发展。

【典型案解】

1. 涉案标的物在中华人民共和国领域外，即可认定为涉外民事法律关系

裁判规则

依据关于涉外民事关系认定的相关法律规定，可以认定涉案标的物在中华人民共和国领域外，赛米控珠海公司与精进公司签订的一揽子采购协议条款及附件所涉及的法律关系具有涉外因素，双方当事人之间的买卖关系可以认定为涉外民事关系。

典型案例

精进电动科技股份有限公司与赛米控电子（珠海）有限公司申请确认仲裁协议

效力案[北京市第四中级人民法院民事裁定书(2018)京04民特145号(2020年3月25日)]

申请人:精进电动科技股份有限公司(以下简称精进公司)

被申请人:赛米控电子(珠海)有限公司(以下简称赛米控珠海公司)

2015年11月,精进公司与赛米控德国公司控股的全资子公司赛米控珠海公司签订一揽子采购协议条款及附件,约定购买方精进公司将向销售方赛米控珠海公司发出一揽子采购订单和采购核发单,并就价格、付款方式、交货和包装、交付及损失风险、违约责任等内容进行了约定。争议解决机制部分约定:双方通过友好协商解决本一揽子采购订单及相关采购核发单或本一揽子采购订单项下条款与条件所产生的或与之相关的任何争议。本采购订单和相关采购核发单所产生的或与之有关的任何争议、争端或索赔,包括涉及本采购单和相关采购核发单有效性、无效性、违约或终止的协议、争端或索赔,均应以有约束力的仲裁裁决最终且排他性地解决,应依据《巴黎国际商会仲裁规则》(《国际商会仲裁规则》)提交仲裁通知,并按该等提交之日有效的《国际商会仲裁规则》作出仲裁裁决。仲裁员人数为三人。仲裁地点为香港。仲裁程序应以英文进行。

2017年8月30日,赛米控珠海公司与赛米控德国公司、赛米控电子公司共同作为仲裁申请人,以精进公司作为被申请人,向国际商会仲裁院提起了仲裁申请,要求精进公司支付一揽子采购协议条款项下的相关货款并赔偿损失等。精进公司向法院申请确认其与赛米控珠海公司签订的一揽子采购协议条款中的仲裁条款无效。

裁判观点

北京市第四中级人民法院认为,本案的焦点问题是2015年11月精进公司与赛米控珠海公司签订的一揽子采购协议条款及附件所涉法律关系是否具有涉外因素。

首先,关于涉外民事法律关系的判断,《涉外法律适用法司法解释(一)》第1条规定:"民事关系具有下列情形之一的,人民法院可以认定为涉外民事关系:(一)当事人一方或双方是外国公民、外国法人或者其他组织、无国籍人;(二)当事人一方或双方的经常居所地在中华人民共和国领域外;(三)标的物在中华人民共和国领域外;(四)产生、变更或者消灭民事关系的法律事实发生在中华人民共和国领域外;(五)可以认定为涉外民事关系的其他情形。"

其次,从本案一揽子协议的内容及其实际履行的情况看,也反映出双方的买卖交易是一个持续的过程,货款的确定、支付以及产品的交付也是一个客观连续的过程。即精进公司与赛米控珠海公司签订的一揽子采购协议条款及附件中,合同所涉及的产品不但产地是在德国,而且部分产品的交付也是买方精进公司到德国纽伦堡工厂自提。结合上述事实,依据上述关于涉外民事关系认定的相关法律规定,可以认定涉案标的物在中华人民共和国领域外,赛米控珠海公司与精进公司签订的一揽子采购协议条款及附件所涉及的法律关系具有涉外因素,双方当事人之间的买卖关系可以认定为涉外民事关系。

最后,关于本案的管辖。《仲裁法解释》第 12 条第 2 款规定,申请确认涉外仲裁协议效力的案件,由仲裁协议约定的仲裁机构所在地、仲裁协议签订地、申请人或者被申请人住所地的中级人民法院管辖。本案申请人精进公司的住所地在北京市朝阳区,根据《北京市高级人民法院关于北京市第四中级人民法院案件管辖的规定》第 1 条,北京市第四中级人民法院(北京铁路运输中级法院)管辖下列案件:(一)……(三)应由本市人民法院管辖的申请确认仲裁协议效力案件、申请撤销仲裁裁决案件(不含申请撤销劳动争议仲裁裁决案件);……。因此,根据本案事实和上述规定,本院对本案依法享有管辖权。

2. 非典型涉外因素的认定

裁判规则 ▶▶

是否具有涉外因素是判断涉外仲裁协议效力的前提。我国立法主要以主体所在地、标的物所在地、法律事实发生地为判断涉外因素的基准,同时规定了“涉外案件的其他情形”予以兜底。对于这种其他情形或者说“非典型涉外因素”,立法及司法上均无准确清晰的界定。认定非典型涉外因素,需衡平司法主权与意思自治,排除与系争事实无直接关联的涉外情节,同时宜以保障营商法治环境、促进国际海事商事仲裁为目标,在认定涉外仲裁协议效力这一问题上逐步采取更为积极、包容和开放的司法理念。

典型案例 ▶▶

美克斯海洋工程设备股份有限公司与上海佳船机械设备进出口有限公司、江苏大津重工有限公司申请确认仲裁协议效力案[上海海事法院民事裁定书(2017)沪 72 民特 181 号(2018 年 5 月 6 日)]

申请人:美克斯海洋工程设备股份有限公司

被申请人:上海佳船机械设备进出口有限公司(以下简称佳船公司)

被申请人:江苏大津重工有限公司(以下简称大津公司)

2015年6月,申请人与两被申请人在中国签署海上自升式工作平台船舶建造合同,该合同第58条约定,涉案合同应当依照英国法律管辖并解释,因该合同引发或与该合同相关的一切争议,包括合同存续、效力或终止,均应根据伦敦海事仲裁委员会仲裁规则在伦敦最终仲裁裁决,伦敦海事仲裁委员会仲裁规则视为本条款的组成部分;该合同第76条约定,双方同意本合同任一条款和条款任一部分的效力和含义应受英国法律管辖和解释。

裁判观点

上海海事法院认为,根据我国法律规定,涉外合同当事人可以选择处理合同争议适用的法律,并可根据仲裁协议向中国仲裁机构或其他仲裁机构申请仲裁,并未允许不具有涉外因素的合同当事人选择适用外国法律和提请外国仲裁机构仲裁。因此,涉案法律关系的定性问题的认定将决定当事人是否有权选择涉案合同的适用法律,以及是否有权选择向中国仲裁机构以外的仲裁机构申请仲裁解决纠纷。根据各方签订的建造合同以及补充签订的备忘录,涉案合同标的为一艘根据美国船级社检验规则建造的,拟入美国船级社的国际航行船舶;合同约定船舶应当遵守马绍尔群岛监管机构的法律、法规、要求和建议,该船舶将以马绍尔群岛作为船旗国;各方签订的备忘录中约定买方会在中国境外成立全资子公司,并将建造合同转让给该单船公司。且约定买方将于卖方交船前在中国境外成立全资下属的单船公司,并通知卖方将双方签订的建造合同中所有买方的权利和义务授权给该单船公司。由以上事实可知,涉案合同为国际船舶建造合同,船舶的建造、交接、入级和加入船旗国等内容均与境外有多个连接点,尤其是加入马绍尔群岛船旗国,须以在马绍尔群岛设立公司为前提条件。合同也明确买方须在卖方交船前在境外成立单船公司,以接收涉案船舶。以上要素足以认定涉案纠纷属于我国法律规定的"可以认定为涉外民事案件的其他情形",为涉外民事关系。

3. 认定涉外仲裁协议效力的机构

裁判规则

涉及海事海商纠纷仲裁协议效力的案件,由仲裁协议约定的仲裁机构所在地、仲裁协议签订地、申请人住所地、被申请人住所地的海事法院管辖;上述地点没有海事法院的,由就近的海事法院管辖。

典型案例

日照港岚北港务有限公司与青岛海防工程局申请确认仲裁协议效力案[山东

省日照市中级人民法院民事裁定书(2018)鲁11民特16号(2018年8月24日)]

申请人:日照港岚北港务有限公司(以下简称岚北公司)

被申请人:青岛海防工程局(以下简称海防工程局)

2013年11月4日,岚北公司与海防工程局签订建设工程施工合同,该合同第三部分专用条款第13.2条约定:发包人、承包人在履行合同时发生争议,可以和解或者要求有关主管部门调解。当事人不愿和解、调解或者和解、调解不成的,双方可以在专用条款内约定以下第一种方式解决争议(第一种解决方式:双方达成仲裁协议,向日照仲裁委员会申请仲裁;第二种解决方式:向有管辖权的人民法院起诉)。

裁判观点 ▶▶

日照市中级人民法院认为,根据《最高人民法院关于海事法院受理案件范围的规定》第55条的规定,海防工程局与岚北公司因履行涉案建设工程施工合同发生的纠纷,属于海洋、通海可航水域工程建设纠纷案件,应由海事法院管辖。而根据《仲裁法解释》第12条第3款和《仲裁司法审查规定》第2条第2款的规定,涉及海事海商纠纷仲裁协议效力的案件,由仲裁协议约定的仲裁机构所在地、仲裁协议签订地、申请人住所地、被申请人住所地的海事法院管辖;上述地点没有海事法院的,由就近的海事法院管辖。本案系涉及海事海商纠纷仲裁协议效力的案件,应由青岛海事法院管辖。

4. 认定涉外仲裁协议效力,优先适用当事人选择的法律

裁判规则 ▶▶

涉港民事案件的准据法适用,依据《涉外民事关系法律适用法》第18条规定:"当事人可以协议选择仲裁协议适用的法律。当事人没有选择的,适用仲裁机构所在地法律或者仲裁地法律。"

典型案例 ▶▶

上海上美化妆品有限公司、上海韩束化妆品有限公司与NBA香港经营有限公司申请确认仲裁协议效力案[北京市第四中级人民法院民事裁定书(2020)京04民特21号(2020年4月27日)]

申请人:上海上美化妆品有限公司(以下简称上美公司)

申请人:上海韩束化妆品有限公司(以下简称韩束公司)

被申请人:NBA香港经营有限公司(以下简称NBA公司)

上美公司和韩東公司共同作为合同一方、NBA公司作为合同另一方，双方于2019年4月3日共同签订服务协议书。该协议第5条约定："由本协议书产生的、与本协议书有关的或者关于本协议书的所有争议，包括关于本协议书之存续、效力或者终止的任何问题，应提交在贸仲委进行仲裁、并通过仲裁最终解决。……仲裁地点和所在地应为北京……本项仲裁协议应由仲裁所在地的法律进行管辖。对裁决书的复审可在具有法定司法管辖权的任何法院立案，但就任何该等诉讼，包括挽回仲裁之胜诉方在确认和执行强制裁决书时发生的任何费用和律师费、也包括申请本协议里规定的暂时救济或临时救济，协议双方明确地接受中华人民共和国法院的排他性司法管辖权。"双方因协议是否属于"或仲裁或诉讼"协议而无效发生争议，本案涉及认定仲裁效力的法律适用问题。

裁判观点

北京市第四中级人民法院认为，本案被申请人NBA公司系在香港特别行政区注册成立的企业法人，故本案属于涉港民事案件。根据《民诉法解释》第551条规定：本案诉讼程序应参照适用《民事诉讼法》第四编涉外民事诉讼程序的特别规定。该编没有规定的，适用《民事诉讼法》的其他有关规定。

关于本案准据法适用。本案系当事人对仲裁协议效力提出的争议，依据《涉外民事关系法律适用法》第18条规定："当事人可以协议选择仲裁协议适用的法律。当事人没有选择的，适用仲裁机构所在地法律或者仲裁地法律。"本案双方当事人在服务协议书第5条(应视为独立的仲裁协议)中约定仲裁所在地为北京，同时约定"本项仲裁协议应由仲裁所在地的法律进行管辖"，故本院依据双方当事人上述约定适用内地法律对涉案仲裁协议的效力进行审查。

《仲裁法》第17条规定："有下列情形之一的，仲裁协议无效：(一)约定的仲裁事项超出法律规定的仲裁范围的；(二)无民事行为能力人或者限制民事行为能力人订立的仲裁协议；(三)一方采取胁迫手段，迫使对方订立仲裁协议的。"第18条规定："仲裁协议对仲裁事项或者仲裁委员会没有约定或者约定不明确的，当事人可以补充协议；达不成补充协议的，仲裁协议无效。"上述规定是人民法院确认仲裁协议无效的法定事由。

5. 双方当事人约定合同适用的法律，不能作为认定仲裁协议效力适用的法律

裁判规则

除有特别约定的情形外，双方当事人对于合同法律适用的约定，对象应为合同

项下实体争议,不能当然作为审查仲裁协议效力适用法律的约定。

典型案例

达之路吉布提经济特区股份有限公司与上海中锦建设集团股份有限公司申请确认仲裁协议效力案[上海市第一中级人民法院民事裁定书(2019)沪01民特767号(2020年1月2日)]

申请人:达之路吉布提经济特区股份有限公司

被申请人:上海中锦建设集团股份有限公司

2017年3月25日,申请人和被申请人签订了达之路吉布提经济特区建设施工协议,该协议第十部分"解决争议的方法"约定:"1、法律适用:采用工程所在地法律管辖……2、如发生合同纠纷,首先应由特区的法务部门或其指定的律师事务所调解,调解不成的由上海仲裁委员会仲裁"。

裁判观点

上海市第一中级人民法院认为,本案仲裁协议具有涉外因素,根据《涉外民事关系法律适用法》第18条规定:"当事人可以协议选择仲裁协议适用的法律。当事人没有选择的,适用仲裁机构所在地法律或者仲裁地法律。"申请人认为本案应当适用吉布提共和国法律,但当事人约定将争议提交仲裁解决的条款具有其独立性。除有特别约定的情形外,双方当事人对于合同法律适用的约定,对象应为合同项下实体争议,不能当然作为审查仲裁协议效力适用法律的约定。在双方当事人未对此进行特别约定的情况下,本案审查仲裁协议效力应适用仲裁地即中华人民共和国法律,故申请人上述主张本院不予采纳。

6. 当事人未协议选择涉外仲裁协议适用的法律,适用仲裁机构所在地法律

裁判规则

《涉外民事关系法律适用法》第18条规定:"当事人可以协议选择仲裁协议适用的法律。当事人没有选择的,适用仲裁机构所在地法律或者仲裁地法律。"本案中,各方当事人没有选择仲裁协议适用的法律,依据上述规定,应当适用仲裁机构所在地(贸仲委位于北京市)法律,即中华人民共和国法律。认购协议中的仲裁协议,有明确的请求仲裁的意思表示、仲裁事项及选定的仲裁委员会,并无《仲裁法》第17条所规定的仲裁协议无效的情形。

典型案例

云南远志投资有限公司、云南绿A生物工程有限公司、富领科技发展有限公司（MITED）与北京和谐成长投资中心（有限合伙）申请确认仲裁协议效力案［北京市第四中级人民法院民事裁定书（2019）京04民特518号（2019年11月8日）］

申请人：云南远志投资有限公司（以下简称远志公司）

申请人：云南绿A生物工程有限公司（以下简称生物公司）

申请人：富领科技发展有限公司（MITED）（以下简称富领公司）

被申请人：北京和谐成长投资中心（有限合伙）（以下简称投资中心）

双方当事人于2010年12月31日签订了认购协议。认购协议第10.2条约定"凡因执行本协议所发生的或与本协议有关的一切争议，各方应通过友好协商解决。若任何争议无法在争议发生后15天内通过协商解决，则任何一方有权将该争议提交贸仲委，根据该会届时有效的仲裁程序和规则进行仲裁；仲裁庭由三名按照仲裁规则指定的仲裁员组成；仲裁裁决是终局的，对各方都有约束力。"

裁判观点

北京市第四中级人民法院认为，上述认购协议应为各方当事人的真实意思表示，不违反法律、行政法规的强制性规定，应为合法有效。认购协议中约定了仲裁协议，但是就仲裁协议所应适用的法律，各方当事人没有作出明确约定。《涉外民事关系法律适用法》第18条规定"当事人可以协议选择仲裁协议适用的法律。当事人没有选择的，适用仲裁机构所在地法律或者仲裁地法律。"本案中，各方当事人没有选择仲裁协议适用的法律，依据上述规定，应当适用仲裁机构所在地（贸仲委位于北京市）法律，因此对于本案仲裁协议效力问题，应当适用中华人民共和国法律。

《仲裁法》第16条规定了仲裁协议的必备内容，第17条规定了仲裁协议无效的情形。本案中，认购协议中的仲裁协议，有明确的请求仲裁的意思表示、仲裁事项及选定的仲裁委员会，并无《仲裁法》第17条所规定的仲裁协议无效的情形。申请人远志公司、生物公司、富领公司关于仲裁协议无效的申请，缺乏事实和法律依据，本院不予支持。

7. 认定涉外仲裁协议效力，优先适用确认仲裁协议有效的法律

裁判规则

认定涉外仲裁协议的效力应当优先适用当事人明确选择的法律；当事人没有

选择确认涉外仲裁协议效力适用的法律时，适用仲裁机构所在地法律或者仲裁地法律，但是，如果对仲裁协议效力作出不同认定的，人民法院应当适用确认仲裁协议有效的法律。

典型案例

中轻三联国际贸易有限公司与塔塔国际金属（亚洲）有限公司申请确认仲裁协议效力案［北京市第四中级人民法院民事裁定书（2017）京04民特25号（2018年12月14日）］

申请人：中轻三联国际贸易有限公司（以下简称中轻三联）

被申请人：塔塔国际金属（亚洲）有限公司（以下简称塔塔公司）

2015年2月，中轻三联和塔塔公司签署了涉案销售合同，销售合同第17条中文译文为："凡因执行本合约或与本合约有关的发生的一切争议应由合约双方友好协商解决。如果不能协商解决，应提交新加坡国际贸易仲裁委员会按照美国的仲裁规则进行仲裁，仲裁裁决的是终决的，对双方都有约束力。"中轻三联认为：第一，其并非销售合同的当事人，不应受"仲裁条款"约束；第二，本案销售合同项下"仲裁条款"因仲裁机构不明确本身亦属于无效仲裁协议。

裁判观点

北京市第四中级人民法院认为，本案被申请人塔塔公司系在香港特别行政区注册成立的企业法人，依据《民诉法解释》第551条规定："人民法院审理涉及香港、澳门特别行政区和台湾地区的民事诉讼案件，可以参照适用涉外民事诉讼程序的特别规定"，故本案参照适用涉外民事诉讼程序的特别规定进行审查。本案属于涉外仲裁协议效力认定，对涉外仲裁协议效力审查，应按照《涉外民事关系法律适用法》第18条规定"当事人可以协议选择仲裁协议适用的法律。当事人没有选择的，适用仲裁机构所在地法律或者仲裁地法律"，以及《仲裁法解释》第16条的规定"对涉外仲裁协议的效力审查，适用当事人约定的法律；当事人没有约定适用的法律但约定了仲裁地的，适用仲裁地法律；没有约定适用的法律也没有约定仲裁地或者仲裁地约定不明的，适用法院地法律"，确定本案适用的准据法。本案中，当事人没有约定对涉外仲裁协议的效力审查所适用的法律，故应优先适用仲裁机构所在地法律或者仲裁地法律。案件涉及的销售合同第17条约定："凡因执行本合约或与本合约有关的发生的一切争议应由合约双方友好协商解决。如果不能协商解决，应提交新加坡国际贸易仲裁委员会按照美国的仲裁规则进行仲裁，仲裁裁决的是终决的，对双方都有约束力。"当事人在上述合同中明确作出提交新加坡国际贸易仲裁委员会的意思表示，虽然在表述上新加坡国际贸易仲裁委员会并非新加坡任何一家仲裁机构的明确具体名称，因约定的名称错误导致无法对仲裁机构确切认定，但根据约定内容可以认定当事人有明确选择仲裁的意思表示，并且可以推定为当事人认可在新加坡法律框架内进行仲裁。依据《涉外民事关系法律适用法》及相关司法解释的规定和当事人仲裁条款约定内容，本院认为仲裁地应认定为新加坡，确定本案仲裁协议效力所应适用的准据法为新加坡法。根据查明的新加坡法律的规定，本仲裁协议可以认定有效。在仲裁协议有效情况下，如何进行仲裁，如何理解和判断仲裁机构的选定，则不属于本案仲裁协议效力的司法审查范围。尽量使仲裁协议有效的原则，既体现在《纽约公约》中，也体现在最高人民法院颁布的司法解释中，而且在新颁布实施的司法解释中得以明确。根据《仲裁司法审查规定》第14条规定："人民法院根据《中华人民共和国涉外民事关系法律适用法》第十八条的规定，确定确认涉外仲裁协议效力适用的法律时，当事人没有选择适用的法律，适用仲裁机构所在地的法律与适用仲裁地的法律将对仲裁协议的效力作出不同认定的，人民法院应当适用确认仲裁协议有效的法律。"上述规定在适用仲裁机构所在地法律与适用仲裁地法律对仲裁协议效力产生不同认定的情况下，选择适用使仲裁协议有效的法律作为准据法，就体现了法院在仲裁司法审查中支持仲裁协议有效的原则。从纽约公约内容、国际商事仲裁的发展趋势到我国司法解释的规定分析，放宽对仲裁协议效力要求，尽量使仲裁协议有效，不仅有利于尊重当事人选择仲裁作为解决争议方式的本意，也有利于促进和支持仲裁的发展，为国际商事仲裁营造良好的法治环境。根据法院在仲裁司法审查中持支持和鼓励仲裁的司法理念，以及在涉及国际商事仲裁中尽量确认仲裁协议有效的原则，并结合上述涉及仲裁协议效力法律适用的分析，本院认定涉案的仲裁协议有效。

【类案检索】

1. 检索词：认定涉外仲裁协议效力的法院

典型案例 ▶▶

香港泉水有限公司与宏柏家电（深圳）有限公司申请确认仲裁协议效力案［广东省深圳市中级人民法院民事裁定书（2015）深中法涉外仲字第91号（2016年3月3日）］

申请人：香港泉水有限公司（以下简称香港泉水公司）

被申请人：宏柏家电（深圳）有限公司（以下简称宏柏家电公司）

裁判观点 ▶▶

深圳市中级人民法院认为，本院管辖香港泉水公司申请确认涉外仲裁协议效力案件来自法律的授权，有法律依据，当事人的约定不能排除本院对该案的管辖。最高人民法院《仲裁法解释》第12条规定，申请确认涉外仲裁协议效力的案件，由仲裁协议约定的仲裁机构所在地、仲裁协议签订地、申请人或者被申请人住所地中级人民法院管辖。宏柏家电公司的住所地在本市宝安区，依照上述法律规定，本院有权管辖该案。

2. 检索词：适用当事人约定的法律

典型案例 ▶▶

香港泉水有限公司与宏柏家电（深圳）有限公司申请确认仲裁协议效力案[广东省深圳市中级人民法院民事裁定书（2015）深中法涉外仲字第91号（2016年3月3日）]

申请人：香港泉水有限公司（以下简称香港泉水公司）

被申请人：宏柏家电（深圳）有限公司（以下简称宏柏家电公司）

裁判观点 ▶▶

深圳市中级人民法院认为，关于争议的解决方式既约定了诉讼又约定了仲裁，仲裁协议是否有效的问题。1.《涉外民事法律关系适用法》第41条规定，当事人可以协议选择合同适用的法律。本案系涉外合同纠纷，双方当事人明示选择了美国加利福尼亚州法律为准据法。美国加利福尼亚州法律包括成文法和相关判例。因此，对双方当事人关于争议的解决方式既约定了诉讼又约定了仲裁，仲裁协议是否有效应适用美国《联邦仲裁法》、加利福尼亚州《民事诉讼法》、美国联邦法院和州法院的判例进行判定。2. 美国成文法对仲裁协议效力的规定。美国《联邦仲裁法》第2条"仲裁协议之有效性、不可撤销与执行"规定：在任何海事或者商事契约中，为了用仲裁方式解决可能由于契约引起的或者由于拒绝履行契约全部或者部分引起的争执所作的书面规定，又或者将由于这种契约引起的或者由于拒绝履行契约引起的现在的争执提交仲裁的书面协议，都是有效的、不可撤销的和有强制性的，但是具有法律或者衡平法所规定撤销契约的理由者除外。《联邦仲裁法》第202条"属于公约管辖范围内的仲裁协议或裁决"规定：无论契约或非契约，凡是产生于法律关系的仲裁协议或仲裁裁决，并被视为包括本法案所述的交易，契约或协议在内的商事性质者，均属于公约管辖范围。产生于这种关系的仲裁协议或裁决，但完全系美国公民之间者,则不应视为公约管辖范围,除该关系涉及国外财产,履行或执行将来在国外进行,或与一个或多个外国有某种其他的合理联系者不在此限。根据本条款,如果一个公司设在或有其主要营业地在美国,则该公司法人系美国公民。加利福尼亚州《民事诉讼法》第 1281 条规定:一个将现有争议或之后发生的争议提交仲裁的书面协议是有效的、可执行的和不可撤销的,但是存在撤销契约的理由除外。以上美国成文法虽然没有直接规定在争议解决条款中既约定法院诉讼又约定仲裁时如何认定仲裁条款的效力问题,但是明确规定了除非存在具有法律所规定撤销契约的理由,否则仲裁协议是有效的、不可撤销的和有强制性的。3. 美国最高法院适用《联邦仲裁法》的判例对有争议的仲裁协议进行解释时所确立的原则。美国最高法院在判例中确立了支持仲裁的原则,包括三个方面:其一,一个自由的联邦政策应当有利于仲裁协议;其二,一个明确的联邦政策应当有利于仲裁争议解决方式;其三,任何与可仲裁范围相关的疑问的解决应当有利于仲裁。4. 美国联邦法院和州法院对既约定诉讼又约定仲裁的情况下如何认定仲裁协议效力的判例。(1)根据查明的美国联邦法院和州法院的判例 1 至判例 8,在当事人约定诉讼又约定仲裁的情况下,仲裁协议有效。(2)本院查明的判例 9,即犹他州地区法院审理的 ThiokolCorp. v. CertainUnderwritersatLloyd' sLondon[1997WL33798359(D. Utah)]案中,美国犹他州地区法院认为保险合同中法院选择条款与仲裁条款并存,赋予任何一方当事人放弃仲裁并要求对方当事人将争议提交至法院的权利。否定了合同中既存在法院选择条款又存在仲裁条款时仲裁协议的效力。对比判例 9 与本案,当事人约定的内容存在实质区别。基于上述理由,本院认为,美国犹他州地区法院判例 9 与本案的情形存在明显差异,不能适用这一判例,否定香港泉水公司与宏柏家电公司所签仲裁协议的效力。综上所述,香港泉水公司关于仲裁协议有效的主张与双方当事人选择的美国成文法、美国最高法院的司法原则和美国其他法院判例中确定的原则相符,其主张本院应予支持。确认香港泉水公司与宏柏家电公司签订的制造与供给协议中第 21.10 条仲裁协议有效。

第三节　仲裁协议的独立性

【法理辨析】

1. 仲裁协议与基础合同的关系

在仲裁实践中,仲裁协议大多表现为合同中的仲裁条款或者作为合同组成部分的补充文件，这就使仲裁协议与基础合同之间存在一种天然的依附关系。这种依附关系通常表现为两个方面：一方面，当事人订立仲裁协议的目的在于解决因基础合同的履行而产生的具体争议；另一方面，仲裁协议从属于基础合同，仲裁协议法律效力的实现应以基础合同其他条款在履行过程中出现争议为前提。正是因为仲裁协议与基础合同之间的这种附属关系，因此，实践中产生出仲裁协议是否具有独立于基础合同的法律效力的问题，这就是仲裁协议的独立性问题。

2. 仲裁协议独立性的含义

虽然仲裁协议对基础合同具有附属性，但是，仲裁协议与合同中其他条款又存在本质区别，即仲裁协议不仅体现了双方当事人通过仲裁解决争议的共同意思表示，而且还涉及仲裁协议约定的仲裁机构对争议案件的管辖权。如果仲裁协议的效力仅仅因为它所具有的附属性而受基础合同效力的影响，不仅从实质上影响当事人通过仲裁方式解决争议意思表示的实现，而且还剥夺了仲裁机构的相应权利，因此，承认仲裁协议的独立性十分必要。

仲裁协议的独立性，又称为仲裁协议的可分离性，是指仲裁协议在与包含它或者与它相关的基础合同的关系问题上的独立或者相互分离，即仲裁协议具有相对独立性，其效力不受主合同效力的影响。仲裁协议之所以具有独立性，是因为仲裁协议与基础合同形成了两项各自独立的针对不同内容的契约。基础合同所针对的是双方当事人在商事交易方面的实体权利义务关系，而仲裁协议则针对当事人之间的另一种权利与义务，即通过仲裁解决因商事交易而发生争议的权利与义务。

3. 仲裁协议独立性的规定

我国《仲裁法》第 19 条规定："仲裁协议独立存在，合同的变更、解除、终止或者无效，不影响仲裁协议的效力。仲裁庭有权确认合同的效力。"此外，一些国际商事仲裁机构仲裁规则和我国仲裁委员会的仲裁规则也均确立了仲裁协议的独立性，如《国际商会仲裁规则》第 6 条（仲裁协议的效力）规定："……（4）除非另有约定，只有仲裁庭认可仲裁协议有效，仲裁就不得因有人主张合同无效或不存在而终止管辖权。即使合同本身可能不存在或无效，仲裁庭仍应继续行使管辖权以便确定当事人各自的权利并对他们的请求和抗辩作出裁定。"《中国国际经济贸易仲裁委员会仲裁规则》第 5 条（仲裁协议）规定："……（四）合同中的仲裁条款应视为与合同其他条款分离地、独立地存在的条款，附属于合同的仲裁协议也应视为与合同其他条款分离地、独立地存在的一个部分；合同的变更、解除、终止、转让、失效、无效、未生效、被撤销以及成立与否，均不影响仲裁条款或仲裁协议的效力。"

3. 合同变更不影响仲裁协议效力

裁判规则

王某在自己持有的协议上更改了有效期，但并未更改张某明持有的协议，双方对于变更协议内容未达成一致意见，王某的行为不能起到变更协议的法律效力。即使双方协商一致变更协议有效期，也不因此导致仲裁协议无效。

典型案例

张某明与王某申请确认仲裁协议效力案［广东省广州市中级人民法院民事裁定书(2019)粤01民特1549号(2019年12月25日)］

申请人：张某明

被申请人：王某

2015年2月4日，甲方开封铂尔曼酒店装修工程项目部(以下简称项目部)与乙方王某签订开封铂尔曼酒店装修工程项目居间协议，其中第8条约定：如发生合同争议，双方协商解决；协商不成，双方均同意提交广州仲裁委员会按该会仲裁规则进行仲裁，仲裁委员会的裁决是终局的，对双方都有约束力。在甲方处有张某明和曾某某的签名，并无项目部盖章，在乙方处有王某的签名。

裁判观点

广州市中级人民法院认为，《仲裁法》第16条第2款规定，仲裁协议应当具有下列内容：(一)请求仲裁的意思表示；(二)仲裁事项；(三)选定的仲裁委员会。本案中，开封铂尔曼酒店装修工程项目居间协议关于争议解决方式的约定有请求仲裁的意思表示，对仲裁的事项、范围作出了明确约定，并选定了广州仲裁委员会，该协议中的仲裁协议符合上述法律规定，应为合法有效。张某明在协议上签名，视为清楚并确认协议的所有内容包括仲裁协议的约定。虽然该协议的甲方为项目部，但双方均确认项目部没有领取营业执照，没有主体资格，故项目部不具有法律主体资格，不是仲裁和诉讼的适格主体，张某明和王某是签约人，应当认定该协议由张某明与王某签订，双方均受该协议的约束。虽然王某在自己持有的协议上更改了有效期，但并未更改张某明持有的协议，双方对于变更协议内容未达成一致意见，王某的行为不能起到变更协议的法律效力。而且，《仲裁法》第19条第1款规定，仲裁协议独立存在，合同的变更、解除、终止或者无效，不影响仲裁协议的效力。即使双方协商一致变更协议有效期，也不因此导致仲裁协议无效。因此，张某明请求确认开封铂尔曼酒店装修工程项目居间协议中的仲裁协议无效于法无据，本院予以驳回。

4. 担保函是否成立或生效均不影响合同中仲裁协议的效力

裁判规则 ▶▶

仲裁协议独立存在，担保函是否成立或生效均不影响合同中仲裁协议的效力。

典型案例 ▶▶

北京鸿坤伟业房地产开发有限公司与北京今久广告传播有限责任公司申请确认仲裁协议效力案[北京市第四中级人民法院民事裁定书（2020）京04民特687号（2020年10月28日）]

申请人：北京鸿坤伟业房地产开发有限公司（以下简称鸿坤公司）

被申请人：北京今久广告传播有限责任公司（以下简称今久公司）

2018年12月29日，甲方艾伦公司，乙方今久公司签订代理协议，其中第13条约定，甲乙双方因本协议协商解决未果的，任一方可向本协议签订地具备管辖权的人民法院提起诉讼。2020年，甲方艾伦公司、乙方今久公司签订协议书，约定：代理协议自本协议签署之日起终止。协议书第13条约定，因本合同引起的或与本合同有关的任何争议，均提请北京仲裁委员会按照其仲裁规则进行仲裁。仲裁裁决是终局的，对双方均有约束力。

裁判观点 ▶▶

北京市第四中级人民法院认为，根据《仲裁法》第19条第1款规定，仲裁协议独立存在，合同的变更、解除、终止或者无效，不影响仲裁协议的效力。《仲裁法解释》第10条规定，合同成立后未生效或者被撤销的，仲裁协议效力的认定适用《仲裁法》第19条第1款的规定。当事人在订立合同时就争议达成仲裁协议的，合同未成立不影响仲裁协议的效力。因此仲裁协议独立存在，担保函是否成立或生效均不影响合同中仲裁协议的效力。故对于鸿坤公司主张担保函不符合法定有效条件，其对外出具的担保函应当通过公司内部股东会决议，今久公司并没有提供相应的证据证明担保函有效，本院不予支持。

【类案检索】

1. 检索词：合同无效

典型案例 ▶▶

谢某忠与杨某利申请确认仲裁协议效力案[广东省广州市中级人民法院民事

裁定书(2020)粤01民特110号(2020年3月24日)]

裁判观点

广州市中级人民法院认为,借款合同关于争议解决方式的约定既有请求仲裁的意思表示,也对仲裁事项和选定的仲裁机构作了明确约定,并不存在法律规定的无效情形,应属有效。谢某忠与杨某利签订了借款合同,应受该合同条款包括仲裁条款的约束。谢某忠称款项为投资款、并非借款,借款合同并非双方的真实意思表示,应为无效,又称款项没有实际支付、合同并未生效,但《仲裁法》第19条第1款规定,仲裁协议独立存在,合同的变更、解除、终止或者无效,不影响仲裁协议的效力,因此,款项性质及履行情况均不影响仲裁协议的效力,谢某忠的该理由不能成立。

2. 检索词:合同解除

典型案例

潘某与伍某强申请确认仲裁协议效力案[广东省广州市中级人民法院民事裁定书(2020)粤01民特54号(2020年2月17日)]

裁判观点

广州市中级人民法院认为,案涉借款合同第8条有请求仲裁的意思表示,约定了仲裁事项和明确的仲裁委员会,是合法有效的仲裁条款。《仲裁法》第19条第1款规定,仲裁协议独立存在,合同的变更、解除、终止或者无效,不影响仲裁协议的效力。本案中,潘某主张伍某强曾出具解除案涉协议的声明,但并不能提供证据原件予以证实,并且根据上述法律规定,无论该解除案涉协议的声明真实性如何,案涉仲裁条款具有独立性,不因案涉合同解除与否而无效。

3. 检索词:合同变更

典型案例

海宁新鼎明影视文化投资管理有限公司(以下简称海宁新鼎明公司)与浙江城建房地产集团股份有限公司(以下简称浙江城建公司)申请确认仲裁协议效力纠纷案[浙江省杭州市中级人民法院民事裁定书(2019)浙01民特247号(2019年11月28日)]

裁判观点

杭州市中级人民法院认为,海宁新鼎明公司和浙江城建公司签订的基金合同中约定了仲裁条款，根据《仲裁法》第 16 条第 1 款的规定，相应仲裁条款为双方当事人之间的仲裁协议。该仲裁协议中，双方通过杭州仲裁委员会解决纠纷的意思表示明确无歧义，有请求仲裁的意思表示，也概括约定了仲裁事项，并选定了唯一的仲裁委员会，符合《仲裁法》第 16 条第 2 款的规定，且不存在《仲裁法》第 17 条、第 18 条以及《仲裁法解释》中规定的无效情形。该仲裁条款有效，对当事人具有约束力。根据《仲裁法》第 19 条的规定，仲裁协议独立存在，合同的变更不影响仲裁协议的效力。因此，基金合同补充协议和承诺书对基金合同部分内容的变更，不影响独立存在的仲裁协议的效力。

4. 检索词：合同约定生效条件是否成就

典型案例

单某双与江苏联峰投资发展有限公司、江苏国泰国际贸易有限公司、徐某、张家港市金茂投资发展有限公司等 22 位被申请人申请确认仲裁协议效力案［北京市第四中级人民法院（2020）京 04 民特 585 号（2020 年 9 月 18 日）］

裁判观点

北京市第四中级人民法院认为，《仲裁法》第 19 条第 1 款规定，仲裁协议独立存在，合同的变更、解除、终止或者无效，不影响仲裁协议的效力。仲裁庭有权确认合同的效力。《仲裁法解释》第 10 条第 1 款规定，合同成立后未生效或者被撤销的，仲裁协议效力的认定适用《仲裁法》第 19 条第 1 款的规定。因此，无论股权转让合作协议中约定的生效条件是否成就，均不影响该协议中的仲裁条款的效力。

第四节　仲裁协议效力的扩张

【法理辨析】

1. 仲裁协议效力扩张的理论背景

由于仲裁协议最本质的要素就是双方当事人就争议解决方式所达成的沟通意思表示，仲裁协议应当采用书面形式已为各国所公认，特别是受《纽约公约》的影响，大多数国家的仲裁立法对仲裁协议往往作出签署书面仲裁协议的要求，即书面仲裁协议仅对签字当事人各方有效，而对双方当事人以外未签字的人无约束力。

随着仲裁理论研究的发展，特别是20世纪70年代以来，在国际和国内支持仲裁、鼓励和发展仲裁的呼声中，仲裁理论不再恪守传统的理论，这种转变体现为可仲裁事项范围的扩大、仲裁程序更加灵活，而在仲裁协议的法律效力问题上，最突出的一个表现便是仲裁协议效力的主体范围，即在特定情形下仲裁协议的效力范围出现了扩张的现象与趋势，在此情况下，不少国家的立法、司法和仲裁实践、仲裁理论逐步承认仲裁协议对未签字的当事人具有法律约束力。在一定程度上，仲裁协议的“胳膊”正在“伸长”。①

2. 仲裁协议效力扩张的法律规范

所谓仲裁协议效力的扩张，是指仲裁协议有效成立后，基于未签字第三方与仲裁协议所依附的实体权利义务关系之一方当事人之间的特定关系，赋予仲裁协议在某种特定情形之下对未签字第三方有效的制度。

我国《仲裁法解释》第8条与第9条对仲裁协议效力扩张作出如下规定：

第一，当事人订立仲裁协议后合并、分立的，仲裁协议对其权利义务的继受人有效。当事人订立仲裁协议后死亡的，仲裁协议对承继其仲裁事项中的权利义务的继承人有效。前两款规定情形，当事人订立仲裁协议时另有约定的除外。

第二，债权债务全部或者部分转让的，仲裁协议对受让人有效，但当事人另有约定、在受让债权债务时受让人明确反对或者不知有单独仲裁协议的除外。

【典型案解】

1. 法人终止后，仲裁协议对实体承继人有效

裁判规则

华夏银行东大支行履行相关审批程序后终止营业，无须进行清算。华夏银行江滨支行作为其业务的承接人，有权就与最高额融资合同相关的争议向厦门仲裁委员会申请仲裁。

典型案例

安溪县新湖房地产开发有限公司与华夏银行股份有限公司福州江滨支行申请确认仲裁协议效力案［福建省厦门市中级人民法院民事裁定书（2020）闽02民特34号（2020年2月26日）］

① 参见赵健：《长臂的仲裁协议：论仲裁协议对未签字第三人的效力》，载《北京仲裁》2005年第4期。

申请人：安溪县新湖房地产开发有限公司（以下简称新湖房地产公司）

被申请人：华夏银行股份有限公司福州江滨支行（以下简称华夏银行江滨支行）

2017年7月15日，新湖房地产公司、泉州市新隆兴贸易有限公司共同作为甲方，与乙方华夏银行东大支行签订一份合同编号为FZ04（融资）2017104的最高额融资合同，合同第12.2条约定"甲、乙双方因本合同和/或具体业务合同发生的一切争议应协商解决；协商不成的，双方选择按下列方式解决：（一）向人民法院起诉；（二）向厦门仲裁委员会申请仲裁"。

裁判观点

厦门市中级人民法院认为，根据《仲裁法》第16条的规定，仲裁协议应当具有下列内容：（一）请求仲裁的意思表示；（二）仲裁事项；（三）选定的仲裁委员会。本案中，最高额融资合同中的争议解决条款提供了二种争议解决方式供选择，双方已经选择通过厦门仲裁委员会仲裁的方式解决争议，故双方约定的仲裁条款，符合合法有效之仲裁协议应当具备的内容和形式，系合法有效的仲裁条款，对合同当事人新湖房地产公司与华夏银行东大支行均具约束力。华夏银行东大支行不是被企业主管单位撤销，而是履行相关审批程序后终止营业，无须进行清算。华夏银行江滨支行不是华夏银行东大支行的债权受让人，而是作为华夏银行东大支行业务的承接人，因此，华夏银行江滨支行有权就与最高额融资合同相关的争议向厦门仲裁委员会申请仲裁。

2. 债权债务转让后，仲裁协议对受让人有效

裁判规则

原仲裁申请人华夏银行福州东大支行终止营业后，其业务已经由华夏银行福州江滨支行承接，相关债权债务也转让给华夏银行福州江滨支行，债权债务转让后，仲裁协议对受让人有效，厦门开建公司未举证证明双方另有约定，其请求确认案涉仲裁协议不适用于华夏银行福州江滨支行，法院不予以支持。

典型案例

厦门市开建建设有限公司与华夏银行股份有限公司福州江滨支行申请确认仲裁协议效力案［福建省厦门市中级人民法院民事裁定书（2020）闽02闽特25号（2020年3月4日）］

申请人：厦门市开建建设有限公司（以下简称厦门开建公司）

被申请人:华夏银行股份有限公司福州江滨支行(以下简称华夏银行福州江滨支行)

2017年7月15日,厦门开建公司(甲方)与华夏银行福州东大支行(乙方)签订最高融资合同。

裁判观点

厦门市中级人民法院认为,案涉最高融资合同第12.2条约定,甲、乙双方因本合同和/或具体业务合同发生的一切争议应协商解决;协商不成的,任何一方均可按照下列方式解决:向厦门仲裁委员会申请仲裁,但具体业务合同对该合同项下的争议管辖另有明确约定的除外。该条款明确约定提交厦门仲裁委员会仲裁,选定的仲裁机构明确,且该条款有请求仲裁的意思表示,明确的仲裁事项,合同落款盖有双方当事人公章及法定代表人印章,应视为是双方当事人的真实意思表示。原仲裁申请人华夏银行福州东大支行终止营业后,其业务已经由华夏银行福州江滨支行承接,相关债权债务也转让给华夏银行福州江滨支行,依照《仲裁法解释》第9条规定"债权债务全部或者部分转让的,仲裁协议对受让人有效,但当事人另有约定、在受让债权债务时受让人明确反对或者不知有单独仲裁协议的除外",债权债务转让后,仲裁协议对受让人有效,厦门开建公司未举证证明双方另有约定,其请求确认案涉仲裁协议不适用于华夏银行福州江滨支行,缺乏事实和法律依据,本院依法不予支持。

3. 公司注销的,清算过程中由于清算义务人的原因导致债权人利益受损,公司签订的仲裁协议的效力不能扩张至股东

裁判规则

公司注销的,在清算过程中由于清算义务人的原因导致债权人利益受损的,作为清算义务人的股东承担的是一种侵权责任,而并非合同责任,股东并不受之前处理合同争议的仲裁协议的约束。

典型案例

金某、吴某芳与乌鲁木齐广播电视台申请确认仲裁协议效力纠纷案[新疆维吾尔自治区乌鲁木齐市中级人民法院民事裁定书(2020)新01民特4-1号(2020年3月9日)]

申请人:金某

申请人:吴某芳

被申请人:乌鲁木齐广播电视台

2012 年 7 月 18 日,乌鲁木齐广播电视台与新疆四和文化传播有限责任公司签订协议书,协议书第 7 条法律适用及管辖第 2 条约定:本协议未尽事宜或因本协议所发生的一切争议,双方应通过友好协商解决,如果协商不成,双方同意提交乌鲁木齐仲裁委员会仲裁,仲裁裁决是最终裁决,对双方均有约束力,在仲裁过程中,除双方有争议且正在进行仲裁的部分外,本协议若未解除的,其他部分应继续履行。2019 年 1 月 29 日,新疆四和文化传播有限责任公司经乌鲁木齐市天山区工商行政管理局核准注销并下发准予注销登记通知书。

裁判观点

乌鲁木齐市中级人民法院认为,本案争议的焦点是,在公司注销后,仲裁协议的效力是否当然延伸至公司股东。对于仲裁协议效力的延伸,《仲裁法解释》第 8 条规定:"当事人订立仲裁协议后合并、分立的,仲裁协议对其权利义务的继受人有效。当事人订立仲裁协议后死亡的,仲裁协议对承继其仲裁事项中的权利义务的继承人有效。前两款规定情形,当事人订立仲裁协议时另有约定的除外。"第 9 条规定:"债权债务全部或者部分转让的,仲裁协议对受让人有效,但当事人另有约定、在受让债权债务时受让人明确反对或者不知有单独仲裁协议的除外。"根据以上法律规定,仲裁协议效力的延伸存在于公司合并、分立、当事人死亡发生继承、债权债务转让四种情形。而对于公司注销的情形,法律并未作明确规定。同时,在清算过程中由于清算义务人的原因导致债权人利益受损的,作为清算义务人的股东承担的是一种侵权责任,而并非合同责任,股东并不受之前处理合同争议的仲裁协议的约束。综上所述,乌鲁木齐广播电视台与新疆四和文化传播有限责任公司签订的仲裁协议的效力并不当然延伸至金某、吴某芳,仲裁协议对金某、吴某芳无约束力。

4. 债权转让,仲裁协议对债权受让人有效

裁判规则

《仲裁法解释》第 9 条规定既适用于债权与债务一并转让的情形,也适用于债权与债务分别转让的情形。故裕兴能源与上海合虚公司之间的重组框架意向协议中仲裁条款对债权受让人张某文亦有约束力。

典型案例

潍坊裕兴能源科技合伙企业(有限合伙)与张某文申请确认仲裁协议效力案[北京市第四中级人民法院民事裁定书(2020)京 04 民特 684 号(2020 年 10 月 28 日)]

申请人：潍坊裕兴能源科技合伙企业（有限合伙）（以下简称裕兴能源）

被申请人：张某文

2018 年 12 月 15 日，裕兴能源与上海合虚公司签订重组框架意向协议。该协议第 14 条约定："凡因本协议引起的或与本协议有关的任何争议，均应提交中国国际经济贸易仲裁委员会，仲裁地点在北京，按照仲裁申请时中国国际经济贸易仲裁委员会现行有效的仲裁规则进行仲裁。"上海合虚公司将债权转让给张某文，于 2020 年 3 月 25 日向裕兴能源出具债权转让通知书。

裁判观点

北京市第四中级人民法院认为，裕兴能源与上海合虚公司之间的重组框架意向协议中仲裁条款在裕兴能源与上海合虚公司之间为合法有效。本案并非合同相对方裕兴能源与上海合虚公司之间确认仲裁协议效力案件，而是合同一方以合同另一方的债权受让人为被申请人提出的确认仲裁协议效力案件。根据《仲裁法解释》第 9 条规定："债权债务全部或者部分转让的，仲裁协议对受让人有效，但当事人另有约定、在受让债权债务时受让人明确反对或者不知有单独仲裁协议的除外。"该规定既适用于债权与债务一并转让的情形，也适用于债权与债务分别转让的情形。本案中，张某文基于受让合法取得上海合虚公司对裕兴能源的债权，且现有证据不能证明"当事人另有约定、在受让债权债务时受让人明确反对或者不知有单独仲裁协议"，故裕兴能源与上海合虚公司之间的重组框架意向协议中仲裁条款对债权受让人张某文亦有约束力。据此，裕兴能源提出其与张某文无有效仲裁协议主张不能成立，本院不予支持。

【类案检索】

1. 检索词：实体继受人　仲裁协议有效

典型案例

济南钢制家具厂有限公司与济南城市投资集团有限公司申请确认仲裁协议效力纠纷案［山东省济南市中级人民法院民事裁定书（2020）鲁 01 民特 5 号（2020 年 2 月 20 日）］

裁判观点

济南市中级人民法院认为，案涉国有土地使用权收回（购）合同中仲裁条款有请求仲裁的意思表示、明确的仲裁事项以及确定的仲裁机构，为有效仲裁条款。济南市人民政府于2017年5月2日撤销济南市旧城改造投融资管理中心，后于2018年1月2日明确由济南城市投资集团有限公司即本案被申请人承接济南市旧城改造投融资管理中心的相关资产及负债。济南城市投资集团有限公司系济南市旧城改造投融资管理中心被撤销后权利义务的继受人，故案涉国有土地使用权收回(购)合同中仲裁条款对济南城市投资集团有限公司有效。

2. 检索词：债权债务转让　仲裁协议约束受让人

典型案例

广东英妮股份有限公司（以下简称英妮公司）与广州融易商业保理有限公司（以下简称融易公司）、广东开贸物业管理有限公司（以下简称开贸公司）、吴某英申请确认仲裁协议效力案［广东省广州市中级人民法院民事裁定书(2020)粤01民特53号(2020年2月18日)］

裁判观点

广州市中级人民法院认为，《仲裁法司法解释》第9条规定，债权债务全部或者部分转让的，仲裁协议对受让人有效，但当事人另有约定、在受让债权债务时受让人明确反对或者不知有单独仲裁协议的除外。本案中，英妮公司并未提供证据证明融易公司在受让合富公司债权时就涉案仲裁协议有过特别约定，现融易公司依据合富公司与英妮公司、开贸公司、吴某英签订的最高额借款合同和借款合同中的仲裁条款提起仲裁并无不当。英妮公司认为合富公司与融易公司之间的债权转让不包括含仲裁条款在内的权利义务转让明显于法无据，其也从未与合富公司达成过债权转让后仲裁条款无效的特别约定，故英妮公司要求确认其与融易公司、开贸公司、吴某英之间不存在仲裁协议没有事实及法律依据，本院不予采纳。

第五节　仲裁协议效力的司法审查

【法理辨析】

1. 仲裁协议效力司法审查的法律依据

仲裁协议是指争议发生之前或者争议发生之后，双方当事人自愿达成的将特定争议事项提请约定的仲裁机构进行仲裁审理并作出仲裁裁决的书面意思表示。有效的仲裁协议是实现当事人仲裁意愿的前提。我国《仲裁法》第 16 条对仲裁协议的法定内容作出了明确规定,即仲裁协议应当具有下列内容:(一)请求仲裁的意思表示;(二)仲裁事项;(三)选定的仲裁委员会。此外,《仲裁法》第 17 条还对无效仲裁协议的法定情形作出了具体规定,即有下列情形之一的,仲裁协议无效:(一)约定的仲裁事项超出法律规定的仲裁范围的;(二)无民事行为能力人或者限制民事行为能力人订立的仲裁协议;(三)一方采取胁迫手段,迫使对方订立仲裁协议的。因此,上述《仲裁法》关于仲裁协议法定内容与无效情形的规定为法院对仲裁协议效力进行司法审查提供了明确的法律依据,即有效仲裁协议应当具备《仲裁法》第 16 条规定的法定内容,同时不得具有《仲裁法》第 17 条规定的法定无效情形。

在司法实践中,《仲裁法》第 17 条规定的前两项仲裁协议无效情形较为容易判断,但是,如果当事人以"一方采取胁迫手段,迫使对方订立仲裁协议"为由主张仲裁协议无效,根据《民诉法解释》第 91 条"主张法律关系变更、消灭或者权利受到妨害的当事人,应当对该法律关系变更、消灭或者权利受到妨害的基本事实承担举证证明责任"的规定,主张者应当就该事由承担证明责任。

我国《仲裁法》第 16 条与第 17 条虽然为法院审查仲裁协议效力提供了法律依据,但是,为了规范法院对于仲裁协议效力的司法审查行为,应明确其司法审查的范围。

2. 提出仲裁协议效力司法审查申请的主体应合法

根据《仲裁法》第 20 条的规定,当事人对仲裁协议的效力有异议的,可以请求仲裁委员会作出决定或者请求人民法院作出裁定。一方请求仲裁委员会作出决定,另一方请求人民法院作出裁定的,由人民法院裁定。当事人对仲裁协议的效力有异议,应当在仲裁庭首次开庭前提出。由此可见。提出仲裁协议效力司法审查申请的主体应当是仲裁协议的当事人,非仲裁协议的当事人无权对他人之间的仲裁协议效力提出司法确认申请。

3. 仲裁协议效力司法审查的内容

在司法实践中,法院对仲裁协议效力进行司法审查,应从以下几方面进行:

(1)订立仲裁协议的主体应当具有民事行为能力

我国《仲裁法》第 4 条规定:"当事人采用仲裁方式解决纠纷,应当双方自愿,达成仲裁协议。没有仲裁协议,一方申请仲裁的,仲裁委员会不予受理。"仲裁协议作为当事人约定争议解决方式的书面共同意思表示,为实现当事人订立仲裁协议的目的,即通过仲裁方式解决约定事项的争议,法院对仲裁协议效力的司法审查离不开对订立仲裁协议的主体是否具有民事行为能力的审查。该内容实际是当事人的缔约能力问题,其直接影响仲裁协议本身是否具有法律效力,如果当事人不具有缔约能力,则其签订的仲裁协议无效。为此,国际公约以及有关国家的国内立法均对当事人的缔约能力作出明确规定,如 1958 年《纽约公约》第 5 条第 1 款第 1 项规定:"第二条所称协定之当事人依对其适用之法律有某种无行为能力情形者,或该项协定依当事人作为协定准据之法律系属无效,或未指明以何法律为准时,依裁决地所在国法律系属无效者。"联合国《示范法》第 36 条将"仲裁协议的当事一方欠缺行为能力"作为拒绝承认或执行的理由之一。我国《仲裁法》第 17 条也明确规定,无民事行为能力人或者限制民事行为能力人订立的仲裁协议无效。因此,缔约能力是对当事人订立仲裁协议的具体行为能力的基本要求,即订立仲裁协议的主体依据对其适用的法律必须具有民事行为能力,否则仲裁协议因缔约主体欠缺民事行为能力而无效。

(2)仲裁协议的约束主体范围

一份仲裁协议具备了《仲裁法》第 16 条规定的法定内容,且不具有第 17 条规定的无效情形,只是意味着仲裁协议有效,欲充分实现当事人依据有效仲裁协议申请通过仲裁方式解决商事纠纷的意愿,应当合理确定仲裁协议约束主体的范围,该问题实质上是仲裁协议的可执行性问题。对此,应当尊重当事人的意思自治,并根据当事人的意思表示确定其是否受仲裁协议约束。换言之,仲裁协议对签订该协议的主体产生约束力,除非有涉外仲裁法解释规定的仲裁协议效力扩张的问题。司法实践中,在某个当事人以补充协议中签名并非其本人所签为由主张仲裁协议无效的案件中,法院认为,协议中的仲裁条款具有明确的仲裁意思表示、仲裁机构、仲裁事项,具备仲裁条款合法有效的形式要件和实质要件,且无证据证明存在仲裁协议无效的情形。关于该协议是否真实的认定,涉及实体问题的审查,当事人亦有救济途径,现阶段不宜审查。故当事人提出的仲裁协议无效的理由没有事实和法律依据,本院不予支持。该法院的做法值得商榷。

(3)委托代理人签订的仲裁协议约束被代理人

仲裁协议是双方当事人自愿达成的将他们之间已经发生或者将来可能发生的可仲裁争议事项,提交仲裁解决的书面意思表示。仲裁协议作为一种特殊的以争议解决方式为其约定内容的契约,以当事人的共同意愿为基础,当事人可以亲自签订仲裁协议,也可以通过授权委托代理人代为签订仲裁协议,代理人在代理权限内签订的仲裁协议,对被代理人发生约束力。

4. 仲裁协议效力司法审查中的特殊情况处理

在法院对仲裁协议效力进行司法审查过程中，遇到下列特殊情况，应分别处理：

(1) 当事人重复申请，法院不予以受理

根据《仲裁司法审查规定》第 1 条规定："本规定所称仲裁司法审查案件，包括下列案件：(一) 申请确认仲裁协议效力案件；(二) 申请执行我国内地仲裁机构的仲裁裁决案件；(三) 申请撤销我国内地仲裁机构的仲裁裁决案件；(四) 申请认可和执行香港特别行政区、澳门特别行政区、台湾地区仲裁裁决案件；(五) 申请承认和执行外国仲裁裁决案件；(六) 其他仲裁司法审查案件。"此外，《仲裁司法审查规定》第 8 条规定："人民法院立案后发现不符合受理条件的，裁定驳回申请。前款规定的裁定驳回申请的案件，申请人再次申请并符合受理条件的，人民法院应予受理。当事人对驳回申请的裁定不服的，可以提起上诉"。虽然《仲裁司法审查规定》对何谓"立案后发现不符合受理条件"未作出具体的规定，但是，根据民事诉讼的基本原理，对于法院已经就司法审查案件作出生效裁定的案件，当事人重复提出司法审查申请的，法院应裁定驳回申请。因此，法院进行司法审查时，应当审查当事人是否属于重复申请。

(2) 当事人事先通过契约排除或者改变仲裁时效，不影响仲裁协议的效力

《仲裁法》第 74 条规定："法律对仲裁时效有规定的，适用该规定。法律对仲裁时效没有规定的，适用诉讼时效的规定。"诉讼时效制度以请求权人怠于行使权利持续至法定期间的状态为规制对象，也就是说，请求权人怠于行使权利超过诉讼时效即丧失获得保护的权利。根据《民诉法解释》第 219 条的规定，当事人超过诉讼时效期间起诉的，人民法院应予受理。受理后对方当事人提出诉讼时效抗辩，人民法院经审理认为抗辩事由成立的，判决驳回原告的诉讼请求。《诉讼时效规定》第 2 条规定，当事人未提出诉讼时效抗辩，人民法院不应对诉讼时效问题进行释明。《民法典》第 193 条规定，人民法院不得主动适用诉讼时效的规定。据此，诉讼时效经过，债务人取得抗辩权，而抗辩是否提出，由债务人自由决定，法院既不得依职权对诉讼时效进行调查，也不得主动适用诉讼时效进行裁判。此外，《民法典》第 3 条还规定，诉讼时效的期间、计算方法以及中止、中断的事由由法律规定，当事人约定无效。当事人对诉讼时效利益的预先放弃无效。由此可见，诉讼时效规范属于强制规范，当事人不得事先通过契约排除或者改变诉讼时效规范之适用。仲裁时效同理。

5. 不属于仲裁协议效力司法审查范围的主要情形

(1) 仲裁请求是否属于合同项下内容，不属于仲裁协议效力司法审查的范围

根据仲裁法理论，判断一项仲裁协议是否有效，主要从两个方面进行：第一，仲

裁协议是否具备《仲裁法》第 16 条所规定的法定内容,且仲裁协议约定的仲裁事项与仲裁委员会是否符合《仲裁法》第 18 条关于明确性的要求;第二,仲裁协议是否具有《仲裁法》第 17 条所规定的无效法定情形。换言之,一项仲裁协议只要符合《仲裁法》第 16 条的规定,且不具有第 17 条的无效情形,该仲裁协议即为有效协议。在仲裁实践中,当事人往往在所签订的合同中约定,将合同履行所发生的争议提交仲裁机构仲裁解决,当事人申请仲裁后,仲裁请求是否属于合同项下的内容,系仲裁案件审理与裁决的范围,而非仲裁协议效力的司法审查范围。

(2)仲裁反请求是否属于仲裁协议约定的事项范围,不属于仲裁协议效力的审查范围

仲裁反请求,是指在已经开始的仲裁程序中,被申请人通过仲裁委员会向仲裁申请人提出的一种与仲裁请求具有牵连关系、目的在于抵销或者吞并申请人仲裁请求的独立的反请求。根据《仲裁法》第 27 条的规定,申请人可以放弃或者变更仲裁请求。被申请人可以承认或者反驳仲裁请求,有权提出反请求。

在仲裁程序中,被申请人提出仲裁反请求应当具备以下条件:第一,仲裁反请求的当事人应当限于仲裁的双方当事人,即由仲裁被申请人以仲裁申请人为被申请人提出。第二,仲裁反请求应当与仲裁请求基于同一仲裁协议提出。仲裁协议是提出仲裁请求与仲裁反请求的基础,反请求应当属于仲裁请求依据的仲裁协议约定事项的范围,如果反请求不属于仲裁协议约定事项的范围,应当作为两个独立的案件分别审理,而不应当作为仲裁反请求与仲裁请求合并审理。第三,仲裁反请求具有独立性。反请求虽然是以仲裁请求的存在为前提,但又是一个独立的仲裁请求,被申请人既可以在仲裁程序中以反请求的方式提出,也可以基于仲裁协议向仲裁委员会提出仲裁请求开始新的仲裁程序。即使被申请人提出反请求,仲裁委员会合并审理反请求后,仲裁申请人撤回仲裁申请,也不影响反请求的独立存在。第四,仲裁反请求与仲裁请求具有牵连性,即反请求应当与仲裁请求在事实和理由方面具有牵连性。

仲裁反请求是否属于仲裁协议约定事项的范围,应当通过仲裁实体审理解决,不属于仲裁协议效力司法审查的范围。

(3)仲裁案件是否具有可仲裁性,不属于仲裁协议效力的司法审查范围

仲裁事项具有可仲裁性是仲裁协议有效的必备条件之一,为此,我国《仲裁法》第 2 条与第 3 条分别对可以仲裁的事项与不可以仲裁的事项作出了明确的规定,但是,在仲裁协议效力司法审查实践中,应当明确区分仲裁事项的可仲裁性与仲裁案件的可仲裁性。前者是指仲裁协议约定的事项是否属于《仲裁法》规定允许仲裁的

事项,该问题直接影响仲裁协议是否有效,属于仲裁协议效力司法审查的范围;而后者是仲裁请求所涉及的案件是否具有可仲裁性的问题,该问题系仲裁案件审理与裁判的实体问题,不属于仲裁协议效力的司法审查范围。司法实践中之所以出现上述问题,是因为有些合同既可能引发行政争议,也可能引发商事争议。如国有建设用地使用权出让合同,在该合同的签订和履行过程中,作为土地出让方的土地管理部门具有土地所有者和土地管理者的双重身份,如果争议本身是基于土地的占有、使用和收益权利而发生,其体现的是私法上的用益物权关系,而非公法上的行政管理关系,该争议案件可以仲裁;如果争议本身是基于土地管理部门的行政管理权利行使而发生,其体现的是公法上的行政管理关系,而非私法上平等主体之间的关系,该争议案件则不可以仲裁。由此可见,仲裁案件是否具有可仲裁性属于仲裁审理与裁判的对象,因此,不属于仲裁协议效力司法审查的范围。

【典型案解】

1. 有限合伙人无权对合伙企业与他人之间的仲裁协议提出确认申请

裁判规则

申请人以其并非仲裁协议签订人,请求法院确认其加入的合伙企业与本案被申请人签订的仲裁条款对其无法律约束力,该申请提出主体及内容均不是仲裁协议效力审查案件的受理范围,对钜洲公司的申请,本院不予审查。

典型案例

钜洲资产管理(上海)有限公司与贵州新湃传媒有限公司申请确认仲裁协议效力案[北京市第四中级人民法院民事裁定书(2019)京04民特661号(2019年12月19日)]

申请人:钜洲资产管理(上海)有限公司(以下简称钜洲公司)

被申请人:贵州新湃传媒有限公司(以下简称新湃传媒公司)

2017年,瑞影合伙企业先后与被申请人新湃传媒公司签署影视剧《魔道祖师》联合投资摄制协议、网络剧《隐形的翅膀》联合投资摄制协议及电视剧《我的饕餮女友》联合投资摄制协议,上述三份协议第10.3条约定:如协商不成,任何一方均有权将争议提交北仲,按该会届时有效的仲裁规则在北京进行仲裁。

裁判观点

北京市第四中级人民法院认为，本案申请人钜洲公司以其并非仲裁协议签订人，请求法院确认其加入的合伙企业与本案被申请人新湃传媒公司签订的影视剧《魔道祖师》联合投资摄制协议、网络剧《隐形的翅膀》联合投资摄制协议及电视剧《我的饕餮女友》联合投资摄制协议中的仲裁条款对钜洲公司无法律约束力，该申请提出主体及内容均不是仲裁协议效力审查案件的受理范围，对钜洲公司的申请，本院不予审查。

2. 合同中的仲裁条款约束签约的当事人

裁判规则

合同中的仲裁条款仅约束签约的当事人，申请人以案外人应承担合同中的法律责任为由要求确认仲裁协议无效，不具备法律依据。

典型案例

上海周康房地产有限公司诉上海伟科企业管理咨询有限公司确认仲裁协议效力案［上海市第一中级人民法院民事裁定书（2020）沪01民特14号（2020年2月19日）］

申请人：上海周康房地产有限公司（以下简称周康公司）

被申请人：上海伟科企业管理咨询有限公司（以下简称伟科公司）

2007年周康公司与伟科公司签署销售合作协议书，2010年7月23日，双方又签署补充合作协议书，其中补充合作协议书中约定：如发生纠纷协商不成则提交"上海仲裁委员会浦东国际仲裁中心"仲裁，仲裁地点：上海浦东。

裁判观点

上海市第一中级人民法院认为，根据《仲裁法》第16条第2款规定：仲裁协议应当具有请求仲裁的意思表示、仲裁事项和选定的仲裁委员会。仲裁委员会设立的附属仲裁机构，可以接受仲裁委员会的委托处理案件，浦东国际仲裁中心即为上海仲裁委员会的附属机构。本案系争补充合同约定的争议解决机构"上海仲裁委员会浦东国际仲裁中心"应理解为双方约定的是发生纠纷在上海仲裁委员会设立的附属仲裁机构浦东国际仲裁中心予以解决。双方就协议内容发生纠纷，应提交上海仲裁委员会仲裁，具体事务也可以通过其设立的附属机构浦东国际仲裁中心予以办理。另，补充合作协议书中的仲裁条款仅约束签约的当事人，申请人以案外人应承担补充合作协议书中的法律责任为由要求确认仲裁协议无效,不具备法律依据。

3. 合同中的仲裁协议对未参与签订合同的主体不具有约束力

裁判规则

租赁房屋的业主授权将房屋交给恺亚公司处理租房事宜,其未参与签订房屋租赁合同,合同中的仲裁协议不能约束租赁房屋的业主。

典型案例

孟某德诉上海恺亚物业服务有限公司、侯某云申请确认仲裁协议效力案[上海市第一中级人民法院民事裁定书(2019)沪01民特707号(2020年2月10日)]

申请人:孟某德

被申请人:上海恺亚物业服务有限公司(以下简称恺亚公司)

被申请人:侯某云

2017年8月18日,恺亚公司(甲方)与孟某德(乙方)签订一份房屋租赁合同,该合同第15条"争议的解决"约定:凡因执行本合同所产生的或与合同有关的一切争议,双方应通过友好协商解决,协商不成,应提交上海仲裁委员会,按其仲裁规则和中华人民共和国仲裁法在上海进行仲裁。仲裁裁决是终局的,对双方都有约束力。

裁判观点

上海市第一中级人民法院认为,申请人与被申请人恺亚公司签订的房屋租赁合同中约定了仲裁条款,该条款在性质上属于仲裁协议,与租赁合同分别独立存在。被申请人侯某云虽是租赁房屋的业主,并授权将房屋交给恺亚公司处理租房事宜,但侯某云出具的授权委托书中并未涉及争议解决方法的内容。因此,侯某云并未参与签订房屋租赁合同,申请人与恺亚公司之间的仲裁协议并不能约束侯某云。

4. 委托代理人经授权委托签订的仲裁协议,对被代理人具有约束力

裁判规则

江某振在案涉授权同意书中表示其授权江某燊代为处理该地块的出租事宜,有关该地块出租的全部文件,经由江某燊签署,其均予以认可并同意按相关文件的

条款约定履行。故该厂房租赁合同中的仲裁条款对江某振具有约束力。

典型案例

江某振与江某燊、广东星源物流有限公司申请确认仲裁协议效力案[广东省广州市中级人民法院民事裁定书(2019)粤01民特1584号(2019年12月27日)]

申请人:江某振

被申请人:江某燊

被申请人:广东星源物流有限公司(以下简称星源公司)

2016年9月29日,江某燊作为出租方(甲方)与星源公司作为承租方(乙方)签订厂房租赁合同,其中第9条第1款约定:本合同未尽事宜,甲、乙双方必须依法共同协商解决,协商不成的,可向广州仲裁委申请仲裁。

裁判观点

广州市中级人民法院认为,《仲裁法》第16条规定:仲裁协议包括合同中订立的仲裁条款和以其他书面方式在纠纷发生前或者纠纷发生后达成的请求仲裁的协议。仲裁协议应当具有以下内容:(一)请求仲裁的意思表示;(二)仲裁事项;(三)选定的仲裁委员会。本案中,星源公司与江某燊签订的厂房租赁合同第9条第1款有请求仲裁的意思表示,约定了仲裁事项和明确的仲裁委员会,符合上述法律的规定,该仲裁条款应为合法有效。现江某振在案涉授权同意书中表示其授权江某燊代为处理该地块的出租事宜,有关该地块出租的全部文件,经由江某燊签署,其均予以认可并同意按相关文件的条款约定履行。根据该授权同意书,应视为江某振认可江某燊所签订的上述厂房租赁合同并同意按该合同的条款约定履行,故该厂房租赁合同中的仲裁条款对江某振具有约束力。江某振要求确认江某振、江某燊、星源公司三方之间不存在仲裁协议的申请没有事实和法律根据,本院不予支持。

5. 法人以实际行为追认其尚未成立时其法定代表人签订的合同,合同中的仲裁协议对法人具有约束力

裁判规则

李某与锦都公司签订房屋租赁合同时,芸归公司尚未成立,也未在该合同上盖章,但是芸归公司在成立之后,已经实际占有使用了锦都公司的房屋,并履行了该合同项下的部分义务,其以实际行为追认了李某与锦都公司签订的房屋租赁合同,该合同中约定的仲裁条款有效,并约束芸归公司。

典型案例

成都芸归文化传播有限公司与四川锦都物业有限公司申请确认仲裁协议效力案［四川省成都市中级人民法院民事裁定书（2019）川01民特560号（2019年12月26日）］

申请人：成都芸归文化传播有限公司（以下简称芸归公司）

被申请人：四川锦都物业有限公司（以下简称锦都公司）

2017年7月3日，锦都公司作为出租方与芸归公司作为承租方签订一份房屋租赁合同，合同第11.6条约定：双方就履行本合同发生纠纷，应先通过协商解决，协商解决不成的，可依法向成都仲裁委员会提起仲裁。在合同尾部，李某作为芸归公司法定代表人签字，但并未加盖芸归公司公章。

裁判观点

成都市中级人民法院认为，虽然李某与锦都公司签订房屋租赁合同时，芸归公司尚未成立，也未在该合同上盖章，但是芸归公司在成立之后，李某成了芸归公司的法定代表人，芸归公司多次向锦都公司支付房租及物管费，能够证明芸归公司已经实际占有使用了锦都公司的房屋，并向锦都公司支付案涉合同下的房屋租金，故芸归公司已经实际享有了其法定代表人李某与锦都公司之间签订合同项下的权利，并履行了该合同项下的部分义务，其以实际行为追认了李某与锦都公司签订的房屋租赁合同。李某与锦都公司签订的房屋租赁合同中约定的仲裁条款有明确的仲裁请求的意思表示，明确选定了仲裁机构为成都仲裁委员会，对仲裁的事项、范围已经作出了明确的约定，符合《仲裁法》第16条第2款的规定，且不具有《仲裁法》第17条、第18条中无效的情形，应为有效的仲裁条款。

6. 不同主体之间合同约定的争议解决方式不同，各约定相互独立

裁判规则

可转换债券投资权益转让协议与本案所涉转股协议及补充协议主体不同，系不同主体间的权利义务关系的约定，与本案协议为不同的法律关系，故大友投资公司请求确认转股协议及补充协议中仲裁协议无效的主张，缺乏事实和法律依据。

典型案例

北京恒新大友投资有限公司与上海盈都汇股权投资管理合伙企业（有限合伙）申请确认仲裁协议效力案［北京市第四中级人民法院民事裁定书（2019）京04民特

632 号(2019 年 12 月 25 日)]

申请人:北京恒新大友投资有限公司(以下简称大友投资公司)

被申请人:上海盈都汇股权投资管理合伙企业(有限合伙)(以下简称盈都汇合伙企业)

2016 年 6 月 6 日,甲方恒信大友(北京)科技有限公司,乙方盈都汇合伙企业,丙方大友投资公司、邢某胜、安某伟、陈某罡、汪某杰、刘某强、吴某楠、张某良签订转股协议。同日,甲方大友投资公司、邢某胜、安某伟、陈某罡、刘某强、汪某杰、吴某楠、张某良,乙方盈都汇合伙企业签订补充协议,上述协议第 10 条争议解决 10.1 约定:任何因本协议的解释或履行而产生的争议,均应首先通过友好协商方式解决。如协商未果,则任何一方有权在该等争议发生后 60 天内,将争议提交贸仲委依据其届时有效的仲裁规则仲裁解决。仲裁地点在北京市,仲裁裁决为终局的对双方均有约束力。2018 年 3 月 12 日,甲方盈都汇合伙企业,乙方大友投资公司、邢某胜、安某伟、陈某罡、刘某强、汪某杰、吴某楠、张某良签订补偿协议,第 4 条约定:如在履行本协议中发生争议,应当充分正确理解本协议并按照协商一致原则处理,如仍未得到有效解决,双方有权提起诉讼解决,诉讼由甲方所在地人民法院管辖。

裁判观点

北京市第四中级人民法院认为,本案中,盈都汇合伙企业系依据转股协议和补充协议所引起的争议申请仲裁,上述两份协议中争议解决条款约定的仲裁事项、仲裁机构明确,协议尾部有双方当事人的公司盖章、自然人签名,应视为双方具有将争议提交仲裁的合意,具备《仲裁法》第 16 条规定的法定要件,且无《仲裁法》第 17 条规定的仲裁协议无效的情形。大友投资公司主张上述仲裁协议因可转换债券投资权益转让协议和补偿协议中约定了法院诉讼管辖而无效。本院认为,可转换债券投资权益转让协议的合同主体为盈都汇合伙企业与恒信大友(北京)科技有限公司、上海瑞联建设工程有限公司,与本案所涉转股协议及补充协议主体不同,系不同主体间的权利义务关系的约定,与本案协议为不同的法律关系。有关补偿协议与案涉两份协议的相互关系和效力问题,不属本案审查判断范围。故大友投资公司请求确认转股协议及补充协议中仲裁协议无效的主张,缺乏事实和法律依据,本院不予支持。

7. 仲裁协议对具体案件所涉当事人是否具有约束力属于仲裁协议效力司法审查案件的审查范围

裁判规则

仲裁协议是当事人之间就某些事项达成合意的意思表示的载体，其无法脱离作为协议主体的当事人而单独存在，在认定协议是否存在、是否有效时，必然涉及对合同相对性问题的认定，也就是在相对确定的当事人之间是否存在有效合同的问题。因此，仲裁协议对具体案件所涉当事人是否具有约束力，应当属于仲裁协议效力司法审查案件的审查范围。

典型案例

辽宁宝城房地产开发有限公司与王某娜、沿海绿色家园有限公司、GLORIA-PLAZAHOTEL(DALIAN)LIMITED 申请确认仲裁协议效力案[北京市第四中级人民法院(2020)京 04 民特 130 号(2020 年 4 月 27 日)]

申请人:辽宁宝城房地产开发有限公司(以下简称宝城公司)

被申请人:王某娜

被申请人:沿海绿色家园有限公司(以下简称绿色家园公司)

被申请人:GLORIAPLAZAHOTEL(DALIAN)LIMITED(以下简称 GLORIA-LIMITED)

2013 年 10 月 12 日,绿色家园公司与 GLORIALIMITED 签订股权转让协议,该协议第 17.2 条约定:凡因本协议的解释或履行或与本协议有关而引起的任何争议、争论或索赔,双方应尽量通过友好协商解决;如果不能通过协商达成解决办法,则各方同意将争议提交贸仲委按照该会届时有效的仲裁规则进行仲裁。仲裁在北京进行。仲裁裁决是终局的,对双方有约束力。2013 年 12 月 17 日,绿色家园公司与 GLORIALIMITED 签订补充协议二,其中第 2.6 条约定:就受让方在股权转让协议、补充协议、补充协议二项下的义务和责任,由王某娜女士向转让方提供连带责任担保,并由王某娜女士向转让方出具担保函。本案双方争议的焦点是:仲裁协议所涉主体以及仲裁协议效力对当事人的约束力是否属于仲裁协议效力的司法审查范围。

裁判观点

北京市第四中级人民法院认为,仲裁协议系当事人约定将争议提交仲裁解决的意思表示,有效的仲裁协议是实现当事人仲裁意愿的前提。根据《仲裁法》第 16 条规定,仲裁协议应当具有下列内容:(一)请求仲裁的意思表示;(二)仲裁事项;(三)选定的仲裁委员会。根据《仲裁法》第 17 条规定,有下列情形之一的,仲裁协议无效:(一)约定的仲裁事项超出法律规定的仲裁范围的;(二)无民事行为能力人或者限制民事行为能力人订立的仲裁协议;(三)一方采取胁迫手段,迫使对方订立仲裁协议的。以上法律条款是认定仲裁协议是否有效的依据。

关于法院是否有权审查仲裁协议对具体涉案当事人有效的问题,认为:仲裁协议是当事人自愿将其争议提交仲裁解决的书面形式的文件,仲裁协议作为仲裁制度的基石,体现了当事人遵循意思自治原则自愿选择仲裁作为解决纠纷方式的意愿,因此仲裁协议是否存在并有效、仲裁协议对当事人是否具有约束力,是决定仲裁机构取得仲裁权而排除法院管辖的依据,是仲裁合法性与正当性的基础。协议是当事人之间就某些事项达成合意的意思表示的载体,其无法脱离作为协议主体的当事人而单独存在,在认定协议是否存在、是否有效时,必然涉及对合同相对性问题的认定,也就是在相对确定的当事人之间是否存在有效合同的问题。《仲裁法》第4条规定,当事人采用仲裁方式解决纠纷,应当双方自愿,达成仲裁协议。只有在当事人作为确定的合同主体时,其才具有作出意思表示达成仲裁协议的可能。因此,仲裁协议对具体所涉当事人是否具有约束力,亦应是仲裁协议效力审查应有之义。根据《民事案件案由规定》,仲裁程序案件项下设申请确认仲裁协议效力的三级案由,申请确认仲裁协议效力是指当事人向人民法院提出确认之诉,请求人民法院确认仲裁协议是否有效。对该类型争议进行司法审查的目的在于解决当事人之间是否存在有效的仲裁协议,以及仲裁机构对争议案件是否有管辖权的问题。本案中,虽然各方当事人均认可仲裁协议有效,但上述认可并未从根本上解决本案所涉及的争议,即在一方当事人没有确认其系仲裁协议当事人时,仲裁协议对其是否有效(约束力),以及仲裁机构是否可以将其列为仲裁案件当事人。对此本院认为,仲裁协议作为当事人之间的意思表示具有相对性,在当事人不认可其受仲裁协议约束时,解决仲裁协议对具体当事人是否有效的问题属于确认仲裁协议效力司法审查案件的审查范围。人民法院应当根据案件争议具体情况,对当事人之间是否存在仲裁协议、仲裁协议是否有效、仲裁协议对具体当事人是否具有效力(约束力)进行审查。本案中,补充协议二约定王某娜对股权转让协议等系列合同项下转让事宜向转让方提供连带责任担保,且王某娜向绿色家园公司出具担保函,上述证据能够证明担保合同的当事人明确知晓并认可股权转让协议所约定的争议解决方式,因此,王某娜应当为股权转让协议等系列合同项下担保合同的当事人,股权转让协议等系列合同中所有效适用的仲裁协议亦对王某娜有效。

8. 当事人就受胁迫签订的仲裁协议无效应当承担证明责任

裁判规则

恒润华创公司称其在秋实弘仕公司胁迫下签署，未能就此提供充分证据予以证明，应承担不利后果。

典型案例

广东恒润华创实业发展有限公司与深圳秋实弘仕资产管理有限公司申请确认仲裁协议效力案［北京市第四中级人民法院民事裁定书（2020）京04民特73号（2020年4月3日）］

申请人：广东恒润华创实业发展有限公司（以下简称恒润华创公司）

被申请人：深圳秋实弘仕资产管理有限公司（以下简称秋实弘仕公司）

2018年5月，恒润华创公司（甲方）与秋实弘仕公司（乙方）签订编号为秋实弘仕［2017信盈3号］第（09-07）号保证合同（以下简称信盈3号0907保证合同），约定：本合同在履行过程中，如发生争议，由双方协商解决，协商不成时，双方均同意将争议提交北仲，按照该会仲裁规则进行仲裁，仲裁地点在北京。

裁判观点

北京市第四中级人民法院认为，合同中的仲裁条款明确具体，且平等适用于双方当事人，不存在免除或限制一方责任、加重对方责任、排除对方主要权利的情形，亦不存在其他法律规定的无效情形，因此，恒润华创公司请求确认仲裁条款无效的第一项事由不能成立。恒润华创公司称信盈3号0907保证合同系在秋实弘仕公司胁迫下签署，未能就此提供充分证据予以证明，本院不予采信。

9. 当事人的重复申请不符合受理条件，已受理的，应驳回申请

裁判规则

法院就补充协议有无约定仲裁条款已经作出民事裁定，作出审查处理，王某安、倪某婷、共青城企业仍就同一事由再次向本院提出相同申请，属重复申请，不符合受理条件，本不应受理，现已受理，应依法驳回申请。

典型案例

王某安、倪某婷、共青城十长生投资管理合伙企业（有限合伙）与韩后化妆品股份有限公司等申请确认仲裁协议效力案［广东省广州市中级人民法院民事裁定书

(2020)粤01民特208号(2020年3月27日)]

申请人:王某安

申请人:倪某婷

申请人:共青城十长生投资管理合伙企业(有限合伙)(以下简称共青城企业)

被申请人:韩后化妆品股份有限公司(以下简称韩后公司)

被申请人:北京红杉铭德股权投资中心(有限合伙)(以下简称铭德投资中心)

被申请人:南通衡麓泰富投资中心(有限合伙)(以下简称泰富投资中心)

被申请人:北京红杉信远股权投资中心(有限合伙)(以下简称信远投资中心)

被申请人:苏州钟鼎创业二号投资中心(有限合伙)(以下简称钟鼎投资中心)

被申请人:彭某华

被申请人:肖某燊

被申请人:文某梁

被申请人:方某华

2016年12月,甲方王某安、倪某婷与乙方韩后公司、丙方泰富投资中心签订了增资协议,该协议第11.2条约定:凡因履行本协议所引起的或与本协议有关的一切争议,本协议各方应通过友好协商解决,如争议发生后30日内未能通过协商解决争议,则各方任何一方可将争议提交贸仲委(仲裁地在北京),按照该委员会在争议提交当时有效的仲裁规则进行仲裁,仲裁裁决为终局,对各方均有约束力。其后,泰富投资中心与韩后公司、王某安、倪某婷、铭德投资中心、信远投资中心、钟鼎投资中心、共青城企业、彭某华、肖某燊、文某梁、方某华签订了补充协议,该协议第4.2条约定:除非文中另有所指,否则本补充协议中的含义与增资协议中的定义一致。其他本补充协议未规定的有关事宜,适用增资协议的规定。

裁判观点

广州市中级人民法院认为,争议各方当事人对于补充协议有无约定仲裁条款,由此引发争议是否应提交贸仲委仲裁的问题已提交北京市第四中级人民法院审查。该法院已作出(2019)京04民特429号民事裁定,作出审查处理。王某安、倪某婷、共青城企业仍就同一事由再次向本院提出相同申请,属重复申请。根据《司法审查规定》第1条规定“本规定所称仲裁司法审查案件,包括下列案件:(一)申请确认仲裁协议效力案件……”及第8条规定:“人民法院立案后发现不符合受理条件的,裁定驳回申请。前款规定的裁定驳回申请的案件,申请人再次申请并符合受理条件的,人民法院应予受理。当事人对驳回申请的裁定不服的,可以提起上诉。”该申请不符合受理条件,本不应受理,现已受理,应依法驳回申请。

10. 当事人约定提起仲裁的时间不影响仲裁条款的效力

裁判规则

仲裁条款约定当事人提起仲裁的时间属于授权性约定，不产生否定当事人之后提交仲裁权利的后果。仲裁条款具有法定的仲裁协议必备的内容，亦不存在无效事由，合法有效，不因当事方是否在争议发生后60天内提起仲裁而失去效力。

典型案例

北京创毅迅联科技股份有限公司与宁波赛伯乐嘉信股权投资合伙企业（有限合伙）、张某申请确认仲裁协议效力案［北京市第四中级人民法院民事裁定书(2020)京04民特61号(2020年3月26日)］

申请人：北京创毅迅联科技股份有限公司（以下简称创毅迅联公司）

被申请人：宁波赛伯乐嘉信股权投资合伙企业（有限合伙）（以下简称赛伯乐企业）

被申请人：张某

2015年1月12日，创毅视讯公司、创毅迅联公司、张某及赛伯乐企业签订增资扩股协议，该协议第7.1条约定：任何因本协议的解释或履行而产生的争议，均应首先通过友好协商方式加以解决。如协商未果，则任何一方有权在该等争议发生后60天内，将争议提交北仲依据其届时有效的仲裁规则仲裁解决。

裁判观点

北京市第四中级人民法院认为，本案的争议焦点为仲裁条款中的约定是否应理解为当事人未在争议发生后60天内申请仲裁即排除了仲裁管辖。首先，从文义解释的角度，不能得出当事人有在争议发生60天之后便排除了仲裁管辖的意思表示；其次，从该款对期间约定所用的词句及上下句的衔接来看，应属于授权性约定，在此情形下，行为主体可以自行选择仲裁的时间点，即便当事人未在该期限内将纠纷提交仲裁，亦不产生否定当事人之后提交仲裁权利的后果；最后，从目的解释的角度，关于期间的规定应系当事人倡导的一种理想模式，即在当事人出现争议或矛盾不能通过协商化解时，尽快在约定的期间内通过已经约定的仲裁方式解决，尽量避免因协商不成导致问题迟迟不能解决的情形，而倡导性约定并不具排他性效力。该仲裁条款具有法定的仲裁协议必备的内容，亦不存在无效事由，合法有效，不因当事方是否在争议发生后60天内提起仲裁而失去效力。本院对赛伯乐企业是否在纠纷发生后60天内提起仲裁无审查必要。

11. 当事人约定“协商时间”，不影响仲裁协议的效力

裁判规则

股份转让框架协议约定的争议发生之日起 90 日内无法协商解决，则应提请仲裁委仲裁，属于双方就争议解决确定了协商机制，该机制不影响仲裁协议的效力。

典型案例

肖某亦与中山乐兴企业管理咨询有限公司申请确认仲裁协议效力案［北京市第四中级人民法院民事裁定书(2019)京 04 民特 629 号(2019 年 11 月 29 日)］

申请人：肖某亦

被申请人：中山乐兴企业管理咨询有限公司(以下简称中山乐兴公司)

2018 年 8 月 10 日，肖某亦与中山乐兴公司签订前后两份股份转让框架协议。协议第 8 条第 1 项约定：有关本协议及其履行过程中的一切争议，双方均应努力通过协商解决。如在争议发生之日起 90 日内无法协商解决，则应提请贸仲委，根据该会届时有效的仲裁规则在北京以仲裁方式终局解决。

裁判观点

北京市第四中级人民法院认为，本案系当事人申请确认仲裁协议效力的案件。人民法院受理案件后应根据《仲裁法》第 16 条、第 17 条、第 18 条的规定审查当事人之间签订的仲裁协议是否有效。本案中，肖某亦、中山乐兴公司签订的股份转让框架协议中约定有仲裁条款，该条款具有明确的仲裁意思表示、仲裁事项和仲裁委员会，没有《仲裁法》所规定的无效情形，故应属合法、有效。股份转让框架协议约定的争议发生之日起 90 日内无法协商解决，则应提请仲裁委仲裁，属于双方就争议解决确定了协商机制，该机制不影响仲裁协议的效力，因此，肖某亦向本院申请确认股份转让框架协议的仲裁条款无效的理由不能成立，本院不予支持。

12. 两份合同为不同的合同主体和法律关系时，未载明仲裁协议的合同的效力，不属于确认仲裁协议效力案件的审查范围

裁判规则

本案所涉项目份额收益权转让协议与债权转让协议为不同的合同主体和法律关系，原投资人与陈某琳之间的债权转让无效，其与陈某琳之间不存在合同关系的主张，不属于人民法院确认仲裁协议效力案件的审查范围。

典型案例

上海宏纷酒店管理有限公司与陈某琳申请确认仲裁协议效力案[北京市第四中级人民法院民事裁定书(2020)京04民特107号(2020年3月13日)]

申请人:上海宏纷酒店管理有限公司(以下简称宏纷公司)

被申请人:陈某琳

2017年8月4日,股东上海鸿贺物业管理有限公司、项目公司宏纷公司、平台北京多彩投网络科技有限公司、管理公司北京多彩维度资产管理有限公司、担保人深圳市鸿海环球控股集团有限公司、担保人彭某泉与各投资人签署项目份额收益权转让协议,该协议第16.2条约定:本协议项下所产生的任何争议,均应先由各方友好协商解决……各方均有权向北仲提起仲裁。

裁判观点

北京市第四中级人民法院认为,本案系当事人申请确认仲裁协议效力的案件,人民法院受理后应根据《仲裁法》第16条、第17条、第18条规定审查当事人之间签订的仲裁协议是否有效。本案所涉项目份额收益权转让协议中的仲裁条款具有明确的仲裁意思表示、仲裁事项和仲裁委员会,没有仲裁法所规定的无效情形,应为合法有效。上述协议与债权转让协议为不同的合同主体和法律关系,宏纷公司提出的原投资人与陈某琳之间的债权转让无效,其与陈某琳之间不存在合同关系的主张,不属于人民法院确认仲裁协议效力案件的审查范围,宏纷公司以此为由申请确认仲裁协议无效,于法无据,本院不予支持。

13. 非合同签约主体应否作为仲裁案件的当事人,不属于仲裁协议效力认定案件的审查范围

裁判规则

延期借款协议的签约双方是邱某斌与杨某,钱某、施曼迩公司并非协议当事人,协议内容包括仲裁协议对该两方并无约束力。钱某与施曼迩公司应否作为仲裁案的当事人,不属于本案审理范围。

典型案例

邱某斌与杨某申请确认仲裁协议效力案[广东省广州市中级人民法院民事裁定书(2020)粤01民特113号(2020年3月11日)]

申请人:邱某斌

被申请人:杨某

2019年11月18日,邱某斌与杨某签订延期借款协议,其中第3条约定:因本协议引起的或与本协议有关的争议,均提请广州仲裁委按照该会仲裁规则进行仲裁。

裁判观点

广州市中级人民法院认为,《仲裁法》第16条第2款规定,仲裁协议应当具有下列内容:(一)请求仲裁的意思表示;(二)仲裁事项;(三)选定的仲裁委员会。本案中,邱某斌与杨某签订的延期借款协议关于争议解决方式的约定既有请求仲裁的意思表示,也对仲裁事项和选定的仲裁机构作了明确约定,并不存在法律规定的无效情形,应属有效。双方之间的延期借款协议对借款、还款事宜进行了约定,因该协议引起的争议属于法律规定的仲裁范围。延期借款协议的签约双方是邱某斌与杨某,钱某、施曼迩公司并非协议当事人,协议内容包括仲裁协议对该两方并无约束力。钱某与施曼迩公司应否作为仲裁案的当事人,不属于本案审理范围。

14. 仲裁请求是否系合同项下争议,不属于仲裁协议效力的司法审查范围

裁判规则

三份采购合同约定了明确的仲裁条款,往来款对账单仅是双方对合同往来中的欠款金额进行对账的凭证,是否属于三份采购合同项下的请求事项,是仲裁案件审查的范围,不属于法院审理申请确认仲裁协议效力案件的审查范围。

典型案例

上海华新电线电缆有限公司与上海斯迪尔智能科技有限公司申请确认仲裁协议效力案[上海市第一中级人民法院民事裁定书(2019)沪01民特819号(2020年1月19日)]

申请人:上海华新电线电缆有限公司

被申请人:上海斯迪尔智能科技有限公司

申请人与被申请人分别于2018年5月23日、7月25日以及9月10日签订三份采购合同,三份协议中解决合同纠纷的方式均约定:买卖双方由于履行合同发生的任何争议,通过友好协商解决,若是无法解决则提交上海仲裁委员会仲裁。2019年2月14日,申请人向被申请人出具往来款对账单,对申请人欠付金额作出确认,被申请人在该对账单上加盖公章。

裁判观点 ▶▶

上海市第一中级人民法院认为，双方当事人对于三份采购合同及往来款对账单真实性并无异议，其中三份采购合同约定了明确的仲裁条款，对双方当事人均具有法律约束力。而往来款对账单上并未约定任何权利义务条款，仅是双方对合同往来中的欠款金额进行对账的凭证。该往来款对账单是否属于三份采购合同项下的请求事项，是仲裁案件审查的范围。如果仲裁事项超出双方约定范围，当事人可以根据法律规定要求撤销。但仲裁案件的审理范围，并不属于法院审理申请确认仲裁协议效力案件的审查范围。本案中，申请人请求事项之实质为要求对仲裁案件审理范围作出限制，该主张无事实和法律依据。

15. 仲裁反请求是否属于仲裁协议约定事项范围，不属于仲裁协议效力司法审查的范围

裁判规则 ▶▶

人民法院对确认仲裁协议效力案件进行的司法审查，仅适用于明确当事人在合同中约定的仲裁条款是否有效。至于当事人在仲裁程序中提出的仲裁请求或者反请求是否属于仲裁条款约定的范围，应当通过仲裁实体审理解决，不属于人民法院确认仲裁协议效力司法审查的范围。

典型案例 ▶▶

郭某卫与腾讯音乐娱乐集团申请确认仲裁协议效力案［北京市第四中级人民法院民事裁定书(2019)京04民特542号(2019年11月15日)］

申请人：郭某卫

被申请人：腾讯音乐娱乐集团(以下简称腾讯集团)

2013年11月7日申请人与被申请人签订框架协议，于2013年11月签订补充协议。框架协议第15条与补充协议第8条均约定了以下内容："因对本协议的解释和履行产生争议时，协议各方应首先努力通过友好协商解决争议。如果各方在开始协商后的三十(30)日内未能解决争议，则任何一方均可将该争议提交贸仲委，由其按即时有效的仲裁程序和规则做出最终裁决。仲裁的地点为北京。"

裁判观点 ▶▶

北京市第四中级人民法院认为，人民法院对确认仲裁协议效力案件进行的司法审查，仅适用于明确当事人在合同中约定的仲裁条款是否有效。至于当事人在

仲裁程序中提出的仲裁请求或者反请求是否属于仲裁条款约定的范围，应当通过仲裁实体审理解决。就本案而言，对于违反合同的保密义务是否涉及侵权，应属于仲裁实体审理范围，不属于人民法院确认仲裁协议效力司法审查的范围。因此，对于腾讯集团提出的仲裁反请求是否超出了仲裁协议约定的仲裁范围的问题，可以在仲裁审理中予以解决，当事人亦享有在仲裁裁决作出之后申请撤销仲裁裁决的权利。

16. 仲裁案件是否具有可仲裁性，不属于仲裁协议效力司法审查的范围

裁判规则

荆州市锦祥房地产开发有限公司向本院申请的事项，并非确认国有建设用地使用权出让合同中仲裁条款的效力，而是主张荆州仲裁委员受理的(2019)荆仲字第63号仲裁案件并非民事争议，是依法不能仲裁的行政争议。对于仲裁机构受理的尚未作出仲裁裁决的案件是否属于依法不能仲裁的行政争议案件，并非人民法院仲裁司法审查案件的受案范围。

典型案例

荆州市锦祥房地产开发有限公司与荆州市自然资源和规划局申请确认仲裁协议效力案[湖北省荆州市中级人民法院民事裁定书(2019)鄂10民特2号(2019年11月29日)]

申请人：荆州市锦祥房地产开发有限公司

被申请人：荆州市自然资源和规划局

2011年4月28日，荆州市自然资源和规划局与荆州市锦祥房地产开发有限公司就位于荆州市某北路西侧两宗地块(下称A地块和B地块)分别签订了两份国有建设用地使用权出让合同，两份合同中均约定：因履行合同发生争议，由争议双方协商解决，协商不成的，提交荆州仲裁委员会仲裁。

裁判观点

荆州市中级人民法院认为，我国《仲裁法》第20条规定："当事人对仲裁协议的效力有异议的，可以请求仲裁委员会作出决定或者请求人民法院作出裁定。一方请求仲裁委员会作出决定，另一方请求人民法院作出裁定的，由人民法院裁定。当事人对仲裁协议的效力有异议，应当在仲裁庭首次开庭前提出。"由上述规定可以看出，当事人在仲裁庭首次开庭前，如果对仲裁协议的效力有异议的，是可以向人民法院申请确认仲裁协议的效力的。但本案中，申请人荆州市锦祥房地产开发有

限公司向本院申请的事项，并非确认国有建设用地使用权出让合同中仲裁条款的效力，而是主张荆州仲裁委员受理的（2019）荆仲字第63号仲裁案件并非民事争议，是依法不能仲裁的行政争议。对于仲裁机构受理的尚未作出仲裁裁决的案件是否属于依法不能仲裁的行政争议案件，并非人民法院仲裁司法审查案件的受案范围。

17. 加盖“合同专用章”属于对提交仲裁解决争议的意思表示的确认

裁判规则

虽保证合同有“自双方签字并加盖公章之日生效”的约定，但日立租赁公司加盖“合同专用章”应属对提交仲裁解决争议的意思表示的确认，仲裁协议合法、有效，对双方当事人均具有约束力。

典型案例

海航资本集团有限公司与日立租赁（中国）有限公司申请确认仲裁协议效力案［北京第四中级人民法院民事裁定书（2020）京04民特72号（2020年3月24日）］

申请人：海航资本集团有限公司（以下简称海航资本公司）

被申请人：日立租赁（中国）有限公司（以下简称日立租赁公司）

2017年7月24日，海航资本公司与日立租赁公司签订保证合同，该合同第9条约定“本合同自双方签字并加盖公章之日生效，一经生效，即构成对保证人具有约束力并可执行的义务”；第10条约定：“本合同受中华人民共和国法律管辖并根据其进行解释。有关本合同的任何争议，各方应友好协商解决；如协商不成，则应提交设在北京的贸仲委按其仲裁规则仲裁，仲裁裁决是终局的并对各方均有约束力。”

裁判观点

北京市第四中级人民法院认为，双方在保证合同中约定合同的任何争议，如协商不成，应提交设在北京的贸仲委按其仲裁规则仲裁，该仲裁协议符合《仲裁法》第16条规定的仲裁协议应当具有的请求仲裁的意思表示、仲裁事项、选定的仲裁委员会的三项要件，虽保证合同有“自双方签字并加盖公章之日生效”的约定，但日立租赁公司加盖“合同专用章”应属对提交仲裁解决争议的意思表示的确认，且日立租赁公司亦认可该意思表示的真实性。根据《仲裁法》第19条规定，仲裁协议独立存在，合同的变更、解除、终止或者无效，不影响仲裁协议的效力，现有证据并不能证明该仲裁协议无效。本案合同的仲裁协议合法、有效，对双方当事人均具有约束力。

18. 附件保函约定诉讼,不影响主合同仲裁协议的效力

裁判规则 ▶▶

建设工程施工合同与作为附件的保函分别约定了向仲裁机构申请仲裁和向人民法院起诉,对因保函发生纠纷的约定,不影响前述双方当事人约定因涉案主合同履行发生纠纷后进行仲裁的效力。

典型案例 ▶▶

张家界市杨家界索道有限公司与张家界华宇建筑工程有限责任公司申请确认仲裁协议效力案[湖南省张家界市中级人民法院民事裁定书(2020)湘08民特1号(2020年1月17日)]

申请人:张家界市杨家界索道有限公司(以下简称索道公司)

被申请人:张家界华宇建筑工程有限责任公司(以下简称华宇公司)

双方当事人于2012年12月3日签订了建设工程施工合同,合同附件五承包人履约保函中第7条约定了因保函发生的纠纷协商不成,通过诉讼程序解决,诉讼管辖地法院为张家界市中级人民法院。

裁判观点 ▶▶

张家界市中级人民法院认为,双方当事人签订的并经相关部门备案的涉案合同中明确约定了合同的专用条款优先于合同的通用条款,专用条款中仲裁条款有效。涉案合同附件五虽然约定了因保函发生的纠纷协商不成向人民法院起诉,但该条款是对因保函发生纠纷的约定,并不影响前述双方当事人约定因涉案主合同履行发生纠纷后进行仲裁的效力。

19. 争议发生后当事人是否协商,不影响仲裁协议的效力

裁判规则 ▶▶

仲裁协议中,双方通过杭州仲裁委员会解决纠纷的意思表示明确无歧义,有请求仲裁的意思表示,也概括约定了仲裁事项,并选定了唯一的仲裁委员会,该仲裁条款有效,当事人是否先行协商并不是提交仲裁的必要前置条件,也不影响仲裁协议本身的效力。

典型案例 ▶▶

李某来与杭州数创创业投资合伙企业(有限合伙)确认仲裁协议效力纠纷案[浙江省杭州市中级人民法院民事裁定书(2019)浙01民特276号(2020年1月14

日)]

申请人:李某来

被申请人:杭州数创创业投资合伙企业(有限合伙)(以下简称数创合伙企业)

2014年12月1日,数创合伙企业(甲方一)、浙江如山高新创业投资有限公司(甲方二)、沙某哲(乙方一)、李某(乙方二)、李某来(乙方三)、深圳市架桥富凯股权投资企业(有限合伙)(丙方一)、北京创新方舟科技有限公司(丙方二)、深圳知新创想科技有限公司(标的公司)各方签订了股东协议。该协议第18.2条约定:"本协议各方当事人因本协议发生的任何争议,均应首先通过友好协商解决,协商不成,任一方可将争议提交杭州仲裁委员会,按照申请仲裁时该会现行有效的仲裁规则进行仲裁。仲裁裁决是终局的,对各方均有约束力。"

裁判观点

杭州市中级人民法院认为,李某来和数创合伙企业签订的股东协议中约定了仲裁条款,根据《仲裁法》第16条第1款的规定,相应仲裁条款为当事人之间的仲裁协议。该仲裁协议中,双方通过杭州仲裁委员会解决纠纷的意思表示明确无歧义,有请求仲裁的意思表示,也概括约定了仲裁事项,并选定了唯一的仲裁委员会,符合《仲裁法》第16条第2款的规定,且不存在《仲裁法》第17条、第18条以及《仲裁法解释》中规定的无效情形。该仲裁条款有效,对当事人具有约束力。仲裁本来就是一种解决争议的方式,当事人是否先行协商并不是提交仲裁的必要前置条件,也不影响仲裁协议本身的效力,李某来以数创合伙企业未与其协商解决争议为由主张已经达成的仲裁协议无效,没有法律依据。

20. 约定申请强制执行,不影响仲裁条款的效力

裁判规则

强制执行与申请仲裁为不同的程序和内容,不存在约定了申请强制执行,又约定了仲裁条款时,仲裁条款便无效的规定。

典型案例

姚某民与北京浩宇思创国际投资有限公司申请确认仲裁协议效力案[北京市第四中级人民法院民事裁定书(2020)京04民特99号(2020年3月12日)]

申请人:姚某民

被申请人:北京浩宇思创国际投资有限公司(以下简称思创投资公司)

2017年3月10日,甲方思创投资公司、乙方北京汾酒会商务会所有限公司、丙

方姚某民签订和解协议。合同约定，因北京市朝阳区人民法院（2016）京 0105 民初 55415 号民事判决书，截至 2017 年 3 月 16 日，乙方应当向甲方支付人民币 1707732.33 元，三方经协商，达成和解协议。第 1 条约定：协议签订之日起 6 日内，丙方代乙方向甲方支付人民币 152 万元后，北京市朝阳区人民法院（2016）京 0105 民初 55415 号民事判决书将不再履行……第 2 条约定：甲方没有在第 1 条约定的时间内收到约定的金额，甲方将按照判决书的内容要求乙方履行全部债务，同时丙方对判决书承担连带担保责任……第 3 条约定：如丙方未按照本协议第 2 条的约定履行义务，甲方将向人民法院申请强制执行……第 4 条约定：如履行本协议过程中发生纠纷，各方应协商解决，如协商不成，各方同意将争议提交贸仲委仲裁，仲裁结果是终局的，对各方均有约束力。

裁判观点 ▶▶

北京市第四中级人民法院认为，对于已经生效的民事判决书，一方当事人不履行的，对方当事人可以向有管辖权的人民法院申请执行，受申请的人民法院应当执行。姚某民不是北京市朝阳区人民法院（2016）京 0105 民初 55415 号民事判决书中确定的义务主体，亦非该案强制执行主体。其与思创投资公司之间因和解协议产生的纠纷采用协议约定的仲裁方式解决，是双方的权利，强制执行与申请仲裁为不同的程序和内容，不存在约定了申请强制执行，又约定了仲裁条款时，仲裁条款便无效的规定。

21. 增资协议中仲裁协议对备忘录是否适用，不属于法院审理确认仲裁协议效力案件的审查范围

裁判规则 ▶▶

人民法院依法受理当事人申请确认仲裁协议效力的案件，而当事人之间是否存在仲裁协议属于仲裁委员会在仲裁程序中或者人民法院在申请撤销仲裁裁决案件中应当审查的内容。本案中，王某请求人民法院确认的是增资协议中仲裁协议对备忘录也适用，而非请求人民法院确认已经达成的仲裁协议效力。一审法院裁定驳回王某的申请，本院予以维持。

典型案例 ▶▶

王某因与深圳市创东方富本投资企业（有限合伙）、深圳市创东方富建投资企业（有限合伙）申请确认仲裁协议效力案［北京市高级人民法院民事裁定书（2019）京民终 20 号（2020 年 5 月 28 日）］

上诉人:王某

被上诉人:深圳市创东方富本投资企业(有限合伙)(以下简称富本投资企业)

被上诉人:深圳市创东方富建投资企业(有限合伙)(以下简称富建投资企业)

王某就与富本投资企业、富建投资企业申请确认仲裁协议效力案,不服北京市第四中级人民法院(2019)京04民特174号民事裁定,提起上诉。双方争议的焦点是增资协议中仲裁协议对备忘录是否适用。

裁判观点 ▶▶

北京市高级人民法院认为,《仲裁法》第20条第1款规定,当事人对仲裁协议的效力有异议的,可以请求仲裁委员会作出决定或者请求人民法院作出裁定。第4条规定,当事人采用仲裁方式解决纠纷,应当双方自愿,达成仲裁协议。没有仲裁协议,一方申请仲裁的,仲裁委员会不予受理。第58条第1款第1项规定,当事人提出证据证明没有仲裁协议的,可以向仲裁委员会所在地的中级人民法院申请撤销裁决。根据上述规定,人民法院依法受理当事人申请确认仲裁协议效力的案件,而当事人之间是否存在仲裁协议属于仲裁委员会在仲裁程序中或者人民法院在申请撤销仲裁裁决案件中应当审查的内容。本案中,王某请求人民法院确认的是其与富本投资企业、富建投资企业等签订增资协议中仲裁协议对备忘录也适用,双方之间存在仲裁协议,而非请求人民法院确认其与富本投资企业、富建投资企业之间已经达成的仲裁协议效力。由于当事人仅就是否存在仲裁协议请求人民法院予以确认缺乏法律依据,故一审法院裁定驳回王宏的申请,本院予以维持。

【类案检索】

1. 检索词:重复申请

典型案例 ▶▶

江苏屹峰建设工程有限公司(以下简称屹峰公司)与济南筑鑫建筑劳务有限公司(以下简称筑鑫公司)申请确认仲裁协议效力案[山东省高级人民法院民事裁定书(2020)鲁民他3号(2020年3月13日)]

裁判观点 ▶▶

山东省高级人民法院认为,案涉建筑工程劳务分包合同第9条仲裁条款已经由生效的法律文书确认有效。本案中,屹峰公司再次以筑鑫公司作为被申请人向一审法院申请确认上述仲裁条款无效，构成重复申请，故对屹峰公司的申请，应予驳回。

2. 检索词：合同成立　有效

典型案例

姚某民与北京浩宇思创国际投资有限公司申请确认仲裁协议效力案［北京市第四中级人民法院民事裁定书（2020）京04民特99号（2020年3月12日）］

裁判观点

北京市第四中级人民法院认为，确认仲裁协议效力属于对仲裁协议效力的判断，双方的合同是否成立、有效，不属于本案审查范围。

3. 检索词：合同项下内容　不属于司法审查范围

典型案例

青岛谷欣新能源有限公司与上海市机械设备成套（集团）有限公司申请确认仲裁协议效力案［上海市第一中级人民法院民事裁定书（2019）沪01民特783号（2020年1月2日）］

裁判观点

上海市第一中级人民法院认为，双方当事人对于EPC总承包合同真实性并无异议，其中约定了明确的仲裁条款，对双方当事人均具有法律约束力。一般而言，仲裁协议的效力仅及于作出约定的当事人，以及该合同项下的请求事项。如何确定该合同项下的请求事项，是仲裁案件审查的范围。如果仲裁事项超出双方约定，当事人可以根据法律规定要求撤销。但仲裁案件的审理范围，并不属于法院审理申请确认仲裁协议效力案件的审查范围中。本案中，申请人关于确认EPC总承包合同项下仲裁协议效力不及于外线合同项下的工程款的请求事项之主张，本院不予支持。

4. 检索词：分包协议当事人的判断　不属于司法审查的范围

典型案例

中国土木工程集团有限公司与HUICHEN申请确认仲裁协议效力案［北京市第四中级人民法院民事裁定书（2020）京04民特652号（2020年10月28日）］

裁判观点 ▶▶

北京市第四中级人民法院认为，案涉的三份分包协议，载明的签约主体虽系中土爱塞米埃索-达瓦利铁路项目经理部，但授权签字的代表同时系中土集团的工作人员，故其签订合同的行为是否构成表见代理，中土集团是否为三份分包协议的当事方，继而接受该三份分包协议的仲裁条款管辖约束，涉及实体问题的认定，应由仲裁机构进行实体审理。本院不应在确认仲裁协议效力的审查程序中对此实体问题作出判断。

第四章　仲裁与诉讼的关系

常见问题与法条导航

序号	常见问题	法条导航
1	仲裁协议中违反裁决终局性的约定部分无效	《仲裁法》第 9 条第 1 款①
2	约定“或者仲裁，或者诉讼”，仲裁协议无效	《仲裁法解释》第 7 条②
3	诉讼专属管辖不得对抗仲裁	《民事诉讼法》第 33 条③、第 266 条④、《民诉法解释》第 28 条⑤、第 531 条⑥

①《仲裁法》第 9 条第 1 款规定：“仲裁实行一裁终局的制度。裁决作出后，当事人就同一纠纷再申请仲裁或者向人民法院起诉的，仲裁委员会或者人民法院不予受理。”

②《仲裁法解释》第 7 条规定：“当事人约定争议可以向仲裁机构申请仲裁也可以向人民法院起诉的，仲裁协议无效。但一方向仲裁机构申请仲裁，另一方未在仲裁法第二十条第二款规定期间内提出异议的除外。”

③《民事诉讼法》第 33 条规定：“下列案件，由本条规定的人民法院专属管辖：(一)因不动产纠纷提起的诉讼，由不动产所在地人民法院管辖；(二)因港口作业中发生纠纷提起的诉讼，由港口所在地人民法院管辖；(三)因继承遗产纠纷提起的诉讼，由被继承人死亡时住所地或者主要遗产所在地人民法院管辖。”

④《民事诉讼法》第 266 条规定：“因在中华人民共和国履行中外合资经营企业合同、中外合作经营企业合同、中外合作勘探开发自然资源合同发生纠纷提起的诉讼，由中华人民共和国人民法院管辖。”

⑤《民诉法解释》第 28 条规定：“民事诉讼法第三十三条第一项规定的不动产纠纷是指因不动产的权利确认、分割、相邻关系等引起的物权纠纷。农村土地承包经营合同纠纷、房屋租赁合同纠纷、建设工程施工合同纠纷、政策性房屋买卖合同纠纷，按照不动产纠纷确定管辖。不动产已登记的，以不动产登记簿记载的所在地为不动产所在地；不动产未登记的，以不动产实际所在地为不动产所在地。”

⑥《民诉法解释》第 531 条规定：“涉外合同或者其他财产权益纠纷的当事人，可以书面协议选择被告住所地、合同履行地、合同签订地、原告住所地、标的物所在地、侵权行为地等与争议有实际联系地点的外国法院管辖。根据民事诉讼法第三十三条和第二百六十六条规定，属于中华人民共和国法院专属管辖的案件，当事人不得协议选择外国法院管辖，但协议选择仲裁的除外。”

第一节　语意模糊的仲裁协议

【法理辨析】

1. 瑕疵仲裁协议的产生

仲裁作为一种民间性的争议解决机制，其本质是以当事人意思自治排除国家司法权力的过多干预，而仲裁协议正是实现当事人意思自治的集中体现，仲裁协议是现代协议仲裁的基石，没有仲裁协议，也就没有现代意义的协议仲裁制度。由于仲裁协议在整个协议仲裁制度中占据着重要的地位，故仲裁协议不仅成为仲裁法学理论以及仲裁立法中的一个重要概念，而且仲裁协议也成为仲裁实践中能否实现当事人通过仲裁方式解决其商事争议意愿的关键所在。

仲裁协议是指商事关系的双方当事人合意签订的自愿将他们之间业已发生或将来可能发生的商事争议交付某仲裁机构仲裁解决的一种书面意思表示。仲裁协议虽然从其性质上看属于一种契约，但是，仲裁协议不同于双方当事人之间以约定实体权利义务关系为内容的契约，其是以约定争议解决方式为内容的契约，因此，仲裁协议当事人的权利义务不同于一般合同。在一般合同中，双方当事人以追求互补利益为动机，双方当事人之间的合同权利义务具有对应性和互易性，一方当事人的权利往往对应对方当事人的义务；而仲裁协议则与此不同，双方当事人订立仲裁协议的共同目标是通过仲裁方式解决所发生的商事争议，故仲裁协议呈现出双方权利义务的同一性特点，即双方当事人均享有将仲裁协议约定事项所发生的争议提交仲裁解决的权利，同时也承担就该争议受仲裁协议约束而应提交仲裁，而不是向法院起诉的义务。正如英国大法官麦克米兰（Macmilan）在判决中指出："我以为，关于合同中仲裁条款的性质和作用一直没有引起足够的注意。该条款与其他各条款有着完全不同的性质，其他条款规定的都是当事人相互间承担的义务，而仲裁条款规定的不是一方当事人对另一方当事人的义务。它是双方当事人的协议，即如果产生了有关一方当事人对另一方当事人承担的义务的争议，则这些争议将由他们自己成立的法庭解决。一个实质性的区别是：合同中当事人之间相互承担的义务一般不能专门予以强制执行，违反此项义务只能请求损害赔偿。仲裁条款则可以由仲裁法规定的机构专门予以强制执行。违反仲裁协议的适当补救办法不是损害赔偿，而是要求强制履行协议。”①

尽管仲裁协议在当事人通过仲裁方式解决商事争议意愿的实现以及仲裁制度在定分止争社会功能的发挥方面，均具有民事诉讼所无法替代的优势与作用。然而，在仲裁实践中，由于各种原因经常会出现内容存在瑕疵的仲裁协议，因此，瑕疵仲裁协议如何认定至关重要，对该瑕疵仲裁协议法律效力的判断一旦不当，则必然成为实现协议仲裁制度的障碍。

所谓瑕疵仲裁协议，即当事人在争议发生之前或者争议发生之后订立的因内容不规范影响仲裁程序顺利启动的仲裁协议。实践中之所以可能出现瑕疵仲裁协议，其原因主要有两个方面：

第一，立法过于严苛。就仲裁制度而言，除有关国际条约对仲裁协议的有效要件作出一定的具体规定以外，仲裁协议的有效要件通常是由一国的国内法所规定的。由于受各国不同历史背景、社会政治、经济制度、法律文化传统以及国家对仲裁所持的态度等因素的影响，各国国内法对仲裁协议有效要件的具体规定有所不同。但是，综观其他国家国内商事仲裁立法、有关国际条约以及主要的国际性商事仲裁机构的仲裁规则，大体可以将仲裁协议的有效要件概括为 4 项：当事人合法、争议事项具有可仲裁性、仲裁协议须采取书面形式以及仲裁协议的内容合法。其中，关于仲裁协议的内容合法问题，主要国家的国内立法、有关国际条约以及主要国际性商事仲裁机构的仲裁规则通常仅仅作出仲裁协议约定的争议事项具有可仲裁性或者商事性方面的具体要求，而对仲裁协议是否约定仲裁机构以及约定是否明确等方面不作具体要求，如英国《1996 年仲裁法》、1958 年《纽约公约》以及《国际商会仲裁院仲裁规则》等。而我国仲裁法则完全不同，根据现行《仲裁法》第 16 条、第 17 条以及第 18 条的规定，除要求书面仲裁协议的订立主体须具有民事行为能力、约定事项明确且具有可仲裁性、有提请仲裁的意思表示并且真实之外，还要求仲裁协议有选定的仲裁委员会，并且将当事人对仲裁事项与选定仲裁委员会的明确性也作为仲裁协议的有效要件，这就极易使仲裁协议因其内容是否符合我国《仲裁法》关于法定内容的具体要求而产生仲裁协议效力方面的争议，致使不仅因需要提请有关机构认定仲裁协议的效力而影响或者拖延仲裁程序的顺利进行，甚至还可能因对瑕疵仲裁协议的从严解释而使当事人提请仲裁解决争议的愿望无法实现，进而影响了仲裁在解决商事争议方面功能的有效发挥。可见，立法的严苛不仅导致仲裁实践中当事人订立的仲裁协议因内容不完全符合立法规定而出现瑕疵，而且还

---

① ［英］施米托夫：《国际贸易法文选》，赵秀文译，中国大百科全书出版社 1993 年版，第 612 页。

可能会出现因为理解的差异导致仲裁协议效力认定的不同结果。

第二,书面意思表示的局限性。人类通过自由决定自己的意思,并将自己的各种动机加以统一,于内心形成效果意思,可见,意思是独立于表示的一种内心事实;为实现自己的目的,使他人了解自己的内心效果意思,人必须将该内心效果意思表露于外部,这便形成意思表示。因此,意思表示的陈述价值就在于它表达了表意人旨在使法律后果产生的意志,意思表示就是对这个意思的告示。① 因此,从某种意义上说,意思表示是一种社会实践中人际交往的行为。仲裁协议就是当事人在争议之前或者争议之后,经过协商后于内心形成的将业已发生或者将来可能要发生的争议提请仲裁解决的内心效果意思表露于外部的共同自愿意思表示。由于意思表示分为内心意思与外在表示两个阶段,如果当事人为将争议提请仲裁解决的意思表示时,能够做到内心意思与外在表示完全一致,此时实际上是订立仲裁协议的意思表示的理想状态。然而,当事人在借助书面语言文字,以仲裁协议的外在形式表达其经过协商于内心形成的提请仲裁解决争议的共同意思时,书面语言所固有的一字多意、一词多意的可能性,必然使借助书面语言文字所表达的意思经常存在歧义。此外,语言并不是一成不变的,正如德国学者拉伦茨所言:语言是一种不断变化着的、具有适应能力的、常常充满着歧义的表达工具。某个表达方式的意义,可能随着它所处的不同的上下文、它所指的不同的情况以及说话者所属的阶层所独有的表达特点,而具有不同的意义。这是作为表达工具的语言的本质属性。因此,说话者本身所指的意思,可能不同于听说者所理解的意义。②因此,当仲裁协议出现语言歧义时,如何对仲裁协议予以解释并认定其效力则非常重要。台湾学者王泽鉴认为,契约系由当事人互相意思表示一致而成立,由多数条款组合而成,旨在规范彼此的权利义务,乃当事人自创的规范。此项契约规范源自当事人意思,在于满足不同的利益,分配各种可能危险,其借以表达的,是"难臻精确的语言文字,故其意义、内容或适用范围,难免发生疑义,自有解释的必要"③。此外,语言所要表达的客体的多样性也使得语言面对纷繁复杂的客体不可避免的具有一定的局限性。在商事仲裁实践中,由于各国的国内仲裁立法以及国际立法对仲裁协议的内容均作出相应的规定,而且,在具体的商事关系中,当事人双方面对诸如国际性、区域性以及国内的等多种商事仲裁机构,尤其是双方当事人基于各自不同的利益而

① 参见[德]卡尔·拉伦茨:《德国民法通论》(下册),王晓晔、邵建东、程建英、徐国建、谢怀栻译,法律出版社 2013 年版,第 451~452 页。

② 参见[德]卡尔·拉伦茨:《德国民法通论》(下册),王晓晔、邵建东、程建英、徐国建、谢怀栻译,法律出版社 2013 年版,第 456 页。

③ 王泽鉴:《债法原理》(第 2 版),中国政法大学出版社 2013 年版,第 217 页。

产生不同的对仲裁解决争议的具体需求的多样性，必然使得在如此复杂多样的需要借助于语言表达的客体即提请仲裁解决争议的共同意思表示面前，语言所具有的局限性便显现无疑。正如洛克所言：当我们用词汇把这样形成的抽象观念固定下来的时候，我们就有发生错误的危险。词不应看作是事物的准确图画，它们不过是某些观念的任意性规定的符号而已，随时都有改变的可能。[①] 正因如此，在商事仲裁实践中，出现语意模糊的瑕疵仲裁协议需要认定则在所难免。

第三，意思表示主体的局限性。正如用以表达提请仲裁解决争议的意思表示的语言具有局限性一样，意思表示的主体在知识、技能以及惯有心理等方面同样具有不可避免的局限性。尽管商事仲裁起源于商人解决商事争议的社会需求，然而，当商事仲裁以其独特的优势，发展成为一种为国际社会所普遍接受的、虽具灵活性但仍不失其应有的规范性的民间性争议解决机制之后，各主要国家纷纷以国内立法的形式规范商事仲裁活动，为协调各国国内立法之间的冲突，国际社会还制定了一些关于商事仲裁的国际条约。无论是各国的国内立法，还是国际性条约，均对现代商事仲裁的基石——仲裁协议作出了包括有效性在内的相应的具体规定，一方面可以有效规范仲裁协议的签订，另一方面也为仲裁协议的签订者提供了可以借鉴的法律规范。然而，仲裁同时可以称为“商事仲裁”本身就意味着，在仲裁实践中需要签订仲裁协议以解决争议的主要是商人这一特定的群体。而商人毕竟是商人，也许商人是一名优秀的经济贸易专家，其不仅熟知经济贸易规则以及商业惯例，甚至熟悉并具有出色的商业谈判技能；然而，通常情况下，绝大多数商人毕竟不是律师与仲裁法学专家，其通常可能不仅不熟悉有关国家的国内仲裁立法以及国际仲裁立法，而且欠缺订立规范仲裁协议的技能。此外，商人的惯常心理通常并不希望争议的发生，甚至有些商人担心过多考虑争议解决方式的选择问题是否会预示着商业交易的不顺利，因此，对商人而言，尽管订立仲裁协议并通过仲裁方式解决争议的重要性并不亚于商务合同本身，但是，商人的知识、技能以及惯有心理所具有的局限性均可能使商人之间订立的仲裁协议存在这样或者那样的瑕疵。

上述因素使得瑕疵仲裁协议经常且大量存在，此外，趋利避害的人性使得商人出于各种动机或者利益驱动，往往会对同一仲裁协议有意或者无意地持不同的理解，这就更加大了瑕疵仲裁协议效力认定的可能性，因此，瑕疵仲裁协议有效与否的认定成为一件虽然棘手，但似乎又是难以回避的事情。

在仲裁协议效力认定的司法实践中，问题最为突出也极易形成歧义的是关于

---

① 参见徐国栋：《民法基本原则解释》，中国政法大学出版社 1992 年版，第 141 页。

内容存在瑕疵仲裁协议效力的认定，其中主要集中于对选定的仲裁机构是否明确、语意模糊仲裁协议的理解、仲裁终局性不确定等因理解的歧义而产生的仲裁协议有效与否的认定问题，因此，对实践中瑕疵仲裁协议的具体样态进行梳理与分析，寻找其中的司法裁判要点，从而明确类案的司法裁判规则，对于保障当事人通过仲裁解决争议意思自治的实现以及统一司法均是非常必要。

2. 语意模糊仲裁协议的理解

现代协议仲裁制度的基石是仲裁协议，而仲裁协议的基础正是契约理论中的当事人意思自治理论。按照意思自治理论，人的意志可以依其自身的法则去创设自己的权利义务，当事人的意志不仅是权利义务的渊源，而且是其发生的根据。这一理论在契约法领域之中体现为契约自由原则。仲裁协议虽然不是作为实体法的契约法所调整范围内的契约，但是，仲裁协议作为当事人在争议发生之前或者发生之后，就特定可仲裁事项达成的通过仲裁方式解决争议的沟通意思表示，即作为一种以争议解决方式约定为其内容的特殊的程序法意义上的契约，也必然应当符合契约理论中关于契约的本质要求，须遵循以当事人意思自治理论为基础的契约自由的原则。人类通过自由决定自己的意思，将自由的各种动机加以统一，于内心形成效果意思，为与他人发生法律关系，必须将内心之效果意思表现于外部，这便形成意思表示。在仲裁实践中，受当事人自身的素质、传统心理、商业惯例等因素的影响，当事人在订立仲裁协议时经常使用语意模糊的语言，因此，语意模糊的仲裁协议，是指当事人之间订立的因语言表达不规范而容易引起歧义，但内含通过仲裁方式解决争议的书面协议。

3. 语意模糊仲裁协议的解释原则：探究当事人意思自治

语意模糊仲裁协议的解释直接影响仲裁协议的效力，合理确定解释原则至关重要。商事仲裁中的首要原则是当事人意思自治原则，除非当事人同意将其争议提交仲裁而不是在法院诉讼，否则就不会有仲裁。[①] 即使仲裁协议的内容存在瑕疵，只要该仲裁协议由具有民事行为能力的缔约主体所订立，并且就可仲裁事项订立的协议中包括提请仲裁的意思表示，从解释契约应探究当事人的真实意思这一原则出发，都应当解释为，就协议约定事项所发生争议的解决，当事人已经达成了通过仲裁方式而不是诉讼方式的共同的自愿合意。因此，即使双方当事人就该语意模糊仲裁协议的效力提请法院认定，也应当认定为有效。正如塞尔泊恩大法官早在 1873 年的一个判例中所指出：如果当事人自己选择解决他们之间争议的场所，

① 参见［英］施米托夫：《国际贸易法文选》，赵秀文译，中国大百科全书出版社 1993 年版，第 611 页。

而不是诉诸一般的法院，则从国会法颁布以后，法院的首要责任就是准许当事人按他们之间的协议办理。① 此外，在商事仲裁的实践中，也存在以探究当事人真实意思表示为原则来解释语意模糊仲裁协议的例证。如瑞士苏黎世商会受理的一个买卖合同中，合同中的仲裁条款为："因履行本合同或与本合同有关的一切争议，应通过友好协商解决。如果友好协商不能解决，争议应提交瑞士苏黎世的国际贸易仲裁组织仲裁，裁决是终局的并对双方有拘束力。仲裁费用由败诉方承担，或由该仲裁组织在裁决中另行确定"。为了论证苏黎世商会是当事人约定的仲裁机构，仲裁庭在初步裁决中对仲裁条款的真实含义做了精彩的推论：因为当事人明确选择仲裁（而不是到普通的州法院去诉讼）；因为当事人明确同意在瑞士苏黎世解决其争端（而不是在其他国家或者被申请人所在国解决这一争端）；因为当事人明确将仲裁提交机构仲裁（而不是单纯的临时仲裁，不由任何仲裁组织管理）；因为在苏黎世只有苏黎世商会是处理外国人之间或外国人与瑞士人之间的国际争议的国际性仲裁机构，所以条款中的"国际贸易仲裁组织"只能是广为人知的主要国际仲裁机构之一的苏黎世商会。综此，仲裁庭认为这一仲裁条款是有效的，而且所选定的仲裁组织就是苏黎世商会。② 苏黎世商会的做法具有较好的参考与借鉴意义。换言之，解释语意模糊的仲裁协议应当透过个案现象去探究仲裁协议文字所蕴含的深层次的当事人真实意愿。

【典型案解】

1. 解释仲裁协议应注意语句的逻辑表达

裁判规则 ▶▶

"应将争议提交北京仲裁委员会仲裁提起诉讼"从语句表述上虽出现了"仲裁"和"诉讼"两个词，但从该语句的逻辑表达看，双方约定将争议提交仲裁机构进行仲裁的意思表示是明确的，不存在或者仲裁或者诉讼的问题。

典型案例 ▶▶

山西凯泰信息化工程有限公司与利兴凯（北京）能源系统技术有限公司申请确认仲裁协议效力案［北京市第四中级人民法院民事裁定书（2020）京 04 民特 66 号

① 参见［英］施米托夫：《国际贸易法文选》，赵秀文译，中国大百科全书出版社 1993 年版，第 612 页。此处的"国会法"指 1854 年《普通法诉讼程序法》。

② 参见宋连斌：《仲裁协议的新发展：理论与实践》，载《仲裁与法律》2001 年第 6 期。

（2020 年 4 月 16 日）］

申请人：山西凯泰信息化工程有限公司（以下简称凯泰公司）

被申请人：利兴凯（北京）能源系统技术有限公司（以下简称利兴凯公司）

2018 年 6 月 19 日，凯泰公司与利兴凯公司签订设备采购合同，第 7.1 条约定："因执行本合同所发生的或者与本合同有关的一切争议将由双方通过友好协商解决。如果不能协商一致，应将争议提交北京仲裁委员会仲裁提起诉讼。"

裁判观点

北京市第四中级人民法院认为，利兴凯公司与凯泰公司签订的设备采购合同第 7.1 条的约定具备了《仲裁法》第 16 条规定的仲裁协议应当具有的请求仲裁的意思表示、仲裁事项、选定的仲裁委员会的三项内容，"应将争议提交北京仲裁委员会仲裁提起诉讼"从语句表述上虽出现了"仲裁"和"诉讼"两个词，但从该语句的逻辑表达看，双方约定将争议提交仲裁机构进行仲裁的意思表示是明确的，不存在凯泰公司主张的合同双方就争议约定了既可以通过仲裁也可以通过诉讼方式解决的问题。设备采购合同中仲裁协议有效，对利兴凯公司、凯泰公司均具有约束力。利兴凯公司向设备采购合同的合同相对人之外的民事主体主张债权人代位权之诉，不影响设备采购合同仲裁条款对利兴凯公司、凯泰公司双方的约束力。

2. 一份法律文件中有争议解决方式的不同意思表示，以最后一次意思表示为准

裁判规则

募集说明书最后一段载明："发行人违反上述约定，投资人有权向贸仲委按照申请仲裁时其有效的仲裁规则在北京进行仲裁。"该仲裁条款所属全段文字内容均指向"本期债务融资工具"，因此仲裁条款中"上述约定"应代指募集说明书全文。募集说明书前后约定了不同的争议解决方式，应当以双方最后一次意思表示为准。案涉仲裁条款符合《仲裁法》第 16 条规定的形式要件，是有效的仲裁条款。

典型案例

北京华业资本控股股份有限公司与广州证券股份有限公司申请确认仲裁协议效力案［北京市第四中级人民法院民事裁定书（2019）京 04 民特 135 号（2020 年 1 月 9 日）］

申请人：北京华业资本控股股份有限公司（以下简称华业资本）

被申请人：广州证券股份有限公司（以下简称广州证券）

2017 年 10 月，华业资本发布北京华业资本控股股份有限公司 2017 年度第一期短期融资券募集说明书(以下简称募集说明书),发行5亿元“北京华业资本控股股份有限公司2017年度第一期短期融资券”。

裁判观点

北京市第四中级人民法院认为,本案募集说明书的法律性质应属于要约邀请,但该说明书最后一段明确载明“发行人发行本期债务融资工具,主承销商承销本期债务融资工具,以及持有人认购或购买本期债务融资工具,均视为已同意上述约定,并认可该等约定构成对其有法律约束力的相关合同义务”,且没有证据显示广州证券购买该期债券时与华业资本达成了其他约定,故募集说明书载明的内容可以视为双方当事人达成的协议文本。募集说明书最后一段虽然有“发行人违反上述约定,投资人有权向贸仲委按照申请仲裁时其有效的仲裁规则在北京进行仲裁”(结合全段文字,本院认为此处“上述约定”应代指募集说明书全文)之表述,但募集说明书他处多次出现“提起诉讼”等表述,由此可见募集说明书中对于纠纷解决方式同时约定了诉讼及仲裁,且没有做出特别区分。根据《仲裁法解释》第7条之规定,募集说明书项下的仲裁协议应属于无效。据此,本院依据《仲裁司法审查报核规定》第2条第2款之规定,向上级法院提请报核。

最高人民法院认为,募集说明书最后一段载明:“发行人发行本期债务融资工具,主承销商承销本期债务融资工具,以及持有人认购或购买本期债务融资工具,均视为已同意上述约定,并认可该等约定构成对其有法律约束力的相关合同义务。发行人违反上述约定,投资人有权向贸仲委按照申请仲裁时其有效的仲裁规则在北京进行仲裁。持有人会议的召开应不违反《持有人会议规程》相关规定。”该仲裁条款所属全段文字内容均指向“本期债务融资工具”,因此仲裁条款中“上述约定”应代指募集说明书全文。募集说明书前后约定了不同的争议解决方式,应当以双方最后一次意思表示为准。案涉仲裁条款符合《仲裁法》第16条规定的形式要件,是有效的仲裁条款,不宜认定募集说明书项下的仲裁协议无效。

第二节 仲裁终局性不确定的仲裁协议

【法理辨析】

1. 仲裁实行一裁终局制度

《仲裁法》第9条明确规定:仲裁实行一裁终局的制度。裁决作出后,当事人就同一纠纷再申请仲裁或者向人民法院起诉的，仲裁委员会或者人民法院不予受理。仲裁的重要优势之一就是程序简便快捷，国际上通行的一裁终局制度极大地实现了仲裁所具有的这一优势。一裁终局制度是指仲裁机构受理并经仲裁庭审理的纠纷，一经仲裁庭作出裁决，该裁决即发生终局的法律效力，当事人不得就同一纠纷向人民法院起诉或者向仲裁机构申请仲裁的制度。

2. 仲裁终局性不确定仲裁协议的效力

仲裁终局性不确定的仲裁协议通常有以下几种情形：一是约定如有争议可申请××仲裁委员会仲裁解决，对仲裁裁决不服，可以提起上诉；二是约定如有争议可申请××仲裁委员会仲裁解决，对仲裁裁决不服，可以向人民法院提起诉讼；三是约定对仲裁裁决书的复审可以向法院提出。对此类仲裁协议效力的认定，应注意，当事人对仲裁裁决效力部分的约定无效。因为仲裁法的基本制度之一是仲裁实行一裁终局制度，仲裁裁决作出即依法具有终局效力，因此，当事人不得就仲裁裁决的效力作出背离仲裁法的约定，如果其约定违背仲裁法所确立的仲裁一裁终局制度，该涉及仲裁裁决效力的约定无效。

3. 区分仲裁协议效力与仲裁裁决终局性不确定协议的效力

仲裁协议是当事人自愿协商达成的就争议事项提交仲裁机构通过仲裁方式解决的书面意思表示；而仲裁裁决终局性不确定的约定，是当事人就仲裁裁决的效力作出的约定。因此，当事人就仲裁裁决效力部分约定无效，不影响对仲裁协议本身是否有效的独立判断。换言之，仲裁协议是否有效应当取决于当事人所签订的仲裁协议是否符合《仲裁法》关于仲裁协议有效要件的规定，只要仲裁协议约定符合《仲裁法》第16条的规定，且不具有《仲裁法》第17条规定的无效情形，该仲裁协议即有效；反之则无效。

4. 区分仲裁裁决终局性不确定的协议与“或仲裁或诉讼”的协议

两者协议中虽然都涉及有关诉讼的约定，但两者存在本质的区别。仲裁裁决终局性不确定的协议，是当事人在协议中，对争议解决方式仅约定将所发生的争议提交仲裁机构通过仲裁方式解决，但进一步约定，如果当事人对仲裁裁决不服，可以向法院起诉，或者向法院提出上诉，或者向法院提出复审等。对于仲裁裁决终局性不确定的协议，由于当事人无权就仲裁裁决的效力作出约定，因此，该约定不影响对仲裁协议效力的独立判断，只要关于仲裁协议的约定符合仲裁法的相关规定，即可以认定仲裁协议有效。而“或仲裁或诉讼”的协议则是当事人在协议中，对争议解决方式既约定可以向仲裁机构申请仲裁，也可以向法院提起诉讼。该仲裁协议因违反仲裁法所确立的或仲裁或诉讼的基本制度，因此，仲裁协议无效。

【典型案解】

1. 约定就仲裁裁决不服可以上诉的仲裁协议，不影响仲裁协议的效力

裁判规则

从《仲裁法》的立法宗旨来看，为实现商事仲裁的高效率，仲裁实行一裁终局的制度，当事人无权就仲裁裁决的效力作出约定。具体裁判规则如下：

(1)该约定具有仲裁优先的意思表示，并非或仲裁或诉讼的选择性约定，不能将该约定认定为“既约定仲裁又约定诉讼”的协议，而认定仲裁协议无效。

(2)该约定中的“仲裁协议”部分符合仲裁法关于仲裁协议有效性的规定，应对认定有效。

(3)“仲裁解决不服可以上诉至××中级人民法院”的表述违反了仲裁法关于仲裁终局性的规定，应属无效，但该部分内容无效不影响仲裁协议的效力。

典型案例

安徽省高速公路实验检测科研中心有限公司、安徽新雨其木业有限公司申请确认仲裁协议效力案［安徽省合肥市中级人民法院民事裁定书(2017)皖01民特317号(2018年1月29日)］

申请人：安徽省高速公路实验检测科研中心有限公司(以下简称高速科研中心)

被申请人：安徽新雨其木业有限公司(以下简称新雨其木业公司)

2015年12月，申请人高速科研中心(乙方、承租方)与被申请人新雨其木业公司(甲方、出租方)签订租房协议，协议约定：高速科研中心租用新雨其木业公司位于枞阳县经济开发区内的办公楼作为池州长江公路大桥接线检测中心的实验室用房。该涉案租房协议第5条约定：“违约责任：……如有争议可申请合肥市仲裁委员会仲裁解决，仲裁解决不成可上诉至合肥市中级人民法院。”后双方因履行该协议发生争议，高速科研中心作为申请人向合肥仲裁委员会申请仲裁，合肥仲裁委员会于2017年9月27日受理该案。新雨其木业公司在仲裁审理期间向合肥仲裁委员会申请确认涉案仲裁协议无效，合肥仲裁委员会尚未对仲裁协议效力作出决定时，高速科研中心向合肥市中级人民法院提出确认仲裁协议有效的申请。

裁判观点

合肥市中级人民法院认为,《仲裁法》第16条规定:“仲裁协议包括合同中订立的仲裁条款和以其他书面方式在纠纷发生前或者纠纷发生后达成的请求仲裁的协议。仲裁协议应当具有下列内容:(一)请求仲裁的意思表示;(二)仲裁事项;(三)选定的仲裁委员会。”本案中,新雨其木业公司与高速科研中心在双方签订的租房协议第5条约定的内容符合《仲裁法》第16条关于仲裁协议法定内容的要求,至于该条约定“仲裁解决不成可上诉至合肥市中级人民法院”的表述,具有仲裁优先的意思表示,并非或仲裁或诉讼的选择性约定,不能以此认定仲裁协议无效。此外,“仲裁解决不成可上诉至合肥市中级人民法院”的表述违反了法律关于仲裁终局性的规定,应属无效,但该约定不属仲裁协议内容,不影响仲裁协议的效力。仲裁条款约定的仲裁事项应理解为该协议项下争议,并选定合肥仲裁委员会作为仲裁机构,故双方就该协议产生纠纷已形成有效的仲裁协议。高速科研中心请求确认双方签订的租房协议中仲裁协议有效的申请理由成立,本院予以支持,因此,依照《仲裁法》第16条、第20条规定,裁定确认申请人高速科研中心有限公司与被申请人新雨其木业公司于2015年12月签订的租房协议中的仲裁协议有效。

2. 约定就仲裁裁决书的复审可以向法院提出,不影响仲裁协议的效力

裁判规则

涉案仲裁协议中约定通过仲裁解决纠纷的意思之后又表述“对裁决书的复审可在具有法定司法管辖权的任何法院立案”,不能认定涉案仲裁协议中存在就争议问题既可以提交仲裁又可以提起诉讼的约定内容,涉案仲裁条款(视为独立仲裁协议)应为有效。

典型案例

上海上美化妆品有限公司、上海韩束化妆品有限公司与NBA香港经营有限公司申请确认仲裁协议效力案[北京市第四中级人民法院民事裁定书(2020)京04民特21号(2020年4月27日)]

申请人:上海上美化妆品有限公司(以下简称上美公司)

申请人:上海韩束化妆品有限公司(以下简称韩束公司)

被申请人:NBA香港经营有限公司(以下简称NBA公司)

上美公司和韩束公司共同作为合同一方、NBA公司作为合同另一方,双方于2019年4月3日共同签订服务协议书。该协议(中文版本)第5条约定:“由本协议

书产生的、与本协议书有关的或者关于本协议书的所有争议，包括关于本协议书之存续、效力或者终止的任何问题，应提交在贸仲委进行仲裁，并通过仲裁最终解决。……仲裁地点和所在地应为北京，……本项仲裁协议应由仲裁所在地的法律进行管辖。对裁决书的复审可在具有法定司法管辖权的任何法院立案，但就任何该等诉讼，包括挽回仲裁之胜诉方在确认和执行强制裁决书时发生的任何费用和律师费、也包括申请本协议里规定的暂时救济或临时救济，协议双方明确地接受中华人民共和国法院的排他性司法管辖权。”双方就仲裁协议是否属于“或仲裁或诉讼”协议而无效发生争议。

裁判观点

北京市第四中级人民法院认为，《仲裁法解释》第7条规定：“当事人约定争议可以向仲裁机构申请仲裁也可以向人民法院起诉的，仲裁协议无效。但一方向仲裁机构申请仲裁，另一方未在仲裁法第二十条第二款规定期间内提出异议的除外。”涉案仲裁协议中约定通过仲裁解决纠纷的意思明确，该意思之后又表述“对裁决书的复审可在具有法定司法管辖权的任何法院立案”，相应内容不能理解为双方当事人可将争议提请仲裁解决或是进行诉讼解决的选择关系，而应理解为合同双方同意将仲裁机构作出的仲裁裁决提交司法机关进行司法监督，相应约定事项与内地现行法律规定并不相悖，因此不能认定涉案仲裁协议中存在就争议问题既可以提交仲裁又可以提起诉讼的约定内容。综上，双方当事人通过仲裁解决争议的意思表示明确，且未违反法律相关规定，涉案仲裁条款（视为独立仲裁协议）应为有效。

3. 约定“未有结果时向法院起诉”，不影响仲裁协议的效力

裁判规则

结合案涉协议书确定项目申报地，并结合司法行政部门登记确定仲裁机构。仲裁条款中向法院起诉是在仲裁“未有结果时”之后，该约定违反一裁终局而无效，但不影响仲裁协议效力。

典型案例

李某与苏州创天卓辰信息科技有限公司申请确认仲裁协议效力案［浙江省杭州市中级人民法院民事裁定书（2019）浙01民特270号（2020年4月14日）］

申请人：李某

被申请人：苏州创天卓辰信息科技有限公司（以下简称创天卓辰公司）

2017年8月1日，李某（甲方）与创天卓辰公司（乙方）签订技术咨询与股权合作协议书，该协议第9条“争议的解决及管辖”约定：因本协议或履行本协议产生的纠纷，双方应友好协商。协商不成时，应向项目申报地仲裁机构提请仲裁。未有结果时，向当地人民法院提起诉讼。

裁判观点

杭州市中级人民法院认为，本案中的仲裁条款约定双方因技术咨询与股权合作协议书产生的纠纷协商不成时应向“项目申报地仲裁机构”提请仲裁，结合技术咨询与股权合作协议书所涉的具体服务项目情形，可以确定项目申报地为杭州市，而目前在杭州市经过浙江省司法行政部门登记的仲裁机构仅有杭州仲裁委员会，因此该仲裁条款约定的仲裁机构的指向是明确的。从本案整个仲裁协议条款的内容来看，当事人约定争议提交仲裁的意思表示明确，不存在或裁或诉的双向选择，其中所谓可向法院起诉是在仲裁“未有结果时”之后，即使这部分约定违反一裁终局而无效，也不影响前述关于提交仲裁的约定的效力。

第三节 “或仲裁或诉讼”的协议

【法理辨析】

1.“或仲裁或诉讼”协议的理解

在多元化民商事纠纷解决机制中，民事诉讼与仲裁是可供当事人选择的具有法律效力的争议解决机制，但是，两者有本质的区别。民事诉讼作为国家设置的解决当事人之间民事纠纷的公力救济制度，诉权是法治国家当事人所享有的诉诸司法解决民事纠纷的基本权利，提起民事诉讼无须当事人约定；而仲裁则与此不同，仲裁起源于商人基于意思自治选择专业人士居中进行审理并作出裁决，作为一种被国家立法认可的具有法律效力的解决当事人之间商事纠纷的社会救济制度，仲裁机构对争议案件的仲裁管辖权只能来源于当事人之间的自愿协商授权。对此，我国《仲裁法》第4条与第5条规定，当事人采用仲裁方式解决纠纷，应当双方自愿，达成仲裁协议。没有仲裁协议，一方申请仲裁的，仲裁委员会不予受理。当事人达成仲裁协议，一方向人民法院起诉的，人民法院不予受理，但仲裁协议无效的除外。由此可见，“或仲裁或诉讼”制度成了我国仲裁法所确立的一项基本制度。

“或仲裁或诉讼”的协议，是当事人在关于争议解决方式的协议中，既约定将已经发生的或者将来可能发生的争议提交仲裁机构仲裁，也可以向法院提起诉讼的协议。该协议的核心特点在于当事人之间仅存在一份关于争议解决方式约定的协议，只是在一份协议中同时约定了仲裁与诉讼两种争议解决方式。就实践中的具体情况而言，在“或仲裁或诉讼”的协议中，关于“诉讼”的约定，有的当事人仅泛泛地约定可以向法院起诉或者通过诉讼方式解决争议，有的当事人则明确对管辖法院作出了具体约定，即当事人订立了管辖协议。无论当事人采取何种方式就诉讼作出约定，只有当事人在一份协议中既约定仲裁、又约定诉讼，即构成“或仲裁或诉讼”的协议。

司法实践中也存在一些对“或仲裁或诉讼”协议值得商榷的不同理解。如某案中，双方当事人在借条违约责任条款中约定：“1……2. 如借款人不能在 2019 年 5 月 31 日按金额清偿以上债务，出借人可以通过诉讼方式实现债权。3. 若借款人在履行过程中发生争议，所欠款项逾期不归还，由双方当事人协商解决，协商不成，提交××仲裁委员会仲裁。”对于该案约定是否属于“或仲裁或诉讼”的协议，某中级人民法院认为：案涉借条第 2 款虽然约定的是“出借人可以通过诉讼方式实现债权”，但未明确该诉讼方式为向人民法院起诉。同时，第 3 款继续约定了各方当事人同意将彼此之间的争议提交××仲裁委仲裁。结合上述两款，对于案涉借条关于“出借人可以通过诉讼方式实现债权”的约定，各方当事人的真实意思是通过××仲裁委解决案涉借条的争议。因此，关于案涉借条的上述约定，仅凭第 2 款中“诉讼方式”的记载不足以认定各方当事人约定的是向人民法院起诉，本案各方当事人约定的并非“或仲裁或诉讼”条款，案涉仲裁条款应为有效。对于该法院的认定，值得商榷。

2. “或仲裁或诉讼”约定中仲裁协议的效力

“或仲裁或诉讼”制度是仲裁法的一项基本制度，是指争议发生前或者发生后，当事人有权选择解决争议的途径：或者达成仲裁协议，将争议提交仲裁解决；或者于争议发生后向人民法院起诉，通过诉讼方式解决。可见，“或仲裁或诉讼”制度实质上是双方当事人对发生的争议只能选择仲裁或诉讼中的一种方式予以解决的制度。

在仲裁实践中，经常存在当事人在协议中，既约定将争议事项提交仲裁委员会仲裁解决，又约定可以向法院提起诉讼解决的“或仲裁或诉讼”的协议，该协议的核心在于当事人在争议解决方式的约定中，既选择了向法院提起诉讼，又选择了向仲裁机构申请仲裁。换言之，当事人之间并未通过自愿协商达成将争议提交仲裁机构通过仲裁方式解决的共同意思表示，因此，该仲裁协议因违反仲裁法所确立的“或仲裁或诉讼”的基本制度而无效，对此，《仲裁法解释》第 7 条也作出了明确的规定，即当事人约定争议可以向仲裁机构申请仲裁也可以向人民法院起诉的，仲裁协议无效。但一方向仲裁机构申请仲裁，另一方未在《仲裁法》第 20 条第 2 款规定期间内提出异议的除外。该条规定是“或仲裁或诉讼”仲裁协议无效的法律依据。

【典型案解】

1. 约定“或仲裁或诉讼”的，仲裁协议无效

裁判规则

《仲裁法解释》第 7 条规定，当事人约定争议可以向仲裁机构申请仲裁也可以向人民法院起诉的，仲裁协议无效。涉合同约定“可向武汉市仲裁委员会申请仲裁，或向合同履行地人民法院起诉”符合上述法律规定，应依法认定该仲裁协议无效。

典型案例

武汉中恒物业管理有限公司与崔某申请确认仲裁协议效力案[湖北省武汉市中级人民法院民事裁定书(2019)鄂 01 民特 202 号(2019 年 12 月 18 日)]

申请人：武汉中恒物业管理有限公司

被申请人：崔某

武汉中恒物业管理有限公司与被申请人崔某签订前期物业管理服务协议一份，该合同第 16 条约定：本协议在履行中如发生争议，双方应友好协商解决，或向物业管理行政部门申请调解；协商或调解无效的，可向武汉市仲裁委员会申请仲裁，或向合同履行地人民法院起诉。

裁判观点

武汉市中级人民法院认为，根据《仲裁法》第 18 条规定“仲裁协议对仲裁事项或仲裁委员会没有约定或者约定不明确的，当事人可以补充协议；达不成补充协议的，仲裁协议无效。”《仲裁法解释》第 7 条规定“当事人约定争议可以向仲裁机构申请仲裁也可以向人民法院起诉的，仲裁协议无效。”本案中，双方签订的案涉合同约定“可向武汉市仲裁委员会申请仲裁，或向合同履行地人民法院起诉”符合上述法律规定，应依法认定该仲裁协议无效。

2.“或仲裁或诉讼”的约定应当具有明确性、确定性

裁判规则

当事人在具体选择争议解决办法时应当具有明确性、确定性。该合同第9条第2款的表述不构成当事人达成了“或仲裁或诉讼”的协议,不影响第25条的效力。

典型案例

中信证券股份有限公司与平某君、浙江新三板资产管理有限公司申请确认仲裁协议效力案[北京市第四中级人民法院民事裁定书(2020)京04民特5号(2020年3月24日)]

申请人:中信证券股份有限公司(以下简称中信证券公司)

被申请人:平某君

被申请人:浙江新三板资产管理有限公司(以下简称新三板公司)

2016年11月3日,平某君(基金委托人)、新三板公司(基金管理人)及中信证券公司(基金托管人)签订基金合同,该合同第9条第2款第2项基金管理人的权利中,规定了基金管理人可以基金管理人的名义,代表私募基金与其他第三方签署基金投资相关协议文件、刑事诉讼权利或者实施其他法律行为;第25条规定:对于因本合同的订立、内容、履行和解释或与本合同有关的争议,合同当事人应尽量通过协商、调解途径解决。不愿或者不能通过协商、调解解决的,任何一方均有权将争议提交北仲根据该会届时有效的仲裁规则进行仲裁,仲裁的地点在北京市。

裁判观点

北京市第四中级人民法院认为,《仲裁法解释》第7条规定,当事人约定争议可以向仲裁机构申请仲裁也可以向人民法院起诉的,仲裁协议无效。但一方向仲裁机构申请仲裁,另一方未在《仲裁法》第20条第2款规定期间内提出异议的除外。该条是指当事人在具体选择争议解决办法时应当具有明确性、确定性。以此标准审视基金合同第25条的规定,可见该条对发生争议时选择仲裁明确具体,排除了诉讼方式。该合同第9条第2款的表述不构成当事人达成了“或仲裁或诉讼”的协议,不影响第25条的效力。

3.对争议解决方式的解释,不视为约定“或仲裁或诉讼”的协议

裁判规则

对“第2种方法”的解释、说明,不能当然视为双方还选择了诉讼方式解决争

议。在双方未另行明确约定以诉讼方式解决争议的情况下,应当按照该合同第 21 条选择的仲裁方式解决争议。

典型案例

张家界市天健置业有限责任公司与朱某波、彭某申请确认仲裁协议效力案[湖南省张家界市中级人民法院民事裁定书(2020)湘 08 民特 24 号(2020 年 3 月 9 日)]

申请人:张家界市天健置业有限责任公司

被申请人:朱某波

被申请人:彭某

张家界市天健置业有限责任公司与朱某波、彭某签订张家界市商品房预售合同。该合同第 21 条约定:"本合同在履行过程中发生争议,双方当事人可协商解决或者申请第三方调解;也可按第 1 种方式解决:1. 提交张家界仲裁委员会仲裁。2. 依法向人民法院起诉。"该合同第 23 条约定:"本合同未尽事项,双方当事人可在不违背法律法规约定、不与本合同内容相冲突的前提下进行其他约定或另行签订补充协议。经双方签字盖章的补充协议与本合同具有同等效力。本合同第二十一条争议的解决,双方还可以选择该条款第 2 种方法。不愿意按第 1 种方法解决争议的填写第 2 种方法,即向永定区人民法院诉讼。"

裁判观点

张家界市中级人民法院认为,该合同第 23 条中"本合同第二十一条争议的解决,双方还可以选择该条款第 2 种方法。不愿意按第 1 种方法解决争议的填写第 2 种方法,即向永定区人民法院诉讼"的条款,虽然"向永定区人民法院诉讼"是在横线上,但结合整个语句,应是解释性的条款,"向永定区人民法院诉讼"是对"第 2 种方法"的解释、说明,不能当然视为双方还选择了诉讼方式解决争议。在双方未另行明确约定以诉讼方式解决争议的情况下,应当按照该合同第 21 条选择的仲裁方式解决争议。申请人关于仲裁协议无效的理由不成立,其请求确认仲裁协议无效的请求本院不予支持。

4. 两份独立合同中的约定不属于"或仲裁或诉讼"的协议

裁判规则

工程合作协议与借款合同约定的内容不相同,属于两个不同的合同,因此,双方在工程合作协议中关于通过诉讼途径解决纠纷的约定并不导致借款合同中仲裁

协议的无效。双方当事人在借款合同中约定的仲裁协议并不符合“当事人约定争议可以向仲裁机构申请仲裁也可以向人民法院起诉”的情形。

典型案例

梁某永与廖某标申请确认仲裁协议效力案［广西壮族自治区贵港市中级人民法院民事裁定书(2019)桂08民特45号(2019年11月7日)］

申请人:梁某永

被申请人:廖某标

2018年7月4日,梁某永(甲方)与廖某标、付某林(乙方)签订工程合作协议约定:合同履行中出现分歧,双方协商不成可向人民法院申请裁决。同日,廖某标、付某林(甲方)与梁某永(乙方)签订借款合同约定:如因履行本合同发生争议,各方一致同意提交贵港仲裁委员会仲裁。

裁判观点

贵港市中级人民法院认为,双方当事人在借款合同中约定的仲裁协议是双方的真实意思表示,约定的仲裁事项不超出法律规定的仲裁范围,并不存在《仲裁法》第17条“有下列情形之一的,仲裁协议无效:(一)约定的仲裁事项超出法律规定的仲裁范围的;(二)无民事行为能力人或者限制民事行为能力人订立的仲裁协议;(三)一方采取胁迫手段,迫使对方订立仲裁协议的”规定的无效情形,因此,双方在借款合同中约定的仲裁协议属于有效协议。虽然本案当事人在工程合作协议中约定履行合同发生争议通过诉讼途径解决,但工程合作协议与借款合同约定的内容不相同,属于两个不同的合同,因此,双方在工程合作协议中关于通过诉讼途径解决纠纷的约定并不导致借款合同中仲裁协议的无效。本案中,双方当事人在借款合同中约定的仲裁协议并不符合“当事人约定争议可以向仲裁机构申请仲裁也可以向人民法院起诉”的情形,梁某永申请确认借款合同中仲裁协议无效的理由不成立,依法应予驳回。

第四节　数份合同中约定诉讼与仲裁的关系

【法理辨析】

1. 区分“或仲裁或诉讼”的协议与前后数份合同中约定争议解决方式的协议

“或仲裁或诉讼”的协议,其本质是在当事人之间仅存在一份关于约定争议解决方式的协议，只是在该份协议中，当事人既约定了将纠纷提交仲裁机构仲裁，同时又约定可以向法院起诉。而前后数份合同中约定争议解决方式的协议，其核心特点在于当事人之间存在数份关于约定争议解决方式的协议，在此情形下，后面的一份或者若干份关于约定争议解决方式的补充协议与在先合同是何种关系，应当取决于补充协议关于约定争议解决方式的具体内容。

对于当事人订立协议约定通过仲裁方式解决合同争议的，应尊重当事人的自由选择，维护民商事仲裁理念中的当事人意思自治原则。根据意思自治原则，合同当事人可以对因合同引起争议的解决方式进行约定，也可以自由选择约定争议解决的具体方式，还可以通过新的约定确认、补充或者变更争议解决方式。因此，如果前合同中约定的争议解决方式为“民事诉讼”，而补充合同中约定的争议解决方式是“仲裁”，此种情形下，应当注意前后数份合同各自应有的独立性，只要补充合同中约定将争议事项提请仲裁委员会仲裁的约定符合仲裁法关于仲裁协议有效要件的规定，则该补充合同中的仲裁协议有效而不能把当事人在前合同与补充合同中关于争议解决方式的约定结合起来，进而将当事人对争议解决方式的约定理解为“或仲裁或诉讼”的仲裁协议。由此可见，仲裁协议系合同当事人约定将争议提交仲裁解决的意思表示，其是否具有效力决定了争议解决方式的选择。

2. 前合同与补充合同各自约定争议解决方式时的处理

实践中，经常出现前合同与补充合同中均有关于争议解决方式具体约定的情况，大体分为四种情况：一是前合同约定向××法院提起诉讼，补充合同约定向××仲裁机构申请仲裁；二是前合同约定向 A 仲裁委员会申请仲裁，补充合同约定向 B 仲裁委员会申请仲裁；三是前合同约定向 A 仲裁委员会申请仲裁，补充合同也约定向 A 仲裁委员会申请仲裁；四是前合同约定向法院提起诉讼，补充合同也约定向法院提起诉讼。第四种情况前合同与补充合同均约定诉讼，不属于本书裁判规则讨论的范围；第三种情况前合同与补充合同均约定仲裁，且约定同一个仲裁机构，实践中双方当事人通常不发生仲裁协议效力的争议。本书裁判规则重点需要分析的是前两种情况的处理问题，对此应当注意根据补充合同中关于仲裁协议约定的具体内容区分与前合同约定争议解决方式之间的关系。实践中可能出现以下两种情况：

第一，补充合同与前合同中约定的争议解决方式各自独立，即如果补充合同中关于仲裁协议的约定内容是：就补充合同或者本合同所发生的争议，协商不成，提交××仲裁委员会进行仲裁，则该补充合同中的仲裁协议仅仅适用于因补充合同约定内容所发生的争议。当然，在这种情况下，当事人可以申请仲裁的具体事项还应当取决于补充合同关于当事人之间实体权利义务约定,是对前合同的变更还是对前合同内容的补充。如果属于合同变更,则前合同中被补充合同变更的实体权利义务约定消灭,对补充合同变更内容所发生的争议,只能根据补充合同中仲裁协议的约定通过申请仲裁的方式予以解决;如果属于对前合同内容的补充,则前合同与补充合同各自独立,对于前合同约定内容所发生的争议,根据前合同约定通过向法院起诉解决,而对于补充合同约定内容所发生的争议,根据补充合同中的仲裁协议通过申请仲裁的方式予以解决。因此,补充合同中的仲裁协议不能适用于因前合同所发生的争议。司法实践中,在前合同与补充合同各自独立约定不同仲裁委员会仲裁的情况下,有些法院的做法值得商榷。如某案双方当事人签订的投资协议约定:所有与本协议有关的任何争议应由各方通过友好协商解决,如协商不成则任何一方有权向 A 仲裁委员会提起仲裁。同日,双方签订的投资协议之补充协议约定:所有与本协议有关的任何争议应由各方通过友好协商解决,如协商不成则任何一方有权向 B 仲裁委员会提起仲裁。法院认为,虽然两份协议是在同一天签署,但补充协议从名称和性质上来说,应是对投资协议的补充或变更,申请人与被申请人签署投资协议后于同日就其两方之间的未尽事宜又签署补充协议,对发生争议时提起仲裁的仲裁机构进行变更,实际上取代了投资协议中的约定。法院对该案的处理有待商榷。

第二,补充合同变更了前合同中约定的争议解决方式,即如果补充合同中关于仲裁协议的约定内容是:当事人因已经签署的合同和本补充合同所发生的争议,协商不成,提交××仲裁委员会仲裁,则该补充合同中的仲裁协议变更了当事人前合同中约定的诉讼解决争议的方式,因此,此种情况下的仲裁协议既可以适用于因补充合同所发生的争议,也可以适用于因前合同所发生的争议。

3. 主合同与保证合同中约定争议解决方式的处理

保证合同是保证人和债权人达成的明确相互权利义务,当债务人不履行债务时,由保证人承担代为履行或连带责任的协议。保证关系是从属于主债关系而存在的,保证合同也因而具有从属性,是从属于主合同而存在的,主合同无效,保证合同亦无效。但是,主合同与保证合同均为有效合同,且主合同对争议解决方式作出约定时,保证合同的当事人可以约定保证合同发生争议适用主合同的约定,也可以作出不同于主合同的关于争议解决方式的约定。例如,主合同约定的争议解决方式是提起诉讼,而保证合同约定的争议解决方式是向××仲裁机构申请仲裁。在这种情况下,虽然保证合同当事人之间的民事权利义务关系与主合同存在密切的联系,但是不影响保证合同中仲裁协议的效力,当事人依据仲裁协议申请仲裁解决保证合同项下的争议。

【典型案解】

1. 前合同约定诉讼，而后补充协议将争议解决方式变更为仲裁

裁判规则 ▶▶

1. 根据意思自治原则，合同当事人可以对因合同引起争议的解决方式进行约定，也可以自由选择约定争议解决的具体方式，还可以通过新的约定确认、补充或者变更在先约定的争议解决方式。

2. 前合同约定争议解决方式为诉讼，而后补充合同约定争议解决方式为仲裁时，在审查后补充合同约定仲裁协议效力时，应从后补充合同的整体性与独立性两方面综合分析。就合同的整体性而言，后补充合同系对前合同的补充；就合同的独立性而言，后合同是一份单独的合同，其具有合同成立全部形式要件与实质要件，在签订时间、签订主体、合同内容等方面均具独立性。因此，前合同约定诉讼，而后补充协议约定仲裁时，只要补充协议约定的仲裁条款符合《仲裁法》第16条仲裁协议的要件，应认定仲裁协议为合法有效。

3. 对于依据补充协议中的有效仲裁协议申请仲裁的事项范围，应当取决于该仲裁协议对仲裁事项的具体约定。如果补充协议中关于通过仲裁方式解决争议的约定是对在此之前的数份合同中关于争议解决方式约定的整体变更，在此情况下，无论是该补充协议约定内容所发生的争议，还是前合同约定内容所发生的争议，均应当适用补充协议中关于争议解决方式的约定，提交约定的仲裁委员会仲裁解决。

典型案例 ▶▶

新疆克州神宝华通股权投资有限责任公司、北京华普产业集团有限公司、蒯某海与北京世欣鼎成投资中心申请确认仲裁协议效力案［北京市第四中级人民法院民事裁定书(2018)京04民特62号(2018年5月16日)］

申请人：新疆克州神宝华通股权投资有限责任公司(以下简称神宝公司)

申请人：北京华普产业集团有限公司(以下简称华普集团)

申请人：北京华普投资有限责任公司(以下简称华普公司)

申请人：蒯某海

被申请人：北京世欣鼎成投资中心(有限合伙)(以下简承世欣合伙)

2011年8月，神宝公司作为甲方、世欣合伙作为乙方、华普集团作为丙方、蒯某

海作为丁方签订了关于贵州黔锦矿业有限公司股权转让的合作协议书(以下简称合作协议书)。合作协议书第9条约定:“因本协议产生的争议,应各方协商或者调解解决,协商或者调解解决不成时,任何一方均可向协议签署地的人民法院提起诉讼。”2011年9月,世欣合伙与神宝公司签订关于贵州黔锦矿业有限公司股权转让的合作协议书之补充协议书(一)(以下简称补充协议一)。2011年11月,世欣合伙与华普集团、华普公司、翦某海签订关于贵州黔锦矿业有限公司股权转让的合作协议书之补充协议书(二)(以下简称补充协议二)。2013年12月16日,世欣合伙、华普集团、华普公司、翦某海与神宝公司签订关于贵州黔锦矿业有限公司股权转让的合作协议书之补充协议书(三)(以下简称补充协议三)。2015年4月24日,世欣合伙作为甲方、华普集团作为乙方、华普公司作为丙方、翦某海作为丁方签订担保协议,担保协议第5条约定:“如果各方在执行协议中产生争议又无法协商一致的,应向甲方所在地有管辖权的人民法院提起诉讼。”

2015年12月31日,华普集团、华普公司、翦某海、世欣合伙与案外人神宝公司签订关于贵州黔锦矿业有限公司股权转让的合作协议书之补充协议书(四)(以下简称补充协议四)。补充协议四第4条约定:本协议为合作协议书、补充协议一、补充协议二、补充协议三及担保协议的补充,与合作协议书、补充协议一、补充协议二、补充协议三及担保协议具有同等法律效力。如果各方在执行协议中产生争议又无法协议一致的,应向北京仲裁委员会提起仲裁。

2017年2月23日,华普集团、华普公司、翦某海与世欣合伙签订补充协议,该补充协议第1条约定:各方在此确认,合作协议书、补充协议一、补充协议二、补充协议三、担保协议、补充协议四为各方就贵州黔锦矿业有限公司股权合作项目所签署的一系列法律文件,均系各方真实意思表示……补充协议第9条约定:各方在此确认,各方因各方已签署协议以及本补充协议的解释、履行而产生的任何争议均应提交北京仲裁委员会进行仲裁。第10条约定:本补充协议为各方关于黔锦矿业合作项目的补充约定,本补充协议内容与各方此前已签署的书面文件(包括各方已签署协议)不一致之处,以本补充协议的约定为准。

裁判观点

北京第四中级人民法院认为,仲裁协议(仲裁条款)系合同当事人约定将争议提交仲裁解决的意思表示,其是否具有效力决定了争议解决方式的选择。对于当事人订立协议约定通过仲裁解决合同争议的,应尊重当事人的自由选择,维护民商事审判理念中的当事人意思自治原则。根据意思自治原则,合同当事人可以对因合同引起争议的解决途径进行约定,也可以自由选择约定争议解决途径的方式,还可以通过新的约定确认、补充或者变更争议解决途径。本案中,就黔锦公司股权转让事项,共有包括本案涉案合同在内的七份合同,每份合同对于争议解决方式的约定有所不同。本案所涉七份合同在签订时间上有先后之分,在合同内容上具有承接性和延续性。后合同既是独立的新合同,也是对前合同的确认、补充或变更。在审查合同约定仲裁协议效力时,应从合同独立性和整体性两方面分别考虑,予以综合分析。

一、关于合同的独立性问题。补充协议四第4条约定:“如果各方在执行协议中产生争议又无法协议一致的,应向北京仲裁委员会提起仲裁。”从合同内容来看,补充协议四系对就黔锦公司股权转让事项所订立的前五份合同的补充;从合同要件来看,补充协议四是一份单独的合同,其具有合同成立全部形式要件与实质要件,在签订时间、签订主体、合同内容等方面均具独立性。补充协议四第4条约定了将“执行协议中”产生的争议提交北仲仲裁,对该条进行文意理解,此处的“协议”仅指补充协议四,并未包括就涉黔锦公司股权转让事项所涉其他协议。补充协议四第4条的约定有明确的仲裁意思表示,约定了仲裁事项及唯一确定的仲裁委员会,符合《仲裁法》第16条仲裁协议的要件组成,应认定为合法有效。据此,可以认定补充协议四中对于应将所涉争议提交仲裁的意思表示明确,仲裁条款有效。

二、关于系列合同的整体性。本案中,华普集团、华普公司、蒯某海与世欣合伙于2017年2月23日签订了补充协议,其签订时间晚于包括补充协议四在内的六份协议,其内容是对黔锦公司股权转让事项的确认、补充或变更。补充协议第10条约定:“本补充协议为各方关于黔锦矿业合作项目的补充约定,本补充协议内容与各方此前已签署的书面文件(包括各方已签署协议)不一致之处,以本补充协议的约定为准。”故根据补充协议,其可以对之前六份协议的相关内容进行确认、补充或者变更,确认、补充或者变更的内容既包括黔锦公司股权转让事项,也包括争议解决方式。补充协议第9条约定:“各方在此确认,各方因各方已签署协议以及本补充协议的解释、履行而产生的任何争议均应提交北京仲裁委员会进行仲裁。”故订立在后的补充协议对与黔锦公司股权转让事项有关的前六份合同中约定的争议解决方式进行了重新确认。根据本案实际情况,补充协议四的签订方为神宝公司、华普集团、华普公司、蒯某海与世欣合伙,补充协议的签订方为华普集团、华普公司、蒯某海与世欣合伙,虽然补充协议四与补充协议的签订方有所不同,但上述二份协议均明确约定应将就黔锦公司股权转让事项所产生的争议提交北仲仲裁,在系列合同中具有一致性,故可以认定北仲对补充协议四所涉争议的管辖权。

2. 合同约定诉讼，作为合同附件的管理协议约定仲裁

裁判规则

合同约定的争议解决方式与作为合同附件的管理协议中约定的争议解决方式不同，杰轩加工场提请该仲裁委员会仲裁的争议涉及合同价款的争议，未涉及安全生产管理协议的争议，故应以合同约定的争议解决方式为准。

典型案例

惠诺德（北京）科技有限公司与通州区东社镇杰轩不锈钢制品加工场确认仲裁协议效力案［北京市第四中级人民法院民事裁定书（2020）京04民特122号（2020年3月18日）］

申请人：惠诺德（北京）科技有限公司（以下简称惠诺德公司）

被申请人：通州区东社镇杰轩不锈钢制品加工场（以下简称杰轩加工场）

甲方惠诺德公司分别与乙方通州区东社镇天杰金属制品加工厂等签订重庆市公安局刑事技术中心安康医疗中心1#刑侦楼装饰、通风、净化、机电系统采购施工合同书等合同，合同专用条款中约定：在合同履行过程中，双方如发生争议，应友好协商解决。如协商不成，任何一方均有权将争议提交北仲仲裁。其中，附件专业分包工程安全生产管理协议中约定：发生争议时，可通过上级主管部门协商调解。若达不成一致意见，依法向承包方所在地的人民法院起诉。

裁判观点

北京市第四中级人民法院认为，杰轩加工场基于合同签订或转让行为获得合同的权利、义务。合同约定的争议解决方式与作为合同附件的管理协议中约定的争议解决方式不同，根据杰轩加工场向北仲提出的仲裁请求事项及理由，其提请该仲裁委员会仲裁的争议涉及合同价款的争议，未涉及安全生产管理协议的争议，故应以合同约定的争议解决方式为准。合同约定：双方发生争议，协商不成，任何一方均有权将争议提交北仲仲裁。该约定符合《仲裁法》第16条规定的仲裁协议应当具有的请求仲裁的意思表示、仲裁事项、选定的仲裁委员会的三项要件，应为有效。同时，根据案涉合同中约定的“组成合同的文件及解释顺序”，合同约定的仲裁协议属于解释顺序在前的协议，较解释顺序在后的专业分包工程安全生产管理协议具有优先效力，双方争议解决应以合同约定为准。

3. 前合同约定仲裁，补充协议未约定争议解决方式

裁判规则

合同中约定有仲裁协议，补充协议未明确约定仲裁条款，但除了对合同内容予以补充外，约定其他条款不变，仲裁条款有效。

典型案例

何某军、杭州鼎立铜业有限公司与新兴发展集团有限公司申请确认仲裁协议效力案［北京市第四中级人民法院民事裁定书（2020）京04民特95号（2020年3月11日）］

申请人：何某军

申请人：杭州鼎立铜业有限公司（以下简称鼎立公司）

被申请人：新兴发展集团有限公司（以下简称新兴公司）

新兴公司与何某军、鼎立公司签订股东借款协议书和股东借款展期协议书。两份协议书第7条均约定："本协议发生争议，协议各方应协商解决，协商不成，任何一方可向北京仲裁委员会申请仲裁。"股东借款展期协议书之后，新兴公司与何某军、鼎立公司就股东借款展期协议书达成多份补充协议，补充协议未明确约定仲裁条款，但补充协议除对前协议内容予以补充外，亦确认股东借款展期协议书其他条款不变，双方应遵照执行。

裁判观点

北京市第四中级人民法院认为，股东借款协议书和股东借款展期协议书中约定有仲裁协议，该协议有明确仲裁的意思表示、选定的仲裁机构及仲裁事项，故仲裁协议应为有效。展期协议书的补充协议虽未明确约定仲裁条款，但补充协议除对展期协议书予以补充外，每份补充协议中均约定展期协议书的其他条款不变，各方应遵照执行。何某军、鼎立公司提出的双方未明确同意将相关争议提交仲裁机构仲裁的理由，与约定不符，本院不予采纳。

4. 主合同约定诉讼，不能排除保证合同中仲裁条款的适用

裁判规则

主合同和保证合同是相对独立的合同，在分别约定了诉讼管辖、仲裁管辖纠纷解决方式的情形下，不能当然排除保证合同仲裁条款的适用。

典型案例

行某与中信信诚资产管理有限公司申请确认仲裁协议效力案[北京市第四中级人民法院民事裁定书(2019)京04民特652号(2019年12月24日)]

申请人:行某

被申请人:中信信诚资产管理有限公司(以下简称中信信诚公司)

2016年1月29日,新大陆公司与恒丰苏州分行签订委托贷款借款合同,该合同第17条约定:凡与本合同发生的及与本合同有关的任何争议,协商不成的,双方同意向北仲申请仲裁。2016年1月29日,行某与恒丰苏州分行签订保证合同,为保证恒丰苏州分行基于该等贷款对新大陆公司享有的债权的实现,行某愿意提供连带责任保证担保。第7条约定:凡因本合同发生的或与本合同有关的一切争议、纠纷,双方可协商解决,协商不成的,由北仲依申请仲裁时该会现行有效的仲裁规则予以仲裁,仲裁裁决是终局的,对双方具有约束力。

裁判观点

北京市第四中级人民法院认为,本案所涉保证合同中所订仲裁条款,具有明确的仲裁意思表示,约定了仲裁事项,仲裁机构明确唯一,具备《仲裁法》第16条规定的法定要件,没有证据证明存在《仲裁法》第17条规定的仲裁协议无效的情形,应为有效。双方未有另行约定时,主合同和保证合同是相对独立的合同,在分别约定了诉讼管辖、仲裁管辖纠纷解决方式的情形下,不能当然排除保证合同仲裁条款的适用,当事方因保证合同项下问题产生纠纷适用仲裁管辖条款,符合合同约定。故行某主张保证合同中的仲裁条款因主合同变更为诉讼管辖而无效,本院不予支持。

5. 当事人约定依公证书申请强制执行方式优先于仲裁解决方式,不影响仲裁协议的效力

裁判规则

依公证书直接向人民法院申请强制执行还是选择当事人此前协商一致的仲裁方式解决纠纷,是债权人的权利,当事方之间另有约定的除外。当事人约定了依公证书申请强制执行方式优先于仲裁解决方式的,不违反法律强制性规定,亦不影响仲裁条款的有效性。

典型案例

行某与中信信诚资产管理有限公司申请确认仲裁协议效力案[北京市第四中

级人民法院民事裁定书(2019)京04民特652号(2019年12月24日)]

申请人:行某

被申请人:中信信诚资产管理有限公司(以下简称中信信诚公司)

2016年1月29日,行某与恒丰苏州分行签订保证合同,该合同第7条约定:凡因本合同发生的或与本合同有关的一切争议、纠纷,双方可协商解决,协商不成的,由北仲依申请仲裁时该会现行有效的仲裁规则予以仲裁,仲裁裁决是终局的,对双方具有约束力。第9.1.1条约定:恒丰苏州分行、行某双方约定对本合同办理具有强制执行效力的债权文书公证。第9.1.2条约定:本条优先于本合同第7条争议的解决之条款。

裁判观点

北京市第四中级人民法院认为,《公证法》第37条第1款规定,对经公证的以给付为内容并载明债务人愿意接受强制执行承诺的债权文书,债务人不履行或者履行不适当的,债权人可以依法向有管辖权的人民法院申请执行。《民事诉讼法》第238条第1款规定,对公证机关依法赋予强制执行效力的债权文书,一方当事人不履行的,对方当事人可以向有管辖权的人民法院申请执行,受申请的人民法院应当执行。对于当事人而言,是依公证书直接向人民法院申请强制执行还是选择当事人此前协商一致的仲裁方式解决纠纷,是债权人的权利,当事方之间另有约定的除外。不存在合同中约定了依公证书申请强制执行的方式,又约定了仲裁条款时,仲裁条款便无效的规定。当然,当事人约定了依公证书申请强制执行方式优先于仲裁解决方式的,并不违反法律强制性规定,亦不影响仲裁条款的有效性。综上所述,行某提出的保证合同约定了办理具有强制执行效力的债权文书公证条款又约定了仲裁条款,仲裁协议因此无效的主张,没有事实和法律依据,本院不予支持。

【类案检索】

1.检索词:补充协议　取代原协议

典型案例

好车酷酷二手车经纪(天津)有限公司与广东太平洋互联网信息服务有限公司申请确认仲裁协议效力案[广东省广州市中级人民法院民事裁定书(2020)粤01民特346号(2020年4月23日)]

裁判观点 ▶▶

广州市中级人民法院认为，双方签订涉案合作协议约定：因履行本协议而发生的任何争议，双方应首先通过友好协商的方式加以解决，如无法协商解决，任何一方均有权向甲方所在地有管辖权的人民法院提起诉讼。双方签订补充协议，该协议中"太平洋网服务条款"第5条第1款约定：如双方就本合同或履行发生争议时，双方应进行友好协商；协商不成，任何一方均可向广州仲裁委员会提请仲裁。第6条约定：本补充协议为双方于2019年2月1日签订的合作协议的组成部分，如本补充协议条款与合作协议冲突，以本补充协议为准。根据上述约定，补充协议中"太平洋网服务条款"第5条约定争议解决方式为仲裁，仲裁应为双方当事人约定的争议解决方式并已经取代合作协议中的诉讼。

2. 检索词：合同约定仲裁　补充协议未涉及争议解决方式

典型案例 ▶▶

广州市图富物业管理有限公司与庞某光、肖某亨申请确认仲裁协议效力案［广东省广州市中级人民法院民事裁定书（2020）粤01民特77号（2020年2月18日）］

裁判观点 ▶▶

广州市中级人民法院认为，庞某光提交的落款时间为2016年2月3日的借款合同显示，各方当事人在该借款合同中明确约定仲裁条款，该条款有明确的请求仲裁的意思表示、仲裁事项和选定的仲裁委员会，而落款时间为2017年7月24日的借款补充合同系对2016年2月3日借款合同的补充协议，并未对仲裁合意进行变更。该仲裁条款合法有效。

3. 检索词：以物抵债合同　主合同

典型案例 ▶▶

信基集团有限公司与张某川、陈某娟、佛山市南海合纵房地产开发有限公司、创颂（广州）有限公司、倪某、叶某均、邓某钿、刘某申请确认仲裁协议效力案［广东省广州市中级人民法院民事裁定书（2019）粤01民特1115号（2020年4月20日）］

裁判观点 ▶▶

广州市中级人民法院认为，各方当事人在以物抵债协议中约定的仲裁条款有确定的仲裁机构，有提请仲裁的意思表示和明确的仲裁事项，符合《仲裁法》第16

条的规定,该条款合法有效。至于该协议和借款合同约定的法院管辖是否互相矛盾的问题,因以物抵债协议最后一条已经明确约定在与借款合同冲突时以以物抵债协议为准,因此,应认定通过仲裁方式解决争议。

4. 检索词:保证合同仲裁条款　有效

典型案例

张某与战略成就有限公司申请确认仲裁协议效力案[北京市第四中级人民法院民事裁定书(2019)京04民特654号(2019年12月4日)]

裁判观点

北京市第四中级人民法院认为,即便保证合同是认购合同的从合同,但就保证合同而言,其本身也是一份独立的合同,可以约定有独立的争议解决条款。张某认为,保证合同系对于认购合同的保证合同,属于认购合同的从合同。在认购合同将争议解决方式约定为受香港特别行政区法律管辖的情况下,作为从合同的保证合同将争议解决方式约定为由仲裁管辖,该项理由不能作为认定担保合同中仲裁条款无效的依据。

第五节　仲裁协议与专属管辖的关系

【法理辨析】

1. 多元化纠纷解决机制中的仲裁与诉讼

民事纠纷的数量庞大、种类复杂以及所涉及领域的广泛性,使得民事主体对纠纷解决的利益需求呈现出多样性,这就决定了民事纠纷的解决方式不是一元化的。而应当是多元化的,当事人既可以借助于自我力量,通过自行协商达成协议解决纠纷,也可以借助于作为第三方的社会力量或者国家公权力解决纠纷。2015年12月6日,中共中央办公厅、国务院办公厅联合下发了《关于完善矛盾纠纷多元化解机制的意见》,从国家治理体系和治理能力现代化的战略高度完善矛盾纠纷多元化解机制,并将人民法院在多元化纠纷解决机制中定位为引领、支持和保障作用。2016年6月29日,最高人民法院出台了《关于人民法院进一步深化多元化纠纷解决机制改革的意见》,对促进多元化纠纷解决机制发展提出了系统的指导意见。在多元化民事纠纷解决机制中，民事诉讼以国家的强制力作为后盾，通过严格规范的程序保证当事人的合法权利，因此，也被视为一种公力救济制度。而仲裁是由双方当事人通过仲裁协议选定的仲裁机构或者仲裁庭对纠纷进行审理并作出裁决的纠纷解决方式。商事仲裁实行或裁或审、一裁终局的制度，具有自愿性、专业性、保密性、经济性、独立性等其他纠纷解决方式所无法比拟的优势。因此，仲裁与诉讼是可供当事人选择的重要纠纷解决方式。根据《民事诉讼法》第 3 条的规定，人民法院受理公民之间、法人之间、其他组织之间以及他们相互之间因财产关系和人身关系提起的民事诉讼。而根据《仲裁法》第 2 条的规定，平等主体的公民、法人和其他组织之间发生的合同纠纷和其他财产权益纠纷，可以仲裁。可见，可以提起民事诉讼的案件范围广于可以仲裁的范围，因此，对于仲裁法允许仲裁的纠纷，当事人既可以选择订立仲裁协议通过仲裁方式解决纠纷，也可以通过民事诉讼解决纠纷。

2. 专属管辖不得对抗仲裁

在民事诉讼中，管辖是确定各级法院之间以及同级法院之间受理第一审民事案件的分工和权限的制度，其中，地域管辖是同级法院之间受理第一审民事案件的分工与权限，它是按照法院辖区和民事案件的隶属关系来确定管辖的制度。而专属管辖是地域管辖制度中的一种类型，是指法律规定的某些特殊类型的案件只能由特定的法院管辖，其他法院无权管辖，当事人也不得以协议的形式改变这种管辖。专属管辖制度的目的在于排斥其他法院对特定案件的管辖权。我国《民事诉讼法》第 33 条和第 266 条分别规定了两种类型的专属管辖，一种是第 33 条关于排斥其他法院管辖的专属管辖的一般规定，即下列案件，由本条规定的人民法院专属管辖：(一)因不动产纠纷提起的诉讼，由不动产所在地人民法院管辖；(二)因港口作业中发生纠纷提起的诉讼，由港口所在地人民法院管辖；(三)因继承遗产纠纷提起的诉讼，由被继承人死亡时住所地或者主要遗产所在地人民法院管辖。其中，关于不动产纠纷，《民诉法解释》第 28 条规定："民事诉讼法第三十三条第一项规定的不动产纠纷是指因不动产的权利确认、分割、相邻关系等引起的物权纠纷。农村土地承包经营合同纠纷、房屋租赁合同纠纷、建设工程施工合同纠纷、政策性房屋买卖合同纠纷，按照不动产纠纷确定管辖。不动产已登记的，以不动产登记簿记载的所在地为不动产所在地；不动产未登记的，以不动产实际所在地为不动产所在地。"另一种是《民事诉讼法》第 266 条关于排斥外国法院管辖的专属管辖的特别规定，即因在中华人民共和国履行中外合资经营企业合同、中外合作经营企业合同、中外合作勘探开发自然资源合同发生纠纷提起的诉讼，由中华人民共和国人民法院管辖。由上述规定可知，专属管辖适用的前提是纠纷应当通过诉讼方式解决，而非通过仲裁方式解决。换言之,专属管辖制度不得对抗当事人自愿协商订立仲裁协议选择通过仲裁方式解决纠纷。对此,《民诉法解释》第531条规定:涉外合同或者其他财产权益纠纷的当事人,可以书面协议选择被告住所地、合同履行地、合同签订地、原告住所地、标的物所在地、侵权行为地等与争议有实际联系地点的外国法院管辖。根据《民事诉讼法》第33条和第266条的规定,属于中华人民共和国法院专属管辖的案件,当事人不得协议选择外国法院管辖,但协议选择仲裁的除外。因此,根据《仲裁法》第6条的规定,仲裁委员会应当由当事人协议选定。仲裁不实行级别管辖和地域管辖。当事人选择仲裁解决纠纷,不受我国法院专属管辖规定的限制。

【典型案解】

1. 专属管辖不得对抗仲裁协议的效力

裁判规则 ▶▶

人民法院应适用《仲裁法》第16条、第17条、第18条及第20条规定对仲裁协议效力进行审查。仲裁协议从形式上和内容上均具备《仲裁法》第16条规定的要件,且不存在《仲裁法》第17条规定的无效情形,应认定仲裁协议有效。根据《仲裁法》第6条第2款规定,仲裁不实行级别管辖和地域管辖。《民事诉讼法》以及最高人民法院相关司法解释关于专属管辖的规定,不适用于仲裁案件。

典型案例 ▶▶

申请人丹东国润麦隆新能源有限公司与被申请人中冶宝钢技术服务有限公司、国润能源集团有限公司、山东润峰集团有限公司申请确认仲裁协议效力案[北京市第四中级人民法院民事裁定书(2020)京04民特14号(2020年4月27日)]

申请人:丹东国润麦隆新能源有限公司(以下简称国润麦隆公司)

被申请人:中冶宝钢技术服务有限公司(以下简称中冶公司)

被申请人:国润能源集团有限公司(以下简称国润能源公司)

被申请人:山东润峰集团有限公司(以下简称润峰公司)

2017年2月,国润麦隆公司作为业主方与作为总承包方的中冶公司先后签订合同编号为GDS-2017-02-01的EPC总承包合同以及编号为GDS-2017-02-02的EPC总承包合同,其中第24.1条争议的解决方式约定:业主方和总承包方在履行合同中发生争议的,可以友好协商解决或者提请争议评审组评审。合同当事人友好协商解决不成、不愿提请争议评审或者不接受争议评审组意见的,可用(1)方式解决:(1)向贸仲委申请仲裁,仲裁地点为北京。

裁判观点

北京市第四中级人民法院认为,仲裁协议(仲裁条款)系合同双方当事人合意约定将争议提交仲裁解决的意思表示,其是否具有效力决定了争议解决方式的选择。人民法院应适用《仲裁法》第16条、第17条、第18条及第20条规定对仲裁协议效力进行审查。对于当事人订立协议约定通过仲裁解决合同争议的,应当尊重当事人的自由选择,维护民商事审判理念中的当事人意思自治原则。本案中,双方签订的两份EPC总承包合同第24.1条对争议解决方式的约定,有请求仲裁的意思表示、明确的仲裁事项和选定的仲裁委员会。该仲裁协议从形式上和内容上均具备《仲裁法》第16条规定的要件,且不存在《仲裁法》第17条规定的无效情形,因此应认定EPC总承包合同对于合同双方将所涉争议提交仲裁的意思表示合法有效。根据《仲裁法》第6条第2款规定,仲裁不实行级别管辖和地域管辖。国润麦隆公司所援引的《民事诉讼法》以及最高人民法院相关司法解释关于专属管辖的规定,并不适用于仲裁案件。

2. 建设工程施工合同的专属管辖不影响仲裁协议的效力

裁判规则

仲裁协议系合同当事人约定将争议提交仲裁解决的意思表示,其效力与否决定了争议解决方式的选择。土方工程分包合同约定双方在履行合同中发生的争议,可以向北仲申请仲裁解决,东方园林公司再以民事诉讼法中专属管辖的规定主张仲裁协议无效,于法无据。

典型案例

申请人北京东方园林环境股份有限公司与被申请人鄂尔多斯市融玛生态环境治理工程有限公司申请确认仲裁协议效力案[北京市第四中级人民法院民事裁定书(2020)京04民特704号(2020年10月29日)]

申请人:北京东方园林环境股份有限公司(以下简称东方园林公司)

被申请人:鄂尔多斯市融玛生态环境治理工程有限公司(以下简称融玛环境公司)

2017年3月16日,甲方东方园林公司与乙方融玛环境公司签订土方工程分包合同,该合同第19条“争议解决”第1款约定:甲、乙双方在履行本合同中发生的争议，由双方协商或者通过协调解决，协商或协调不成，可以向北京仲裁委员会申请仲裁解决。

裁判观点

北京市第四中级人民法院认为，仲裁协议系合同当事人约定将争议提交仲裁解决的意思表示，其效力与否决定了争议解决方式的选择。人民法院在对仲裁案件进行司法审查时，应当以尊重当事人意思自治为原则，以审查当事人有无将争议提交确定仲裁机构仲裁的意思表示为依据来确定仲裁协议的效力。本案中，土方工程分包合同约定双方在履行合同中发生的争议，可以向北仲申请仲裁解决。该仲裁协议具有请求仲裁的意思表示、仲裁事项、选定的仲裁委员会，符合《仲裁法》第16条规定的法定要件，亦未违反法律的强制性规定，故应为合法有效。合法有效的仲裁协议对双方均具有约束力。合同双方存在合法有效的仲裁协议的法律后果即是排除了合同争议通过诉讼方式解决的途径，鉴于此，东方园林公司再以民事诉讼法中专属管辖的规定主张仲裁协议无效，于法无据，本院不予支持。

3. 中外合资经营企业合同中的仲裁条款的效力

裁判规则

对于因中外合资经营企业合同履行产生的纠纷，合同当事人可以约定向中华人民共和国人民法院提起诉讼，也可以书面约定提交仲裁机构仲裁。仲裁条款具有明确的仲裁意思表示、仲裁事项和仲裁机构，符合《仲裁法》规定仲裁条款有效的形式要件和实质要件，亦未违反《民事诉讼法》《中外合资经营企业法》《中外合资经营企业法实施条例》（以下简称《实施条例》）的强制性规定，仲裁条款合法有效。

典型案例

志图控股有限公司与大连亿达房地产股份有限公司申请确认仲裁协议效力案［北京市第四中级人民法院民事裁定书（2018）京04民特361号（2018年10月19日）］

申请人：志图控股有限公司（以下简称志图公司）

被申请人：大连亿达房地产股份有限公司（以下简称亿达公司）

2011年11月10日，志图公司与亿达公司签订修订及重述合同，合同第19.1条约定：因本合同引起的或与本合同有关的任何争议，双方应努力通过友好协商解决。若在协商开始后30天内未实现圆满解决，任何一方可将争议提交至位于中国北京的贸仲委，根据仲裁申请之时该机构有效的程序规则通过仲裁解决。

裁判观点

北京市第四中级人民法院认为,人民法院在对仲裁案件进行司法审查时,应当以尊重当事人意思自治为原则,以审查当事人有无将争议提交确定仲裁机构仲裁的意思表示为依据来确定仲裁协议(仲裁条款)的效力。对于中外合资经营企业合同中仲裁条款效力的审查,还应当以不违法我国法律法规的强制性规定为前提。本案所涉合同的性质为中外合资经营企业合同,首先,《民事诉讼法》第 266 条规定,因在中华人民共和国履行中外合资经营企业合同发生纠纷提起的诉讼,由中华人民共和国人民法院管辖,该条专指的是诉讼管辖,并非排除约定仲裁的可选择性;其次,《中外合资经营企业法》第 15 条规定,合营各方发生纠纷的,可以书面约定由中国仲裁机构进行调解或仲裁,也可由合营各方协议在其他仲裁机构仲裁,故《中外合资经营企业法》确定了约定中国或者其他仲裁机构仲裁的法律效力;再次,《实施条例》第 97 条和第 98 条规定,对于履行合同时发生的争议,可以书面约定提请仲裁或者司法解决,仲裁既可以在中国的仲裁机构进行仲裁,也可以在其他仲裁机构进行,故《实施条例》也认可了合同中约定仲裁解决争议的法律效力;最后,上述法律法规虽然在法律位阶和颁布实施时间上有所差别,但是立法内容具有一致性,即对于因中外合资经营企业合同履行产生的纠纷,合同当事人可以约定向中华人民共和国人民法院提起诉讼,也可以书面约定提交仲裁机构仲裁。上述法律法规即为审查本案所涉仲裁条款效力的强制性法律规范,结合《仲裁法》中关于仲裁条款效力的一般性规定,本院认为,修订及重述合同第 19.1 条明确约定,将因该合同履行有关的任何争议提交位于中国北京的贸仲委仲裁,该条具有明确的仲裁意思表示、仲裁事项和仲裁机构,符合《仲裁法》规定仲裁条款有效的形式要件和实质要件,亦未违反《民事诉讼法》《中外合资经营企业法》《实施条例》的强制性规定,仲裁条款合法有效。

【类案检索】

1. 检索词:主管　专属管辖　仲裁条款

典型案例

河南省弘阳高速公路有限公司与安阳市恒达公路发展有限责任公司申请确认仲裁协议效力案[河南省郑州市中级人民法院民事裁定书(2020)豫 01 民特 4 号(2020 年 4 月 20 日)]

裁判观点 ▶▶

郑州市中级人民法院认为,《民事诉讼法》关于管辖的规定是在案件属于人民法院主管,即属于人民法院受理民事案件范围的前提下,解决具体由某一人民法院受理该案件的问题的。专属管辖亦不例外,只有在案件属于人民法院主管时,才进一步考虑是否由某一人民法院专属管辖该案的问题。本案所涉合同的仲裁条款是双方当事人的真实意思表示,且仲裁机构选择明确,仲裁事项并不违反相关法律规定,应为有效。该仲裁条款排除了人民法院对该纠纷的主管,申请人所诉称的管辖问题在本案中尚不能涉及。

第五章　申请撤销仲裁裁决

常见问题与法条导航

序号	常见问题	法条导航
1	申请撤销国内仲裁裁决的管辖和法定情形	《仲裁法》第 58 条[1]、《仲裁法解释》第 17 条[2]
2	"没有仲裁协议的"认定	《仲裁法解释》第 18 条[3]、第 27 条[4]
3	"裁决的事项不属于仲裁协议的范围或者仲裁委员会无权仲裁的"认定	《仲裁法解释》第 19 条[5]、《仲裁裁决执行规定》第 13 条[6]
4	"仲裁庭的组成或者仲裁的程序违反法定程序的"认定	《仲裁法解释》第 20 条[7]、《仲裁裁决执行规定》第 14 条[8]
5	"裁决所根据的证据是伪造的"认定	《仲裁裁决执行规定》第 15 条[9]
6	"对方当事人向仲裁机构隐瞒了足以影响公正裁决的证据的"认定	《仲裁裁决执行规定》第 16 条[10]
7	"仲裁员在仲裁该案时有索贿受贿，徇私舞弊，枉法裁决行为"的认定	《仲裁司法审查规定》第 18 条[11]
8	申请撤销涉外仲裁裁决的法定情形	《仲裁法》第 70 条[12]、《民事诉讼法》第 274 条[13]
9	当事人申请撤销仲裁裁决的法定期间	《仲裁法》第 59 条[14]、《仲裁法解释》第 23 条[15]

①《仲裁法》第 58 条规定："当事人提出证据证明裁决有下列情形之一的，可以向仲裁委员会所在地的中级人民法院申请撤销裁决：（一）没有仲裁协议的；（二）裁决的事项不属于仲裁协议的范围或者仲裁委员会无权仲裁的；（三）仲裁庭的组成或者仲裁的程序违反法定程序的；（四）裁决所根据的证据是伪造的；（五）对方当事人隐瞒了足以影响公正裁决的证据的；（六）仲裁员在仲裁该案时有索贿受贿，徇私舞弊，枉法裁决行为的。人民法院经组成合议庭审查核实裁决有前款规定情形之一的，应当裁定撤销。人民法院认定该裁决违背社会公共利益的，应当裁定撤销。"

②《仲裁法解释》第 17 条规定："当事人以不属于仲裁法第五十八条或者民事诉讼法第二百五十八条规定的事由申请撤销仲裁裁决的，人民法院不予支持。"

③《仲裁法解释》第 18 条规定："仲裁法第五十八条第一款第一项规定的'没有仲裁协议'是指当事人没有达成仲裁协议。仲裁协议被认定无效或者被撤销的，视为没有仲裁协议。"

④《仲裁法解释》第 27 条规定："当事人在仲裁程序中未对仲裁协议的效力提出异议，在仲裁裁决作出后以仲裁协议无效为由主张撤销仲裁裁决或者提出不予执行抗辩的，人民法院不予支持。当事人在仲裁程序中对仲裁协议的效力提出异议，在仲裁裁决作出后又以此为由主张撤销仲裁裁决或者提出不予执行抗辩，经审查符合仲裁法第五十八条或者民事诉讼法第二百一十三条、第二百五十八条规定的，人民法院应予支持。"(《民事诉讼法》第 213 条、第 258 条于 2017 年修正为第 237 条、第 274 条。)

⑤《仲裁法解释》第 19 条规定："当事人以仲裁裁决事项超出仲裁协议范围为由申请撤销仲裁裁决，经审查属实的，人民法院应当撤销仲裁裁决中的超裁部分。但超裁部分与其他裁决事项不可分的，人民法院应当撤销仲裁裁决。"

⑥《仲裁裁决执行规定》第 13 条规定："下列情形经人民法院审查属实的，应当认定为民事诉讼法第二百三十七条第二款第二项规定的'裁决的事项不属于仲裁协议的范围或者仲裁机构无权仲裁的'情形：(一)裁决的事项超出仲裁协议约定的范围；(二)裁决的事项属于依照法律规定或者当事人选择的仲裁规则规定的不可仲裁事项；(三)裁决内容超出当事人仲裁请求的范围；(四)作出裁决的仲裁机构非仲裁协议所约定。"

⑦《仲裁法解释》第 20 条规定："仲裁法第五十八条规定的'违反法定程序'，是指违反仲裁法规定的仲裁程序和当事人选择的仲裁规则可能影响案件正确裁决的情形。"

⑧《仲裁裁决执行规定》第 14 条规定："违反仲裁法规定的仲裁程序、当事人选择的仲裁规则或者当事人对仲裁程序的特别约定，可能影响案件公正裁决，经人民法院审查属实的，应当认定为民事诉讼法第二百三十七条第二款第三项规定的'仲裁庭的组成或者仲裁的程序违反法定程序的'情形。当事人主张未按照仲裁法或仲裁规则规定的方式送达法律文书导致其未能参与仲裁，或者仲裁员根据仲裁法或仲裁规则的规定应当回避而未回避，可能影响公正裁决，经审查属实的，人民法院应当支持；仲裁庭按照仲裁法或仲裁规则以及当事人约定的方式送达仲裁法律文书，当事人主张不符合民事诉讼法有关送达规定的，人民法院不予支持。适用的仲裁程序或仲裁规则经特别提示，当事人知道或者应当知道法定仲裁程序或选择的仲裁规则未被遵守，但仍然参加或者继续参加仲裁程序且未提出异议，在仲裁裁决作出之后以违反法定程序为由申请不予执行仲裁裁决的，人民法院不予支持。"

⑨《仲裁裁决执行规定》第 15 条规定："符合下列条件的，人民法院应当认定为民事诉讼法第二百三十七条第二款第四项规定的'裁决所根据的证据是伪造的'情形：(一)该证据已被仲裁裁决采信；(二)该证据属于认定案件基本事实的主要证据；(三)该证据经查明确属通过捏造、变造、提供虚假证明等非法方式形成或者获取，违反证据的客观性、关联性、合法性要求。"

⑩《仲裁裁决执行规定》第 16 条规定："符合下列条件的，人民法院应当认定为民事诉讼法第二百三十七条第二款第五项规定的'对方当事人向仲裁机构隐瞒了足以影响公正裁决的证据的'情形：(一)该证据属于认定案件基本事实的主要证据；(二)该证据仅为对方当事人掌握，但未向仲裁庭提交；(三)仲裁过程中知悉存在该证据，且要求对方当事人出示或者请求仲裁庭责令其提交，但对方当事人无正当理由未予出示或者提交。当事人一方在仲裁过程中隐瞒己方掌握的证据，仲裁裁决作出后以己方所隐瞒的

证据足以影响公正裁决为由申请不予执行仲裁裁决的,人民法院不予支持。”

⑪《仲裁司法审查规定》第18条规定:“《中华人民共和国仲裁法》第五十八条第一款第六项和《中华人民共和国民事诉讼法》第二百三十七条第二款第六项规定的仲裁员在仲裁该案时有索贿受贿,徇私舞弊,枉法裁决行为,是指已经由生效刑事法律文书或者纪律处分决定所确认的行为。”

⑫《仲裁法》第70条规定:“当事人提出证据证明涉外仲裁裁决有民事诉讼法第二百五十八条第一款规定的情形之一的,经人民法院组成合议庭审查核实,裁定撤销。”(《民事诉讼法》第258条于2017年修正为第274条)

⑬《民事诉讼法》第274条规定:“对中华人民共和国涉外仲裁机构作出的裁决,被申请人提出证据证明仲裁裁决有下列情形之一的,经人民法院组成合议庭审查核实,裁定不予执行:(一)当事人在合同中没有订有仲裁条款或者事后没有达成书面仲裁协议的;(二)被申请人没有得到指定仲裁员或者进行仲裁程序的通知,或者由于其他不属于被申请人负责的原因未能陈述意见的;(三)仲裁庭的组成或者仲裁的程序与仲裁规则不符的;(四)裁决的事项不属于仲裁协议的范围或者仲裁机构无权仲裁的。人民法院认定执行该裁决违背社会公共利益的,裁定不予执行。”

⑭《仲裁法》第59条规定:“当事人申请撤销裁决的,应当自收到裁决书之日起六个月内提出。”

⑮《仲裁法解释》第23条规定:“当事人对重新仲裁裁决不服的,可以在重新仲裁裁决书送达之日起六个月内依据仲裁法第五十八条规定向人民法院申请撤销。”

第一节　申请撤销仲裁裁决的条件

【法理辨析】

1. 申请撤销仲裁裁决的界定

申请撤销仲裁裁决是指当仲裁裁决具有法定撤销情形时,当事人向人民法院提出申请,要求人民法院撤销仲裁裁决的行为。仲裁实行一裁终局制度,仲裁裁决作出后即具有法律效力,并对当事人之间的实体权利义务关系作出了终局的确定,非经法定程序不得予以撤销。

申请撤销仲裁裁决作为当事人的一项重要权利,具有以下特征:(1)当事人提出撤销仲裁裁决申请,是启动人民法院对仲裁进行司法监督的前提和基础。因为人民法院行使司法监督权具有被动性,其无权主动启动撤销仲裁裁决程序,该程序只能由当事人申请而启动。也就是说,人民法院行使撤销仲裁裁决的司法监督权是与当事人撤销仲裁裁决的申请权相联系的,后者是前者的前提,前者是对后者的救济。(2)当事人应当依法行使撤销仲裁裁决的申请权。为了保障仲裁裁决的公正性,维护当事人的合法权益,立法赋予当事人撤销仲裁裁决的申请权。同时,为维护仲裁裁决的权威性，防止当事人滥用撤销仲裁裁决的申请权，立法又明确规定了申请撤销仲裁裁决的事由，即当事人只有当仲裁裁决出现法定予以撤销的情形时，才能在法定期间向有管辖权的人民法院提出申请。

2. 申请撤销仲裁裁决的条件

根据我国《仲裁法》第58条与第59条的规定，仲裁裁决生效后，当事人申请撤销需要符合以下条件：

(1)提出申请的主体是当事人。这里的当事人是指双方当事人，具体可以从两个方面来理解：一是从仲裁程序的角度来理解，有权申请撤销仲裁裁决的当事人既包括仲裁申请人，也包括仲裁被申请人；二是从仲裁裁决的角度来理解，有权申请撤销仲裁裁决的人既可以是依据该仲裁裁决享有实体权利的人，也可以是承担实体义务的人。

(2)应当向有管辖权的人民法院提出申请。根据《仲裁法》第58条的规定，申请撤销仲裁裁决应当向仲裁委员会所在地中级人民法院提出申请。

(3)应当在法定期间内提出申请。即当事人申请撤销仲裁裁决应当在自收到仲裁裁决书之日起6个月内提出。

(4)必须有证据证明仲裁裁决出现法定应予撤销的情形。

【典型案解】

1. 当事人撤回对部分被申请人的仲裁请求，但作为裁决书的当事人具有申请撤销仲裁裁决的主体资格

裁判规则

依照《仲裁法》第58条的规定，当事人提出证据证明仲裁裁决具有该条规定所涉情形的，可向人民法院申请撤销仲裁裁决。裁决仍将名夏公司列为当事人，其作为该仲裁案的一方当事人，具有申请撤销该裁决的主体资格。

典型案例

深圳市名夏集团有限公司与深圳市中裕财富投资企业（有限合伙）、深圳市国融房地产开发有限公司申请撤销仲裁裁决案［广东省高级人民法院民事裁定书(2019)粤民终1435号(2019年6月28日)］

上诉人：深圳市名夏集团有限公司（以下简称名夏公司）

被上诉人：深圳市中裕财富投资企业（有限合伙）（以下简称中裕合伙企业）

被上诉人：深圳市国融房地产开发有限公司（以下简称国融公司）

中裕合伙企业依据2012年6月13日至19日其与国融公司、名夏公司签订的38份深圳市房地产买卖合同（预售）中的仲裁条款，向深圳仲裁委员会申请仲裁。后中裕合伙企业于2014年11月14日向仲裁庭申请撤回其对名夏公司的仲裁请求。仲裁庭于2015年1月5日根据中裕合伙企业与国融公司达成的调解协议，作出（2014）深仲裁字第1346号仲裁裁决。

裁判观点

广东省高级人民法院认为，本案为申请撤销仲裁裁决案，二审的争议焦点为名夏公司是否有权申请撤销涉案仲裁裁决。依照《仲裁法》第58条的规定，当事人提出证据证明仲裁裁决具有该条规定所涉情形的，可向人民法院申请撤销仲裁裁决。本案中，中裕合伙企业原以国融公司和名夏公司作为被申请人提起仲裁，后其请求撤回对名夏公司的仲裁请求，但深圳仲裁委员会作出的（2014）深仲裁字第1346号裁决仍将名夏公司列为当事人。名夏公司作为该仲裁案的一方当事人，具有申请撤销该裁决的主体资格。一审裁定认定名夏公司不具有申请撤销涉案仲裁裁决资格有误。

2. 北京市第四中级人民法院集中管辖申请撤销仲裁裁决案件

裁判规则

本案系高天乐公司向法院申请撤销（2018）中国贸仲京裁字第0800号裁决，根据《北京市高级人民法院关于北京市第四中级人民法院管辖的规定》第1条第3项规定，北京市第四中级人民法院管辖应由本市人民法院管辖的申请确认仲裁协议效力案件、申请撤销仲裁裁决案件，故北京市第四中级人民法院对本案有管辖权。

典型案例

上海晟久投资管理有限公司与天津高天乐投资管理有限公司申请撤销仲裁裁决上诉案［北京市高级人民法院民事裁定书（2019）京民辖终2号（2019年1月31日）］

上诉人：上海晟久投资管理有限公司（以下简称晟久公司）

被上诉人：天津高天乐投资管理有限公司（以下简称高天乐公司）

上诉人就与天津高天乐公司申请撤销仲裁裁决案，不服北京市第四中级人民法院（2018）京04民特333号民事裁定，提起上诉。

裁判观点

北京市高级人民法院认为,《仲裁法》第 58 条规定,当事人可以向仲裁委员会所在地的中级人民法院申请撤销仲裁裁决。本案系高天乐公司向法院申请撤销(2018)中国贸仲京裁字第 0800 号裁决,因贸仲委所在地位于北京市行政辖区内,故根据《北京市高级人民法院关于北京市第四中级人民法院管辖的规定》第 1 条第 3 项规定,北京市第四中级人民法院管辖应由本市人民法院管辖的申请确认仲裁协议效力案件、申请撤销仲裁裁决案件,故北京市第四中级人民法院对本案有管辖权。一审法院驳回晟久公司管辖权异议并无不当,本院对于一审法院所作裁定予以维持。

3. 对申请破产债务人所涉民事诉讼管辖的特别规定,不能排除仲裁法对申请撤销仲裁裁决案件的管辖规定的适用

裁判规则

对申请破产的债务人所涉民事诉讼实行集中管辖虽为原则,但并未排除法律关于专门管辖等民事诉讼特别规定的适用。《仲裁法》作为专门规范仲裁及与仲裁相关民事诉讼程序的法律,第 58 条明确规定,当事人申请撤销仲裁裁决的案件由仲裁委员会所在地的中级人民法院管辖。涉案仲裁裁决由广州仲裁委员会作出,广东省广州市中级人民法院作为该仲裁机构所在地的中级法院,受理撤销涉案仲裁裁决的申请合法有据。

典型案例

亿阳集团股份有限公司与纳斯特投资管理有限公司、原审申请人亿阳信通股份有限公司申请撤销仲裁裁决上诉案[广东省高级人民法院(2019)粤民辖终 324 号(2019 年 9 月 29 日)]

上诉人:亿阳集团股份有限公司

被上诉人:纳斯特投资管理有限公司

原审申请人:亿阳信通股份有限公司

上诉人就与纳斯特投资管理有限公司、原审申请人亿阳信通股份有限公司申请撤销仲裁裁决案,不服广东省广州市中级人民法院(2019)粤 01 民特 521 号民事裁定,提起上诉。

裁判观点

广东省高级人民法院认为,《企业破产法》第21条关于人民法院受理债务人的破产申请后,与之相关的民事诉讼应向受理破产申请的人民法院提起的规定,其目的在于通过集中管辖来实现对企业所涉债权债务情况的全面掌握,从而便于人民法院对破产财产依法分配、各债权人的债权及时受偿。《企业破产法解释(二)》第47条第3款规定:"受理破产申请的人民法院,如对有关债务人的海事纠纷、专利纠纷、证券市场因虚假陈述引发的民事赔偿纠纷等案件不能行使管辖权的,可以依据民事诉讼法第三十七条的规定,由上级人民法院指定管辖。"该条款表明,对申请破产的债务人所涉民事诉讼实行集中管辖虽为原则,但并未排除法律关于专门管辖等民事诉讼特别规定的适用。《仲裁法》作为专门规范仲裁及与仲裁相关民事诉讼程序的法律,第58条明确规定,当事人申请撤销仲裁裁决的案件由仲裁委员会所在地的中级人民法院管辖。综合上述法律规定,在上级法院未指定管辖的情况下,应由仲裁委员会所在地的中级人民法院受理当事人申请撤销仲裁裁决案件。涉案仲裁裁决由广州仲裁委员会作出,广东省广州市中级人民法院作为该仲裁机构所在地的中级法院,受理撤销涉案仲裁裁决的申请合法有据,一审裁定适用法律和处理结果均无不当,应予维持。亿阳集团股份有限公司关于将本案移送黑龙江省哈尔滨市中级人民法院审理的上诉请求理据不足,本院不予支持。

4. 根据适用的仲裁规则规定的送达地址和送达方式确定裁决书的送达日期

裁判规则

依照广州仲裁委仲裁规则第49条第2款的规定,当事人未确认送达地址的,以合同中约定的送达地址送达;仲裁文书邮寄至该地址,即为送达。广州仲裁委向郑某玮邮寄送达仲裁裁决书的邮件,于2017年7月1日因"拒收"而被退回,应视为该仲裁裁决书于2017年7月1日送达郑某玮。郑某玮于2018年8月10日向原审法院申请撤销涉案仲裁裁决,已超过上述法律规定的申请撤销仲裁裁决的期限。

典型案例

郑某玮与被上诉人蔡某宏申请撤销仲裁裁决上诉案[广东省高级人民法院民事裁定书(2019)粤民终987号(2019年5月27日)]

上诉人:郑某玮:

被上诉人:蔡某宏

上诉人郑某玮就与被上诉人蔡某宏申请撤销仲裁裁决案,不服广东省广州市中级人民法院(2018)粤01民特635号民事裁定,提起上诉。

裁判观点

广东省高级人民法院认为,二审的争议焦点是郑某玮申请撤销涉案仲裁裁决是否已超过法定申请期限。本案中,蔡某宏依据存量房买卖合同中的仲裁协议申请仲裁。广州仲裁委受理案件后,按照郑某玮在存量房买卖合同中约定的联系地址邮寄,向其送达仲裁申请书及仲裁裁决书等相关文书。依照广州仲裁委员会仲裁规则第49条第2款的规定,当事人未确认送达地址的,以合同中约定的送达地址送达;仲裁文书邮寄至该地址,即为送达。广州仲裁委按照郑某玮在存量房买卖合同中约定的地址向其送达仲裁文书,并未违反上述仲裁规则。现广州仲裁委向郑某玮邮寄送达仲裁裁决书的邮件,于2017年7月1日因"拒收"而被退回。根据上述仲裁规则,应视为该仲裁裁决书于2017年7月1日送达郑某玮。

《仲裁法》第59条规定:"当事人申请撤销裁决的,应当自收到裁决书之日起六个月内提出。"涉案仲裁裁决书于2017年7月1日送达郑某玮,现郑某玮于2018年8月10日向原审法院申请撤销涉案仲裁裁决,已超过上述法律规定的申请撤销仲裁裁决的期限。在此情形下,原审法院依照《仲裁司法审查规定》第8条第1款关于"人民法院立案后发现不符合受理条件的,裁定驳回申请"的规定驳回郑某玮的申请,认定事实及适用法律并无不当。郑某玮关于一审裁定适用法律有误的主张依据不足,本院不予支持。

第二节　申请撤销国内仲裁裁决的法定情形

【法理辨析】

1. 申请撤销国内仲裁裁决情形的法律规范

为保障当事人正当行使撤销仲裁裁决的申请权,《仲裁法》第58条对申请撤销国内仲裁裁决的法定情形作出明确规定,即当事人提出证据证明裁决有下列情形之一的,可以向仲裁委员会所在地的中级人民法院申请撤销裁决:(一)没有仲裁协议的;(二)裁决的事项不属于仲裁协议的范围或者仲裁委员会无权仲裁的;(三)仲裁庭的组成或者仲裁的程序违反法定程序的;(四)裁决所根据的证据是伪造的;(五)对方当事人隐瞒了足以影响公正裁决的证据的;(六)仲裁员在仲裁该案时有索贿受贿,徇私舞弊,枉法裁决行为的。人民法院经组成合议庭审查核实裁决有前款规定情形之一的,应当裁定撤销。人民法院认定该裁决违背社会公共利益的,应当裁定撤销。

根据《仲裁法解释》第 17 条的规定,当事人以不属于《仲裁法》第 58 条或者《民事诉讼法》第 258 条规定的事由申请撤销仲裁裁决的,人民法院不予支持。

2. 没有仲裁协议的认定

仲裁协议是当事人申请仲裁和仲裁机构受理争议案件的前提和基础,也是仲裁庭对争议案件行使仲裁权进行审理与裁决的法定依据。对于没有仲裁协议而申请仲裁解决的争议案件,仲裁庭行使仲裁权的行为以及仲裁裁决的强制执行力均不具有正当性,任何一方当事人均可以没有仲裁协议为由申请法院撤销仲裁裁决。根据《仲裁法解释》第 18 条的规定,《仲裁法》第 58 条第 1 款第 1 项规定的"没有仲裁协议"是指当事人没有达成仲裁协议。仲裁协议被认定无效或者被撤销的,视为没有仲裁协议。

3. 裁决的事项不属于仲裁协议的范围或者仲裁委员会无权仲裁的认定

该情形包括两种情况:第一,裁决的事项不属于仲裁协议的范围,即仲裁庭裁决的事项超出了仲裁协议的范围。就超出仲裁协议范围的事项而言,实质上意味着当事人针对该事项未达成仲裁协议,无论仲裁申请人是否对超出仲裁协议范围的事项提出仲裁请求,仲裁庭对该事项均无仲裁权,因此,仲裁庭对该事项作出的仲裁裁决缺乏正当性与合法性。第二,仲裁委员会无权仲裁,即仲裁裁决的事项不具有可仲裁性。换言之,该事项不属于依法可以仲裁的范围。我国现行《仲裁法》及司法解释未对该法定情形如何理解与适用作出具体规定,但是,《仲裁裁决执行规定》第 13 条规定:下列情形经人民法院审查属实的,应当认定为《民事诉讼法》第 237 条第 2 款第 2 项规定的"裁决的事项不属于仲裁协议的范围或者仲裁机构无权仲裁的"情形:(一)裁决的事项超出仲裁协议约定的范围;(二)裁决的事项属于依照法律规定或者当事人选择的仲裁规则规定的不可仲裁事项;(三)裁决内容超出当事人仲裁请求的范围;(四)作出裁决的仲裁机构非仲裁协议所约定。虽然《民事诉讼法》第 237 条是关于当事人申请不予执行国内仲裁裁决的法定情形的规定,但是,由于我国现行立法对申请撤销国内仲裁裁决与申请不予执行国内仲裁裁决的法定情形的规定是相同的,因此,法院在对当事人申请撤销仲裁裁决案件进行审查时,可以参照适用最高人民法院上述关于不予执行国内仲裁裁决司法解释的规定。在司法审查实践中,也有法院对该情形的理解与适用值得斟酌,如某法院在审理当事人申请撤销仲裁裁决案时,申请人认为其在仲裁请求中主张的是逾期违约金,讼争裁决却判了停工违约金，超出了其仲裁请求的范围，因此某仲裁委员会无权仲裁。法院却认为，双方签订的装修施工合同书明确约定，该合同在履行中发生争议的，又不能通过协商、调解方式解决的，由当事人向某仲裁委员会申请仲裁。而约定了逾期违约金的补充协议和约定了停工违约金的补充协议二均是装修施工合同书的从合同，因此无论是逾期违约金还是停工违约金，某仲裁委员会均有权对相关事项予以仲裁。该法院的观点值得商榷。

4. 仲裁庭的组成或者仲裁程序违反法定程序的认定

仲裁庭是代表仲裁机构行使仲裁权，对当事人提请仲裁的争议案件进行审理并作出终局仲裁裁决的审理组织。仲裁庭的组成是否合法直接影响仲裁权行使主体的正当与否，进而影响仲裁裁决的正当性。仲裁程序是仲裁法以及各机构仲裁规则所规定的仲裁庭对争议案件进行审理和裁决，以及当事人进行仲裁活动应当遵守的一定的程序和步骤，是仲裁庭与当事人正确行使其权利的程序保障。如果仲裁程序不合法，必然会影响仲裁裁决的正当性。因此，《仲裁法》第 58 条赋予当事人有权依据"仲裁的程序违反法定程序的"向法院申请撤销国内仲裁裁决。我国现行《仲裁法》及司法解释未对该法定情形如何理解与适用作出具体规定。但是，由于我国现行立法对申请撤销国内仲裁裁决与申请不予执行国内仲裁裁决的法定情形的规定是相同的，因此，法院在对当事人申请撤销仲裁裁决案件进行审查时，可以参照适用《仲裁裁决执行规定》第 14 条关于不予执行国内仲裁裁决司法解释的规定。

在仲裁实践中，当事人提出仲裁程序违反法定程序通常基于以下几个方面：第一，仲裁庭送达仲裁文书违法；第二，当事人申请仲裁庭调查证据，而仲裁庭未调查证据违法；第三，仲裁庭的鉴定程序违法。

5. 裁决所根据的证据是伪造的认定

证据是仲裁庭查明争议案件事实的依据，如果仲裁庭认定争议案件事实所依据的是伪造的证据，必然会因证据的不客观而影响仲裁庭对争议案件事实作出正确的认定，从而影响仲裁裁决的公正性与合理性。因此，《仲裁法》第 58 条赋予当事人有权依据"裁决所根据的证据是伪造的"向法院申请撤销国内仲裁裁决。我国现行立法及司法解释未对该法定情形如何理解与适用作出具体规定，但是，由于我国现行立法对申请撤销国内仲裁裁决与申请不予执行国内仲裁裁决的法定情形的规定是相同的，因此，法院在对当事人申请撤销仲裁裁决案件进行审查时，可以参照适用《仲裁裁决执行规定》第 15 条关于不予执行国内仲裁裁决司法解释的规定。

6. 对方隐瞒足以影响公正裁决证据的认定

证据是仲裁庭查明争议案件事实的依据，如果当事人隐瞒了对证明案件争议事实具有决定性作用的证据，就可能影响仲裁庭对争议案件事实的认定，从而作出不利于一方当事人的仲裁裁决。因此，《仲裁法》第 58 条赋予当事人有权依据“对方当事人隐瞒足以影响公正裁决的证据”向法院申请撤销国内仲裁裁决。我国现行立法及司法解释未对该法定情形如何理解与适用作出具体规定，但是，由于我国现行立法对申请撤销国内仲裁裁决与申请不予执行国内仲裁裁决的法定情形的规定是相同的，因此，法院在对当事人申请撤销仲裁裁决案件进行审查时，可以参照适用《仲裁裁决执行规定》第 16 条关于不予执行国内仲裁裁决司法解释的规定。

7. 仲裁员在仲裁该案时有索贿受贿，徇私舞弊，枉法裁决行为的认定

根据《仲裁司法审查规定》第 18 条规定：“《中华人民共和国仲裁法》第五十八条第一款第六项和《中华人民共和国民事诉讼法》第二百三十七条第二款第六项规定的仲裁员在仲裁该案时有索贿受贿，徇私舞弊，枉法裁决行为，是指已经由生效刑事法律文书或纪律处分决定所确认的行为。”

8. 仲裁裁决违背社会公共利益系法院可以依职权裁定撤销仲裁裁决的情形

《仲裁法》第 58 条第 1 款规定的六种情形系当事人可以据此申请撤销国内仲裁裁决的法定情形，如果人民法院在对当事人提出的撤销仲裁裁决申请进行审查过程中，认为仲裁裁决违背社会公共利益的，也应当予以撤销。所谓社会公共利益，是指社会所有成员的利益或者社会上大多数成员的利益。公共利益是社会共同体的基础，是社会各种利益的整合，反映宪法共同体价值体系的基本要求，其内容多以公共秩序或社会秩序为基本价值取向。违背社会公共利益的仲裁裁决如果得到执行，就意味着以少数人利益的维护去损害全体社会成员或者社会上大多数成员的利益，这是现代各国所普遍不允许的。因此，维护社会公共利益就成为我国的基本司法准则之一。人民法院在基于当事人的申请对仲裁裁决进行审查时，如果发现仲裁裁决违背社会公共利益，则应当裁定撤销。

【典型案解】

1. “没有仲裁协议”情形的判断

裁判规则

补充协议约定了仲裁条款，冯某刚认可其在保证方处的签字及捺印系其本人所为，虽然主张其是在被欺骗的情况下签字，但并未提供证据予以证实。后一补充

协议对争议解决方式的约定，系对前一协议有关争议解决方式的变更，符合法律规定。涉案仲裁协议合法有效。

典型案例 ▶▶

冯某刚与宿某震、位某斌、冯某免申请撤销仲裁裁决案［山东省东营市中级人民法院民事裁定书(2019)鲁05民特48号(2019年11月18日)］

申请人：冯某刚

被申请人：宿某震

被申请人：位某斌

原仲裁被申请人：冯某免

冯某刚申请撤销东营仲裁委员会作出的(2019)东仲字第50号仲裁裁决。

裁判观点 ▶▶

东营市中级人民法院认为，关于仲裁协议是否存在或有效的问题，经审查，投资(股东)合作协议书系冯某免与宿某震、位某斌签订，双方在协议中约定发生纠纷由有管辖权的人民法院管辖。后冯某免、位某斌、宿某震、冯某刚签订临朐县国炬机械配件厂项目补充合作约定书，其中第4条约定了仲裁条款。法院组织询问时，冯某刚认可其在保证方处的签字及捺印系其本人所为。虽然冯某刚主张其是在被欺骗的情况下签字，但并未提供证据予以证实。后一补充协议对争议解决方式的约定，系对前一协议有关争议解决方式的变更，符合法律规定。涉案仲裁协议合法有效，东营仲裁委员会有权对双方的涉案争议问题进行裁决，申请人主张"没有仲裁协议"的撤销理由不能成立。

2. 合同效力不影响仲裁协议效力，合同约定仲裁事项发生的争议，属于仲裁协议范围

裁判规则 ▶▶

涉案房屋及附属设施租用合同虽未生效，但其中的仲裁条款是作为合同中独立存在的有关解决争议方法的条款，合同是否生效并不影响仲裁协议效力。涉案商铺资金占用费等问题属于约定仲裁的履行合同过程中产生的争议，属于仲裁协议范围。

典型案例 ▶▶

广州市速建工程劳务有限公司与顾某欣、顾某燊申请撤销仲裁裁决案［广东省

中山市中级人民法院民事裁定书(2019)粤20民特130号(2019年7月23日)]

申请人:广州市速建工程劳务有限公司(以下简称广州速建公司)

被申请人:顾某欣

被申请人:顾某桑

广州速建公司请求撤销广州仲裁委员会中山分会于2019年1月21日作出的(2018)穗仲中案字第25305号中国广州仲裁委员会裁决书。

裁判观点

中山市中级人民法院认为,涉案房屋及附属设施租用合同虽未生效,但其中的仲裁条款是作为合同中独立存在的有关解决争议方法的条款,合同是否生效并不影响仲裁协议效力,房屋附属设施租用合同明确约定的仲裁范围是合同履行过程中发生的争议,而顾某欣、顾某燊所主张的涉案商铺资金占用费等问题确实是履行房屋及附属设施租用合同过程中产生的争议,显然属于仲裁协议范围,广州速建公司所提的涉案仲裁裁决事项不属于仲裁协议范围的申请理由不能成立。

3. 仲裁庭违反法定程序的判断应以《仲裁法》和仲裁规则为判断基准

裁判规则

从《仲裁法》和《仲裁法解释》的主旨来看,判断仲裁程序是否违反法定程序应以《仲裁法》明文规定以及仲裁规则为判断基准。根据仲裁规则,仲裁期间鉴定程序的启动以仲裁庭决定为准,而非一旦当事人申请鉴定就必然启动鉴定程序。

典型案例

北京杰富瑞科技有限公司与北京三生创新科技发展公司申请撤销仲裁裁决案[北京第四中级人民法院民事裁定书(2018)京04民特393号(2018年12月13日)]

申请人:北京杰富瑞科技有限公司(以下简称杰富瑞公司)

被申请人:北京三生创新科技发展公司(以下简称三生创新公司)

仲裁申请人三生创新公司以杰富瑞公司为仲裁被申请人,向北仲提出仲裁申请。北仲受理该案后,适用2015年4月1日起施行的仲裁规则。经审理,仲裁庭于2018年9月28日作出(2018)京仲裁字第1862号裁决。

裁判观点

北京第四中级人民法院认为,《仲裁法》第58条规定是撤销国内仲裁裁决的法律依据。涉案(2018)京仲裁字第1862号裁决属于国内仲裁裁决,故本院将依据上述法律规定,对杰富瑞公司提出的撤销仲裁裁决的申请进行审查。

杰富瑞公司申请撤销北仲(2018)京仲裁字第1862号仲裁裁决,称仲裁违反法定程序。杰富瑞公司收到仲裁案件材料后,即申请对相关的14个项目申请鉴定,三生创新公司也同意用鉴定的方式确定产品是否合格,对于这些专门问题,仲裁庭没有能力自行解决,在同意鉴定的基础上又没有做任何解释就放弃了鉴定,该行为严重地违反了法定程序。

《仲裁法解释》第20条规定:"仲裁法第五十八条规定的'违反法定程序',是指违反仲裁法规定的仲裁程序和当事人选择的仲裁规则可能影响案件正确裁决的情形。"因此,应以《仲裁法》明文规定以及仲裁规则为判断基准,在此基础上对杰富瑞公司的主张进行审查认定。根据北仲《仲裁规则》第35条"鉴定"第1项规定:"当事人申请鉴定且仲裁庭同意,或者当事人虽未申请鉴定但仲裁庭认为需要鉴定的,可以通知当事人在仲裁庭规定的期限内共同选定鉴定人。当事人不能达成一致意见的,由仲裁庭指定鉴定人。"根据上述规则,仲裁期间鉴定程序的启动以仲裁庭决定为准,而非一旦当事人申请鉴定就必然启动鉴定程序。根据本案现查明的事实,没有证据证明仲裁庭曾经明示同意进行鉴定,杰富瑞公司亦承认始终未接到仲裁庭关于预缴鉴定费的通知。以上事实足以说明仲裁庭以实际行动拒绝了杰富瑞公司提出的鉴定申请。在此情况下,杰富瑞公司指称仲裁庭违反法定程序,明显缺乏基本事实依据。

4. 仲裁庭在仲裁裁决中的笔误,不构成对仲裁程序的影响

裁判规则

吴某安在仲裁规则规定的期限内未选定仲裁员,仲裁委为其指定了仲裁员,仲裁裁决中载明的吴某安选定了仲裁员,系仲裁庭笔误,不构成对吴某安仲裁程序的影响。

典型案例

吴某安与西安安达房地产开发集团有限公司申请撤销仲裁裁决案[陕西省西安市中级人民法院民事裁定书(2018)陕01民特110号(2018年4月19日)]

申请人:吴某安

被申请人:西安安达房地产开发集团有限公司

吴某安申请撤销西安仲裁委作出的西仲裁字(2017)第1248号裁决。

裁判观点 ▶▶

西安市中级人民法院认为,仲裁委按仲裁规则向吴某安送达了选定仲裁员声明书、仲裁员名册等文件,吴某安在仲裁规则规定的期限内未选定仲裁员,仲裁委为其指定了仲裁员,程序符合仲裁规则的规定。至于仲裁裁决中载明的吴某安选定了仲裁员,系仲裁庭笔误,不构成对吴某安仲裁程序的影响,吴某安的该项撤裁理由,不能成立。

5. 仲裁送达仲裁文书是否违法的判断

裁判规则 ▶▶

仲裁送达应当遵守《仲裁法》以及仲裁规则的规定,合法有效送达不仅包括实际将材料交予受送达人或者受托签收人,也包括法律对符合特定情况的送达结果拟制推定为有效。仲裁庭依法或者依仲裁规则规定向当事人在仲裁程序中提供的送达地址进行送达,即使当事人未收到送达文书,也可以推定送达行为有效,该有效与实际送达有效具有相同的法律效力。

典型案例 ▶▶

北京华丰银地投资管理有限公司与上海钜派投资集团有限公司申请撤销仲裁裁决案[北京市第四中级人民法院民事裁定书(2018)京04民特262号(2019年3月28日)]

申请人:北京华丰银地投资管理有限公司(以下简称华丰银地)

被申请人:上海钜派投资集团有限公司(以下简称上海钜派)

2016年3月,上海钜派依据合伙协议和入伙协议中所订立的仲裁条款,以华丰银地为第一被申请人,青岛固名投资控股有限公司为第二被申请人向北仲申请仲裁。仲裁庭受理本案后,通过特快专递方式向华丰银地送达答辩通知、仲裁规则等材料文件,因地址欠详,没有电话而被退回。此后,仲裁庭以平常信函的方式向华丰银地工商注册地址送达了答辩通知、仲裁规则、组庭通知、开庭通知等材料文件,同时进行了公证。因华丰银地未出席庭审,仲裁庭对本案进行了缺席审理,并作出缺席裁决。

裁判观点 ▶▶

北京第四中级人民法院认为,《仲裁法》第58条规定是人民法院撤销国内仲裁裁决的法定事由。对于北仲向华丰银地的送达是否违反法定程序,应当从北仲的送达行为是否符合合法有效送达的法律要件来认定。合法有效送达不仅包括实际将材料交予受送达人或者受托签收人,也包括法律对符合特定情况的送达结果拟制推定为有效。本案中,北仲先后通过邮寄送达与公证送达相结合的方式向华丰银地的工商注册地址送达仲裁相关材料,符合北仲仲裁规则对送达的相关规定,且华丰银地在本案中提供的地址与北仲向其送达的地址相同,故华丰银地系由于其自身原因未能接收相关材料,而非上海钜派有故意隐瞒华丰银地的接收地址或者北仲未邮寄至受送达人提供的地址之情形。由于北仲在仲裁案件送达程序中均符合仲裁规则,故对于实际上已经发生的仲裁送达行为,可以推定为有效,该有效与实际送达有效具有相同的法律效力。据此,华丰银地认为程序违反法定情形的主张缺乏事实和法律依据。

6. 依合同约定的通信地址及联系电话邮寄相关仲裁文书不违反仲裁程序

裁判规则

佛山仲裁委员会根据案涉合同约定的通信地址及联系电话向郭某兴邮寄相关仲裁文书并未违反《仲裁法》及佛山仲裁委员会仲裁规则所规定的仲裁程序。

典型案例

郭某兴与兴业银行股份有限公司佛山分行、黄某仪、薛某志申请撤销仲裁裁决纠纷案[广东省佛山市中级人民法院民事裁定书(2018)粤06民特320号(2018年12月10日)]

申请人:郭某兴

被申请人:兴业银行股份有限公司佛山分行

被申请人:黄某仪

被申请人:薛某志

郭某兴申请撤销佛山仲裁委员会(2018)佛金仲字第180号仲裁裁决。

裁判观点

佛山市中级人民法院认为,案涉零售借款最高额保证合同第18条第1款第2项及第6款约定:"保证人:郭某兴;通讯地址:顺德区龙江镇南福里16号;联系电话:139××××6513""……提交仲裁时,双方同意选用简易程序进行审理,且相关法律文书(含仲裁法律文书)的送交以邮件快速专递寄送本合同记载的对方当事人通讯地址(该地址如有变更,应毫不延迟地书面通知对方及仲裁委员会),即视为送达。"佛山仲裁委员会仲裁规则第109条及第110条规定:"如本会或对方当事人经合理查询仍不能找到受送达人的营业地点、惯常住所或通信地址而以挂号信或能提供投递记录的其他任何手段送达给受送达人最后一个为人所知的营业地、注册地、住所地、惯常居住地或通讯地址，即视为已经送达。”“以挂号信、特快专递方式送达的，以投递至当事人或代理人的营业地点、住所、户籍所在地或通信地址为送达地址，以查询回执上注明的收件日期为送达日期。”案涉零售借款最高额保证合同明确约定了郭某兴的通信地址及联系电话，郭某兴也确认合同尾部“保证人”一栏的签名为其本人所签署。佛山仲裁委员会根据该合同约定的通信地址及联系电话向郭某兴邮寄相关仲裁文书并未违反《仲裁法》及佛山仲裁委员会仲裁规则所规定的仲裁程序。郭某兴亦未提供证据证明邮政机构在递送邮件的过程中存在过错，其主张没有事实及法律依据，本院不予支持。

7. 仲裁庭对反请求未调查证据是否违法的判断

裁判规则

仲裁被申请人提出仲裁反请求并申请仲裁庭调查取证，是否进行调查取证属于仲裁庭自主决定事项，其未进行调查取证符合仲裁法和仲裁规则的规定。

典型案例

国新中医药科学有限公司与北京新锦城房地产经营管理有限公司申请撤销仲裁裁决案［北京第四中级人民法院民事裁定书（2018）京04民特465号（2018年12月18日）］

申请人：国新中医药科学有限公司（以下简称国新公司）

被申请人：北京新锦城房地产经营管理有限公司（以下简称新锦城公司）

新锦城公司依据2016年6月15日与国新公司签订的租赁合同中的仲裁条款，将双方之间在租赁合同项下的争议向北仲提起仲裁，北仲案件受理后，国新公司提出仲裁反请求，并依法提出调查取证申请，但仲裁程序未进行调查。

裁判观点

北京第四中级人民法院认为，人民法院对仲裁案件进行司法审查，应以《仲裁法》第58条规定的事项作为撤销仲裁裁决的法定事由。关于仲裁庭未进行调查取证是否违反法定程序，经查，仲裁庭组织双方当事人对证据进行了举证和质证，是否进行调查取证属于仲裁庭自主决定事项，其未进行调查取证符合《仲裁法》和北仲仲裁规则的规定。

8. 根据适用的仲裁规则，仲裁庭有权决定对开庭后提交的证据，经当事人同意进行书面质证

裁判规则 ▶▶

根据广州仲裁委员会仲裁规则的规定，仲裁庭有权决定对开庭后提交证据是另行开庭质证还是经立予成公司同意后作书面质证，现立予成公司已提交了书面质证。因此，广州仲裁委员会（以下简称广州仲裁委）对该证据已经组织质证且并未违反仲裁规则的相关规定，志鸿物流公司主张广州仲裁委员会对该证据未予质证属于程序违法缺乏事实和法律依据。

典型案例 ▶▶

广州志鸿物流有限公司与广州立予成投资管理有限公司申请撤销仲裁裁决案［广东省广州市中级人民法院民事裁定书（2018）粤01民特136号（2018年4月20日）］

申请人：广州志鸿物流有限公司（以下简称志鸿物流公司）

被申请人：广州立予成投资管理有限公司（以下简称立予成公司）

志鸿物流公司申请撤销广州仲裁委作出的（2017）穗仲案字第3060号仲裁裁决。

裁判观点 ▶▶

广州市中级人民法院认为，关于志鸿物流公司主张仲裁庭对关键证据不予质证属于程序违法的问题，广州仲裁委员会仲裁规则第44条第4项规定，当事人开庭后提交的证据，仲裁庭决定接受的，可以另行开庭质证，或者经对方当事人同意进行书面质证。志鸿物流公司主张广州仲裁委对其提交的银行流水单及账户使用确认书未予质证，如前述查明的事实，志鸿物流公司于仲裁庭开庭后提交上述证据，根据上述仲裁规则的规定，仲裁庭有权决定对该证据是另行开庭质证还是经立予成公司同意后作书面质证，现立予成公司已提交了书面质证，广州仲裁委在涉案仲裁裁决书“举证与质证”部分，也就双方当事人关于上述银行流水单和账户使用确认书的举证、质证情况作出详细述明。因此，广州仲裁委对该证据已经组织质证且并未违反仲裁规则的相关规定。志鸿物流公司主张广州仲裁委对该证据未予质证属于程序违法缺乏事实和法律依据，本院对其该主张不予支持。

9. 一方当事人委托代理人参加仲裁,另一方未提出异议,视为仲裁程序合法

裁判规则

仲裁庭开庭时东达房地产公司未对多达置业公司代理人身份提出异议。现以此作为撤销裁决的理由之一,本院不予支持。

典型案例

内蒙古东达房地产开发有限公司与鄂尔多斯集团房地产开发有限责任公司、内蒙古鄂尔多斯多达置业有限责任公司申请撤销仲裁裁决案[内蒙古自治区鄂尔多斯市中级人民法院民事裁定书(2018)内06民特11号(2018年6月4日)]

申请人:内蒙古东达房地产开发有限公司(以下简称东达房地产公司)

被申请人:鄂尔多斯集团房地产开发有限责任公司

被申请人:内蒙古鄂尔多斯多达置业有限责任公司(以下简称多达置业公司)

裁判观点

鄂尔多斯市中级人民法院认为,多达置业公司是具有独立法人资格的企业,有权在仲裁程序中委托诉讼代理人参与仲裁活动,且在仲裁庭开庭时东达房地产公司未对多达置业公司代理人身份提出异议。现以此作为撤销裁决的理由之一,本院不予支持。

10. 当事人对仲裁庭组成人员无异议,且在最后一次开庭前未提出回避申请,主张仲裁庭组成违法不成立

裁判规则

《仲裁法》第34条和《海事仲裁规则》第36条规定的回避情形,即"与本案有利害关系""与本案当事人、代理人有其他关系,可能影响公正仲裁的"。中电公司选定李某担任仲裁员,且仲裁庭在2016年5月27日、11月1日两次开庭庭审要点均向双方当事人送达并由双方代理人和公司工作人员签字确认,对组成审理本案仲裁庭的首席仲裁员蒋某业以及仲裁员张某生和仲裁员李某没有异议。2016年3月16日收到声明书到2016年11月1日最后一次开庭之前历时200天也没有按照上述规定时间及时提出回避申请。综上所述,中电公司关于仲裁庭组成违法的理由不能成立。

典型案例

中电电建建设有限公司与中国外运股份有限公司申请撤销仲裁裁决案[天津

海事法院民事裁定书(2017)津72民初876号(2018年2月13日)]

申请人:中电电建建设有限公司(以下简称中电公司)

被申请人:中国外运股份有限公司(以下简称外运公司)

中电公司请求撤销中国海事仲裁委员会作出的(2017)海仲京裁字第0015号裁决。

裁判观点

天津海事法院认为,《仲裁法解释》第20条规定:仲裁法第58条规定的“违反法定程序”,是指违反仲裁法规定的仲裁程序和当事人选择的仲裁规则可能影响案件正确裁决的情形。因此,判定本案仲裁庭的组成及程序是否违法的依据应为《民事诉讼法》《仲裁法》《海事仲裁规则》的相关规定。仲裁员守则和仲裁员行为考察不是人民法院审查仲裁庭的组成及程序是否违法的依据,故此,本院不予参照。《仲裁法》第34条和《海事仲裁规则》第36条规定的回避情形,即“与本案有利害关系”“与本案当事人、代理人有其他关系,可能影响公正仲裁的”。中电公司虽然提供了证据证明首席仲裁员蒋某业所在的环球律师事务所律师张某、朱某于2015年2月5日出具了关于中国外运股份有限公司2015年度第一期超短期融资券发行事宜法律意见书,首席仲裁员蒋某业所在的环球律师事务所主任合伙人高某风担任中国海商法协会第十二届(2011年)副秘书长和第十三届(2014年)常务理事等;提供了仲裁员李某从2008年至今在中国海商法协会担任副主席职务等;提供了仲裁员张某生所在的上海四维乐马律师事务所在(2015)鲁商终字第151号、(2016)最高法民申381号和(2014)沪海法商初字第759号三案中分别担任外运公司三家下属公司的诉讼代理人。但上述事实尚不足以证明首席仲裁员蒋某业、仲裁员李某和张某生存在《仲裁法》第34条所规定的仲裁员必须回避的情形。另外,《海事仲裁规则》第35条规定:“(一)被选定或被指定的仲裁员应签署声明书,披露可能引起对其公正性和独立性产生合理怀疑的任何事实或情况。(二)在仲裁程序中出现应披露情形的,仲裁员应立即书面披露。(三)仲裁员的声明书及/或披露的信息应提交仲裁委员会仲裁院并转交各方当事人。”上述查明事实可以认定,中国海事仲裁委员会没有违反上述规定。

《海事仲裁规则》第36条第1项、第2项、第3项规定:“(一)当事人收到仲裁员的声明书及/或书面披露后,如果以披露的事实或情况为理由要求该仲裁员回避,则应于收到仲裁员的书面披露后10天内书面提出。逾期没有申请回避的,不得以仲裁员曾经披露的事项为由申请该仲裁员回避。(二)当事人对被选定或被指定的仲裁员的公正性和独立性产生具有正当理由的怀疑时,可以书面提出要求该仲裁员回避的请求，但应说明提出回避请求所依据的具体事实和理由，并举证。（三）对仲裁员的回避请求应在收到组庭通知后15天内以书面形式提出；在此之后得知要求回避事由的，可以在得知回避事由后15天内提出，但应不晚于最后一次开庭终结。”上述查明事实可以认定，中电公司选定李某担任仲裁员，且仲裁庭在2016年5月27日、11月1日两次开庭庭审要点均向双方当事人送达并由双方代理人和公司工作人员签字确认，对组成审理本案仲裁庭的首席仲裁员蒋某业以及仲裁员张某生和仲裁员李某没有异议。中电公司在2016年1月25日向中国海事仲裁委员会提交延期选定仲裁员申请书以“因中电公司对海事仲裁规则以及程序较为生疏且目前已经临近春节，中电公司对仲裁员名册中仲裁员缺乏调研与了解，准备时间非常紧迫，这直接影响到中电公司对仲裁员的选定；另外，据中电公司获悉，外运公司现已经整体并入招商局集团，而贵委的仲裁员名册中有大量的仲裁员与招商局集团存在关联关系，这表明外运公司与贵委众多仲裁员之间也存在关联关系以及利害关系，此种情形使得中电公司在选定仲裁员时充满忧虑和谨慎，需要更多的时间去做充分的调研和了解，以有利于仲裁程序的严谨和公正”的理由申请延期选定仲裁员，足以证明其在仲裁庭组成之前已经注意到了可能发生回避的情形。2016年3月16日收到声明书到2016年11月1日最后一次开庭之前历时200天也没有按照上述规定时间及时提出回避申请。综上所述，中电公司关于仲裁庭组成违法的理由不能成立。

11. 仲裁庭组成是否违反法定程序，应根据适用的仲裁规则进行判断

裁判规则

经郴州仲裁委员会告知，朱某武并未在规定的期限内向郴州仲裁委员会提交选定独任仲裁员函，未与湖南二建临武城建公司共同选定仲裁员，根据郴州仲裁委员会仲裁规则规定，可由郴州仲裁委员会指定仲裁员。且根据规定，本案可适用简易程序、由一名仲裁员组成仲裁庭独任仲裁，因此，朱某武主张仲裁庭的组成违反了法定程序，缺乏事实和法律依据。

典型案例

朱某武与湖南二建临武城市建设开发有限公司申请撤销仲裁裁决案［湖南省郴州市中级人民法院民事裁定书（2019）湘10民特18号（2019年5月8日）］

申请人：朱某武

被申请人：湖南二建临武城市建设开发有限公司（以下简称湖南二建临武城建

公司）

朱某武请求判令撤销郴州仲裁委员会作出的郴仲字(2018)第81号裁决。

裁判观点

郴州市中级人民法院认为,本案的审查重点为仲裁庭的组成是否违反法定程序。郴州仲裁委员会仲裁规则第21条规定:“当事人自收到受理通知书或答辩通知书之日起十日内,没有约定仲裁庭组成方式或选定仲裁员、首席仲裁员的,由本会主任决定仲裁庭组成方式并指定仲裁员。”本案郴州仲裁委员会于2018年5月8日向朱某武送达的受理案件通知书中,告知朱某武可以在收到该通知书之日起15日内与湖南二建临武城建公司共同选定或委托该会主任指定一名仲裁员成立独任仲裁庭审理本案。郴州仲裁委员会于2018年5月8日向朱某武送达的仲裁规则中,亦有相应的明确规定。而朱某武并未在规定的期限内向郴州仲裁委员会提交选定独任仲裁员函,未与湖南二建临武城建公司共同选定仲裁员。故根据该规定,可由郴州仲裁委员会指定仲裁员。且依据郴州仲裁委员会仲裁规则第59条“案件争议标的不超过10万元的,可适用简易程序”和第60条“适用简易程序仲裁的案件,由一名仲裁员组成仲裁庭独任仲裁”规定,本案可适用简易程序,由一名仲裁员组成仲裁庭独任仲裁。因此,朱某武主张郴州仲裁委员会未询问其是否选择仲裁员,径行指定涉案仲裁员独任审理本案,仲裁庭的组成违反了法定程序,缺乏事实和法律依据。

12. 违反法定程序限于违反《仲裁法》和当事人选择的仲裁规则的有关程序规定

裁判规则

违反法定程序限于违反《仲裁法》和当事人选择的仲裁规则的有关程序规定,本案所涉鉴定是否违反《鉴定机构管理办法》规定的鉴定期限,本院不予审查。根据仲裁规则第69条的规定,仲裁期限不包括对专门性问题鉴定的时间。本案扣除鉴定期间,仲裁期限并未超过仲裁规则规定的4个月期限。

典型案例

常州市常衡精工自动化设备有限公司与新发药业有限公司申请撤销仲裁裁决案[山东省东营市中级人民法院民事裁定书(2018)鲁05民特26号(2018年6月6日)]

申请人:常州市常衡精工自动化设备有限公司

被申请人:新发药业有限公司

常衡公司申请撤销东营仲裁委员会作出的(2016)东仲字第543号仲裁裁决。

裁判观点

东营市中级人民法院认为,依照法律规定,对申请撤销仲裁裁决案件的司法审查,围绕《仲裁法》第58条规定的情形进行。对于该条规定的"违反法定程序",依照《仲裁法解释》第20条规定,"是指违反仲裁法规定的仲裁程序和当事人选择的仲裁规则可能影响案件正确裁决的情形"。也就是说,违反法定程序限于违反《仲裁法》和当事人选择的仲裁规则的有关程序规定,并且只有该程序的违反可能影响案件裁决的公正与正确时才可以认定为属于《仲裁法》第58条第1款第3项规定的"违反法定程序",可以撤销仲裁裁决。

东营市中级人民法院认为:(1)关于鉴定期限是否超期的问题。申请人提到的《鉴定机构管理办法》,既不是《仲裁法》规定的仲裁程序,也不是双方选定的仲裁规则,不属于《仲裁法》第58条规定的"法定程序",故对本案所涉鉴定是否违反《鉴定机构管理办法》规定的鉴定期限,本院不予审查。(2)关于仲裁期限是否超过仲裁规则规定的4个月期限的问题。根据东营仲裁委员会《仲裁规则》第69条的规定,仲裁期限不包括对专门性问题鉴定的时间。本案扣除鉴定期间,仲裁期限并未超过仲裁规则规定的4个月期限。(3)关于申请人主张索要庭审笔录遭拒的问题,不属于违反法定程序的情形。

13. 仲裁委员会未作为证据使用的文件,当事人以未经双方质证、程序违法为由申请撤销仲裁裁决,理由不成立

裁判规则

审核报告系仲裁委员会计算复核数据的依据,并非作为证据使用。管委会认为该审核报告未经双方质证、程序违法的理由,不能成立。

典型案例

池州市平天湖风景区管理委员会与池州铭骏实业发展有限公司申请撤销仲裁裁决案[安徽省池州市中级人民法院民事裁定书(2019)皖17民特3号(2019年7月15日)]

申请人:池州市平天湖风景区管理委员会(以下简称管委会)

被申请人:池州铭骏实业发展有限公司

管委会请求池州仲裁委员会撤销(2018)池仲字第86号裁决书。

裁判观点 ▶▶

池州市中级人民法院认为,安徽求实会计师事务所系在双方确认数据的基础上,经计算复核出具的审核报告,系仲裁委员会计算复核数据的依据,并非作为证据使用。管委会认为该审核报告未经双方质证、程序违法的理由,不能成立。

14. 仲裁庭未查明合同效力等实体问题,不属于仲裁程序违法

裁判规则 ▶▶

仲裁庭未查明借款合同的效力,也未查明本金和利息应如何计算、如何支付等问题,并非人民法院审理申请撤销仲裁裁决案件的审查范围。因此,佳誉公司所称仲裁程序违法的主张缺乏依据,本院不予采纳。

典型案例 ▶▶

上海佳誉投资有限公司与上海鼎汇通股权投资管理有限公司申请撤销仲裁裁决案[上海市第一中级人民法院民事裁定书(2018)沪01民特52号(2018年2月13日)]

申请人:上海佳誉投资有限公司(以下简称佳誉公司)

被申请人:上海鼎汇通股权投资管理有限公司

申请人佳誉公司申请撤销上海仲裁委员会(2016)沪仲案字第0780号裁决。

裁判观点 ▶▶

上海市第一中级人民法院认为,根据上海仲裁委员会仲裁规则第42条的规定,证据应当在开庭时出示,由仲裁庭组织当事人质证。仲裁经两次开庭,佳誉公司无正当理由均未出席庭审,却又主张已提交证据,佳誉公司该主张不能成立。佳誉公司称违反法定程序的情形之二是仲裁庭未查明借款合同的效力,也未查明本金和利息应如何计算、如何支付等问题。对此,本院认为,佳誉公司所称的仲裁庭未能查明的事实均系案件实体处理的内容,仲裁庭对双方争议包括查明事实的范围拥有裁决权,该事项并非人民法院审理申请撤销仲裁裁决案件的审查范围。因此,佳誉公司所称仲裁程序违法的主张缺乏依据,本院不予采纳。

15. 对方隐瞒足以影响公正裁决证据的判断可以参照适用不予执行国内仲裁裁决的规定

裁判规则

《民事诉讼法》关于不予执行国内仲裁裁决的法定情形规定与《仲裁法》关于撤销国内仲裁裁决的法定情形的规定基本一致，法院在撤销仲裁裁决程序中，对对方隐瞒足以影响公正裁决证据的判断可以参照适用《仲裁裁决执行规定》中的具体规定。

典型案例

北京杰富瑞科技有限公司与北京三生创新科技发展公司申请撤销仲裁裁决案［北京第四中级人民法院民事裁定书(2018)京04民特393号(2018年12月13日)］

申请人：北京杰富瑞科技有限公司(以下简称杰富瑞公司)

被申请人：北京三生创新科技发展公司(以下简称三生创新公司)

仲裁申请人三生创新公司以杰富瑞公司为仲裁被申请人，向北仲提出仲裁申请。北仲受理该案后，适用2015年4月1日起施行的仲裁规则。经审理，仲裁庭于2018年9月28日作出(2018)京仲裁字第1862号裁决。

裁判观点

北京第四中级人民法院认为，《仲裁裁决执行规定》第16条规定："符合下列条件的，人民法院应当认定为民事诉讼法第二百三十七条第二款第五项规定的'对方当事人向仲裁机构隐瞒了足以影响公正裁决的证据的'情形：(一)该证据属于认定案件基本事实的主要证据；(二)该证据仅为对方当事人掌握，但未向仲裁庭提交；(三)仲裁过程中知悉存在该证据，且要求对方当事人出示或者请求仲裁庭责令其提交，但对方当事人无正当理由未予出示或者提交。当事人一方在仲裁过程中隐瞒己方掌握的证据，仲裁裁决作出后以己方所隐瞒的证据足以影响公正裁决为由申请不予执行仲裁裁决的，人民法院不予支持。"虽然本案系撤销仲裁裁决审查程序而并非不予执行仲裁裁决审查程序，但《民事诉讼法》第237条第2款关于不予执行国内仲裁裁决的规定与《仲裁法》第58条关于撤销国内仲裁裁决的规定基本一致，故最高人民法院前述司法解释亦可以在撤销国内仲裁裁决案件中参照适用。具体到本案中，是否应当交付源代码属于双方争议的合同履行事项(涉及交付源代码的条件是否成熟)，显然相关事项与"隐瞒证据"无关。至于杰富瑞公司提出的"App的后台连接方式"，根据杰富瑞公司所述本院无法确认所谓"App的后台连接方式"究竟是指向某项程序功能还是具体的电子数据,但现有资料不足以证明所谓的"App的后台连接方式"属于认定案件基本事实的主要证据。据此,本院对杰富瑞公司主张三生创新公司在仲裁期间隐瞒证据的主张不予采信。

16. 仲裁庭采信一方当事人已提交的证据,该方以对方隐瞒同一证据为由申请撤销仲裁裁决,法院不予支持

裁判规则

平安保险大同支公司在该案仲裁期间,向仲裁庭提交了山西明鉴司法鉴定中心出具的武某血液中乙醇定性定量分析司法鉴定检验报告,且仲裁庭进行了审查并予以采信,对方未提交检查报告单并未产生足以影响公正裁决的法律后果,故平安保险大同支公司的该项诉讼请求无事实依据,本院不予支持。

典型案例

中国平安财产保险股份有限公司大同中心支公司与张某英、张某枝、武某燕、武某达申请撤销仲裁裁决纠纷案[山西省大同市中级人民法院民事裁定书(2018)晋02民特8号(2018年7月11日)]

申请人:中国平安财产保险股份有限公司大同中心支公司(以下简称平安保险大同支公司)

被申请人:张某英

被申请人:张某枝

被申请人:武某燕

被申请人:武某达

裁判观点

大同市中级人民法院认为,关于张某英、张某枝、武某燕、武某达是否向仲裁庭刻意隐瞒足以影响公正裁决证据的问题,平安保险大同支公司在该案仲裁期间,向仲裁庭提交了山西明鉴司法鉴定中心出具的武某血液中乙醇定性定量分析司法鉴定检验报告,该报告载明送检的检材中乙醇成分含量为284.51mg/100ml,与平安保险大同支公司所主张张某英、张某枝、武某燕、武某达未向仲裁庭提交的被保险人武军在发生事故时醉酒的检查报告单所证事实相同,且仲裁庭对平安保险大同支公司提交的武某血液中乙醇定性定量分析司法鉴定检验报告进行了审查并予以采信,即对被保险人武某在发生事故时醉酒的事实予以认定。故张某英、张某枝、武某燕、武某达未提交被保险人武某在发生事故时醉酒的检查报告单并未产生足以影响公正裁决的法律后果，平安保险大同支公司的该项诉讼请求无事实依据，本院不予支持。

17. 证据不是仲裁需要审查的证据，且可通过互联网公开查询，不构成对方隐瞒证据

裁判规则

根据《仲裁法》第58条规定，如因对方当事人隐瞒证据，申请人申请撤销仲裁裁决，必须是能够影响公正裁决的证据。马某星主张骄阳公司隐瞒的相关规定并不是本案仲裁审查过程中需要审查的证据，且可通过互联网公开查询；张某玲是否隐藏结清费用的证据，并不足以影响本案公正裁决，故马某星的有关骄阳公司、张某玲隐藏证据，影响公正裁决的主张，本院不予支持。

典型案例

马某星与张某玲、黑龙江省骄阳房地产经纪有限公司申请撤销仲裁裁决案［黑龙江省哈尔滨市中级人民法院民事裁定书（2019）黑01民特9号（2019年3月11日）］

申请人：马某星

被申请人：张某玲

被申请人：黑龙江省骄阳房地产经纪有限公司（以下简称骄阳公司）

马某星申请撤销哈尔滨仲裁委员会（2018）哈仲裁字第0543号仲裁裁决。

裁判观点

哈尔滨市中级人民法院认为，关于隐瞒证据问题，根据《仲裁法》第58条规定，如因对方当事人隐瞒证据，申请人申请撤销仲裁裁决，必须是能够影响公正裁决的证据。马某星主张骄阳公司隐瞒的《中国银联入网机构银行卡跨行交易收益分配办法》与《关于完善银行卡刷卡手续费定价机制的通知》中的有关手续费由商户承担的规定、违规向消费者收取手续费要承担处罚的规定，并不是本案仲裁审查过程中需要审查的证据。马某星亦承认这些规定均可通过互联网公开查询。关于马某星主张张某玲隐瞒结清房屋各项费用的证据，在提出仲裁申请时，马某星对张某玲提出的仲裁请求主要是因延迟交付房屋而产生的损失，张某玲是否隐藏结清费用的证据，并不足以影响本案公正裁决。故马某星的有关骄阳公司、张某玲隐藏证据，影响公正裁决的主张，本院不予支持。

18. 申请人未向仲裁庭提交自己掌握的证据，不属于对方当事人隐瞒证据的情形

裁判规则 ▶▶

庭审中东达房地产公司提交了借款合同，并说明证据的来源是其掌握内部资料，但其在仲裁阶段亦未向仲裁庭提供，不属于对方当事人隐瞒证据的情形，故对申请人的该项撤销理由不予支持。

典型案例 ▶▶

内蒙古东达房地产开发有限公司与鄂尔多斯集团房地产开发有限责任公司、内蒙古鄂尔多斯多达置业有限责任公司申请撤销仲裁裁决案[内蒙古自治区鄂尔多斯市中级人民法院民事裁定书(2018)内06民特11号(2018年6月4日)]

申请人：内蒙古东达房地产开发有限公司(以下简称东达房地产公司)

被申请人：鄂尔多斯集团房地产开发有限责任公司(以下简称鄂尔多斯房地产公司)

被申请人：内蒙古鄂尔多斯多达置业有限责任公司

裁判观点 ▶▶

鄂尔多斯市中级人民法院认为，关于是否隐瞒证据问题，申请人东达房地产公司认为被申请人鄂尔多斯房地产公司隐瞒了该公司对合作项目借款的证据。庭审中东达房地产公司提交了借款合同，并说明证据的来源是其掌握内部资料，但其在仲裁阶段亦未向仲裁庭提供，不属于对方当事人隐瞒证据的情形，故对申请人的该项撤销理由不予支持。

19. 一方当事人已提交并经对方质证的证据，不属于对方隐瞒足以影响公正裁决的证据

裁判规则 ▶▶

裁决事实认定问题，不属于法律规定的可申请撤销仲裁裁决的理由。恒大嘉业公司主张亚某隐瞒了足以影响公正裁决的证据即承诺书，但该承诺书已由恒大嘉业公司提交仲裁庭，且经过亚某质证，并不存在隐瞒证据的事实。

典型案例 ▶▶

亚某与哈密市恒大嘉业房地产开发有限公司申请撤销仲裁裁决案[新疆维吾尔自治区哈密市中级人民法院民事裁定书(2018)新22民特1号(2018年4月18日)]

申请人：亚某

被申请人：哈密市恒大嘉业房地产开发有限公司（以下简称恒大嘉业公司）

亚某、恒大嘉业公司请求撤销乌鲁木齐仲裁委员会（2017）乌仲哈裁字第10号仲裁裁决。

裁判观点

哈密市中级人民法院认为，本案亚某提出的房屋存在质量问题以及证据采信等问题均针对双方争议的事实提出，属于事实认定问题，不属于法律规定的可申请撤销仲裁裁决的理由，本院对其主张不予支持。恒大嘉业公司主张亚某隐瞒了足以影响公正裁决的证据即承诺书，但该承诺书已由恒大嘉业公司提交仲裁庭，且经过亚某质证，并不存在隐瞒证据的事实。亚某以及恒大嘉业公司提出的仲裁程序中存在的问题亦不符合法律规定的申请撤销裁决的事由。

20. 双方掌握且申请人未要求被申请人提交或向仲裁庭申请责令被申请人提交的证据，不属于被申请人隐瞒证据

裁判规则

本案即使存在劳务派遣合同或协议，亦非被申请人单方掌握，同时，被申请人也当庭确认并未在仲裁阶段要求被申请人提交或向仲裁庭申请责令被申请人提交该证据，因此，参照《仲裁裁决执行规定》第16条规定，本院对申请人主张被申请人隐瞒劳务派遣合同或协议的理由不予支持。

典型案例

王某娟与广州欢聚传媒有限公司申请撤销仲裁裁决案［广东省广州市中级人民法院民事裁定书（2019）粤01民特347号（2019年4月19日）］

申请人：王某娟

被申请人：广州欢聚传媒有限公司

王某娟申请撤销中国广州仲裁委员会（2018）穗仲案字第24897号裁决。

裁判观点

广州市中级人民法院认为，关于申请人主张被申请人隐瞒了被申请人与纬力公司的劳务派遣合同或合作协议的问题，《仲裁裁决执行规定》第16条“符合下列条件的，人民法院应当认定为民事诉讼法第二百三十七条第二款第五项规定的‘对

方当事人向仲裁机构隐瞒了足以影响公正裁决的证据’的情形:(一)该证据属于认定案件基本事实的主要证据;(二)该证据仅为对方当事人掌握,但未向仲裁庭提交;(三)仲裁过程中知悉存在该证据,且要求对方当事人出示或者请求仲裁庭责令其提交,但对方当事人无正当理由未予出示或者提交”之规定,本案中,被申请人并未举证证明确实存在该劳动派遣合同或合作协议,即使存在劳务派遣合同或协议,亦非被申请人单方掌握,同时,被申请人也当庭确认并未在仲裁阶段要求被申请人提交或向仲裁庭申请责令被申请人提交该证据。因此,参照上述规定,本院对申请人的该项主张不予支持。

21. 当事人对证据的证明内容不予认可,不等于证据系伪造

裁判规则

佳誉公司对证据的证明内容不予认可,并不意味着上述证据系伪造。现佳誉公司并无证据证明裁决所根据的证据系伪造,故本院对其主张不予采纳。

典型案例

上海佳誉投资有限公司与上海鼎汇通股权投资管理有限公司申请撤销仲裁裁决案[上海市第一中级人民法院民事裁定书(2018)沪01民特52号(2018年2月13日)]

申请人:上海佳誉投资有限公司(以下简称佳誉公司)

被申请人:上海鼎汇通股权投资管理有限公司(以下简称鼎汇通公司)

申请人佳誉公司申请撤销上海仲裁委员会(2016)沪仲案字第0780号裁决。

裁判观点

上海市第一中级人民法院认为,就申请人主张的裁决所根据的证据是伪造的,佳誉公司称裁决书中第六组至第九组证据均系伪造,理由是佳誉公司提供的工商登记资料、董事会决议等可以证明××企业有分红,鼎汇通公司与汤某恶意串通。对此,本院必须指出,佳誉公司所提出该主张实际仍系对案件的实体处理方面的意见。裁决书中第六组证据是通知函和敬告函,第七组证据是通知函和紧急警告函,第八组证据是××企业与汤某的连带保证责任履行协议及汇款凭证,第九组证据是除名决定,佳誉公司对上述证据的证明内容不予认可,并不意味着上述证据系伪造。现佳誉公司并无证据证明裁决所根据的证据系伪造,故本院对其主张不予采纳。

22. 仲裁员在仲裁该案时有索贿受贿，徇私舞弊，枉法裁决行为，需经由生效刑事法律文书或纪律处分决定所确认

裁判规则 ▶▶

仲裁员在仲裁该案时有索贿受贿，徇私舞弊，枉法裁决行为，是指已经由生效刑事法律文书或纪律处分决定所确认的行为，本案中未有生效刑事法律文书或纪律处分决定确认仲裁中仲裁员有枉法裁决行为存在，故其该申请理由不成立，本院不予采纳。

典型案例 ▶▶

中国移动通信集团贵州有限公司与贵州山子信息技术有限公司申请撤销仲裁裁决案[贵州省贵阳市中级人民法院民事裁定书（2018）黔01民特19号（2018年4月12日）]

申请人：中国移动通信集团贵州有限公司

被申请人：贵州山子信息技术有限公司

中国移动通信集团贵州有限公司申请撤销贵阳仲裁委员会作出的（2017）贵仲裁字第145号裁决。

裁判观点 ▶▶

贵阳市中级人民法院认为，人民法院审查申请撤销仲裁裁决案件，应当对照《仲裁法》第58条的规定予以认定。关于申请人所持"仲裁裁决枉法裁决"之撤销理由，根据《仲裁司法审查规定》第18条"《中华人民共和国仲裁法》第五十八条第一款第六项和《中华人民共和国民事诉讼法》第二百三十七条第二款第六项规定的仲裁员在仲裁该案时有索贿受贿，徇私舞弊，枉法裁决行为，是指已经由生效刑事法律文书或纪律处分决定所确认的行为"之规定，本案中未有生效刑事法律文书或纪律处分决定确认仲裁中仲裁员有枉法裁决行为存在，故其该申请理由不成立，本院不予采纳。

23. 对仲裁庭证据采信、事实认定及适用法律的异议，不属于《仲裁法》第58条规定申请撤销仲裁裁决的情形

裁判规则 ▶▶

对仲裁庭证据采信、事实认定及适用法律的异议，均不符合我国《仲裁法》第58条的规定，不属于人民法院审查范围。

典型案例

郑州福祉源置业有限公司与冯某伟申请撤销仲裁裁决案［河南省郑州市中级人民法院民事裁定书(2019)豫01民特1号(2019年2月27日)］

申请人:郑州福祉源置业有限公司

被申请人:冯某伟

郑州福祉源置业有限公司申请撤销郑州仲裁委员会(2018)郑仲裁字第0130号仲裁裁决。

裁判观点

郑州市中级人民法院认为,本案申请人的申请理由实质是对仲裁庭证据采信、事实认定及适用法律的异议,均不符合我国《仲裁法》第58条的规定,不属于人民法院审查范围。申请人撤销仲裁裁决的申请不符合《仲裁法》第58条规定的情形,本院不予支持。

24. 对证据效力的认定及对案件事实的确认,不属于《仲裁法》第58条规定申请撤销仲裁裁决的情形

裁判规则

对证据效力的认定及对案件事实的确认,不属于申请撤销仲裁裁决案件审查的范围,本院不予审查。

典型案例

中国船舶重工集团公司第七一〇研究所与刘某俊申请撤销仲裁裁决案［湖北省宜昌市中级人民法院民事裁定书(2018)鄂05民特10号(2018年2月22日)］

申请人:中国船舶重工集团公司第七一〇研究所

被申请人:刘某俊

中国船舶重工集团公司第七一〇研究所申请依法撤销宜昌仲裁委员会于2017年11月15日作出的(2017)宜仲裁字第69号裁决书。

裁判观点

宜昌市中级人民法院认为,申请人中国船舶重工集团公司第七一〇研究所关于刘某俊不是公司职工、购房主体条件不适格、证据系复印件、违约金计算过高等申请理由系对证据效力的认定及对案件事实的确认,不属于申请撤销仲裁裁决案件审查的范围,本院不予审查。

25. 仲裁庭对案件事实的认定与适用法律问题，不属于申请撤销仲裁裁决案件的司法审查范围

裁判规则 ▶▶

仲裁庭对案件事实的认定与适用法律问题，不属于人民法院对仲裁裁决的司法审查范围，本院依法对此不予审查，故对申请人的该项撤销理由不予采纳。

典型案例 ▶▶

齐某洋与青岛中南物业管理有限公司东营分公司、邱某满申请撤销仲裁裁决案[山东省东营市中级人民法院民事裁定书(2019)鲁民特49号(2019年12月5日)]

申请人：齐某洋

被申请人：青岛中南物业管理有限公司东营分公司

原仲裁被申请人：邱某满

齐某洋申请撤销东营仲裁委员会作出的(2019)东仲字第255号裁决。

裁判观点 ▶▶

东营市中级人民法院认为，依照法律规定，对申请撤销仲裁裁决案件的司法审查围绕《仲裁法》第58条规定的情形进行。关于申请人主张仲裁裁决认定事实错误、适用法律不当的问题，仲裁庭对案件事实的认定与适用法律问题不属于人民法院对仲裁裁决的司法审查范围，本院依法对此不予审查，故对申请人的该项撤销理由不予采纳。

26. 申请人对仲裁庭枉法裁决应承担举证责任

裁判规则 ▶▶

申请人主张的利息计算问题属于案件事实的认定，不属于人民法院审理申请撤销仲裁裁决案件的审查范围，而且申请人未提交证据证明仲裁庭存在枉法裁判的行为。

典型案例 ▶▶

中铁五局集团第一工程有限责任公司与陕西和利物资有限公司申请撤销仲裁裁决案[湖南省长沙市中级人民法院民事裁定书(2019)湘01民特190号(2019年8月12日)]

申请人：中铁五局集团第一工程有限责任公司

被申请人：陕西和利物资有限公司

中铁五局集团第一工程有限责任公司申请撤销长沙仲裁委员会(2019)长仲裁字第107号仲裁裁决。

裁判观点

长沙市中级人民法院认为，当事人提出证据证明仲裁裁决有《仲裁法》第58条规定的情形的，可以向仲裁委员会所在地的中级人民法院申请撤销裁决。人民法院依据《仲裁法》第58条规定的情形进行审理，一般不涉及仲裁的实体裁决问题。本案中，根据申请人与被申请人的申请、答辩、举证、质证及询问，本案的主要争议焦点系仲裁庭是否存在枉法裁判行为。本院认为，申请人主张的利息计算问题属于案件事实的认定，不属于人民法院审理申请撤销仲裁裁决案件的审查范围，而且申请人未提交证据证明仲裁庭存在枉法裁判的行为。

27. 违反社会公共利益的认定

裁判规则

社会公共利益是指为广大公民所能享受的利益。本案中，金义公司为实现自己的需求与楚商公司缔结服务合同所形成的利益关系，不具有公共性、公益性，其不是公共利益受益范围所针对的不特定多数的受益人，且协议约定内容符合《民法典》规定的“平等原则”和“合同自由原则”，系平等民事主体间的真实表意结果，并不违反我国法律禁止性规定。

典型案例

湖北金义实业股份有限公司与楚商资本(武汉)股权投资基金管理有限公司申请撤销仲裁裁决案[湖北省武汉市中级人民法院民事裁定书(2019)鄂01民特425号(2019年9月23日)]

申请人：湖北金义实业股份有限公司(以下简称金义公司)

被申请人：楚商资本(武汉)股权投资基金管理有限公司(以下简称楚商公司)

金义公司申请撤销武汉市仲裁委员会(2018)武仲裁字第000002876号裁决书。

裁判观点

武汉市中级人民法院认为，社会公共利益是指为广大公民所能享受的利益。本案中，金义公司为实现自己的需求与楚商公司缔结服务合同所形成的利益关系，不具有公共性、公益性,其不是公共利益受益范围所针对的不特定多数的受益人。且审查 2016 年 4 月 29 日协议书和补充协议之内容可知,双方就服务费用的调整及支付服务费用的方式,系以政府部门的补贴款到账后的 3 日内为金义公司支付服务费用的条件,该约定内容符合《民法典》规定的“平等原则”和“合同自由原则”,系平等民事主体间的真实表意结果,并不违反我国法律禁止性规定。在货币作为种类物而不是特定物的基础上,金义公司混同政府部门的政策性补偿金与其应当支付服务费之间的法律属性,并试图借助公共利益之表象来规避其违约责任的自利性观点,本院不予支持。

【类案检索】

1. 检索词:仲裁员枉法裁决

典型案例

贵州众安房地产开发有限责任公司与张某涛申请撤销仲裁裁决案[贵州省贵阳市中级人民法院民事裁定书(2019)黔 01 民特 325 号(2019 年 11 月 10 日)]

裁判观点

贵阳市中级人民法院认为,人民法院审查申请撤销仲裁裁决案件,应当严格依照《仲裁法》第 58 条规定事由进行审查。根据《仲裁司法审查规定》第 18 条“《中华人民共和国仲裁法》第五十八条第一款第六项和《中华人民共和国民事诉讼法》第二百三十七条第二款第六项规定的仲裁员在仲裁该案时有索贿受贿,徇私舞弊,枉法裁决行为,是指已经由生效刑事法律文书或纪律处分决定所确认的行为”之规定,本案中并无生效刑事法律文书或纪律处分决定确认仲裁员在仲裁过程中有枉法裁决行为存在。故申请人所持该项撤销理由不能成立,本院不予支持。

2. 检索词:裁决事实认定错误　举证责任分配错误　裁决结果错误

典型案例

东营康正胜达汽车销售股份有限公司与胜利油田慧通汽车销售有限责任公司申请撤销仲裁裁决案[山东省东营市中级人民法院民事裁定书(2018)鲁 05 民特 29 号(2018 年 5 月 25 日)]

裁判观点 ▶▶

东营市中级人民法院认为,依照法律规定,对申请撤销仲裁裁决案件的司法审查围绕《仲裁法》第 58 条规定的情形进行。关于仲裁裁决在事实认定、举证责任分配及裁决结果是否存在错误的问题,属于案件事实认定或适用法律方面的问题,不属应予撤销仲裁裁决的法定情形,超出本院司法审查的范围,本院依法对此不予审查。

3. 检索词:对方隐瞒证据

典型案例 ▶▶

徐州汇山房地产开发有限公司与苏州法奥电梯有限公司申请撤销仲裁裁决纠纷案[江苏省徐州市中级人民法院民事裁定书(2018)苏 03 民特 29 号(2018 年 3 月 20 日)]

裁判观点 ▶▶

徐州市中级人民法院认为,《仲裁裁决执行规定》第 16 条规定,证据仅为对方当事人掌握是认定"对方当事人向仲裁机构隐瞒了足以影响公正裁决的证据"的必要条件,该规定可参照适用于申请撤销仲裁裁决案件中。在本案中,工程现场由申请人所控制,其是否封堵,不仅被申请人可以提供证据,申请人也可以提供证据,不属于证据仅为对方当事人掌握的情形。且审查本案的仲裁卷宗,仲裁委已经就门洞是否封堵问题进行了现场勘察,不存在被申请人隐瞒证据,导致仲裁机构无法公正裁决的情形。故申请人主张被申请人隐瞒证据导致仲裁机构未公正裁决缺乏相应的事实和法律依据,对申请人撤销(2017)徐仲裁字第 145 号仲裁裁决书的请求,本院不予支持。

4. 检索词:申请人持有证据　对方隐瞒证据

典型案例 ▶▶

黄某海与广州市钜东房地产代理有限公司(以下简称钜东公司)申请撤销仲裁裁决案[广东省广州市中级人民法院民事裁定书(2019)粤 01 民特 1087 号(2019 年 9 月 26 日)]

裁判观点 ▶▶

广州市中级人民法院认为,本案中,申请人主张被申请人隐瞒了申请人在 2012

年曾经与案外人就案涉房屋签订有网签合同的证据，但申请人自己持有该份证据且申请人确认钜东公司并不持有该份证据，申请人不参加仲裁庭审、不向仲裁庭提供证据，由此导致的后果应由其自行承担，申请人主张被申请人隐瞒证据的理由不能成立，本院不予支持。

5. 检索词：仲裁庭实体处理　不是撤销情形

典型案例

李某亮与郑州市大阳自动设备有限公司申请撤销仲裁裁决案［河南省郑州市中级人民法院民事裁定书（2019）豫01民特42号（2019年5月13日）］

裁判观点

郑州市中级人民法院认为，就本案中央空调施工合同真实性问题，仲裁庭依据仲裁庭审查明的事实进行了实体认定，认为郑州市大阳自动化设备有限公司与李某亮存在真实有效的施工合同法律关系及仲裁条款，仲裁庭亦对李某亮鉴定申请进行阐述及回应。李某亮认为合同系伪造及无仲裁条款的申请理由，实质是不服仲裁裁判、对仲裁庭实体处理的异议。对于申请撤销仲裁裁决案件，依据法律规定，人民法院不应对裁决进行实体审查，李某亮的申请不符合《仲裁法》第58条规定的法定撤销情形。

6. 检索词：证据采信　属实体问题

典型案例

钟某、楼某坚与浙江安丰进取创业投资有限公司（以下简称安丰公司）申请撤销仲裁裁决案［浙江省杭州市中级人民法院民事裁定书（2019）浙01民特137号（2019年6月27日）］

裁判观点

杭州市中级人民法院认为，仲裁案件中，楼某坚提供了2017年4月19日，2017年7月16日至24日电子邮件发送记录及电子邮件内附件，以证明安丰公司与楼某坚在2017年7月达成了新的业绩补偿协议。可见，并不存在电子邮件证据仅为安丰公司掌握的情形，而仲裁庭对上述证据是否应予以采信，属仲裁实体问题，为仲裁庭的权限范围。故某键、楼某坚关于安丰公司隐瞒了足以影响公正裁决的证据的申请理由不能成立。

7. 检索词：撤销仲裁裁决情形的规范依据

典型案例 ▶▶

宜昌法派智栋商贸有限公司与宜昌长城瑞气东来酒店投资管理有限责任公司申请撤销仲裁裁决案［湖北省宜昌市中级人民法院民事裁定书（2018）鄂05民特29号（2018年4月20日）］

裁判观点 ▶▶

宜昌市中级人民法院认为，对于超出《仲裁法》第58条规定法定情形之外的事项，如仲裁庭对证据效力的认定、证据的运用、案件事实的确认、裁决理由的阐述、裁决结果的推导过程等，人民法院均无权进行审查。本案中，申请人宜昌法派智栋商贸有限公司关于"被申请人不是本案所涉房屋的合法出租人，本案所涉房屋租赁合同因违法而无效""即使本案所涉房屋租赁合同有效，但该合同已经申请人和被申请人变更，双方应按照变更后的合同履行""因被申请人存在可能无法继续履行合同的能力，申请人有权行使不安抗辩权中止支付房屋租金"等申请理由均系仲裁庭对案件事实的确认与适用法律问题，不属于申请撤销仲裁裁决案件审查的范围，本院不予审查。

第三节　申请撤销涉外仲裁裁决的法定情形

【法理辨析】

1. 申请撤销涉外仲裁裁决情形的法律规范

《仲裁法》第70条规定："当事人提出证据证明涉外仲裁裁决有民事诉讼法第二百五十八条第一款规定的情形之一的，经人民法院组成合议庭审查核实，裁定撤销。"（《民事诉讼法》第258条于2017年修正后为第274条）《民事诉讼法》第274条规定："对中华人民共和国涉外仲裁机构作出的裁决，被申请人提出证据证明仲裁裁决有下列情形之一的，经人民法院组成合议庭审查核实，裁定不予执行：（一）当事人在合同中没有订有仲裁条款或者事后没有达成书面仲裁协议的；（二）被申请人没有得到指定仲裁员或者进行仲裁程序的通知，或者由于其他不属于被申请人负责的原因未能陈述意见的；（三）仲裁庭的组成或者仲裁的程序与仲裁规则不符的；（四）裁决的事项不属于仲裁协议的范围或者仲裁机构无权仲裁的。人民法院认定执行该裁决违背社会公共利益的,裁定不予执行。”由此可见,当事人申请撤销涉外仲裁裁决与申请不予执行涉外仲裁裁决的法定情形是相同的。上述规定是人民法院根据当事人申请撤销涉外仲裁裁决的法定事由。

2. 被申请人没有得到指定仲裁员或者进行仲裁程序的通知,或者由于其他不属于被申请人负责的原因未能陈述意见的认定

指定仲裁员、获悉进行仲裁程序的通知,以及在仲裁过程中陈述意见等均是被申请人享有的重要程序权利。法院对涉外仲裁裁决的司法监督限于程序事项,不涉及实体方面的问题,由于当事人申请撤销涉外仲裁裁决的法定情形直接适用被申请人在执行程序中申请不予执行涉外仲裁裁决的法定情形,因此,该情形明确规定应保障作为仲裁裁决义务主体的被申请人在仲裁程序中的重要程序权利,否则,仲裁被申请人在执行程序中即可以申请不予执行涉外仲裁裁决。“被申请人没有得到指定仲裁员的通知”通常可以理解为仲裁机构没有按照仲裁规则向被申请人送达仲裁规则以及告知被申请人按照仲裁规则规定的期限选定仲裁员的通知。“被申请人没有得到进行仲裁程序的通知”通常可以理解为仲裁庭没有按照仲裁规则的规定向被申请人送达开庭通知。“被申请人由于其他不属于被申请人负责的原因未能陈述意见”通常可以理解为仲裁庭没有保障被申请人陈述意见权利的行使。

3. 仲裁庭的组成或者仲裁的程序与仲裁规则不符的认定

在涉外仲裁中,当事人有权选择仲裁所适用的程序规则,即仲裁规则。如果当事人没有约定仲裁规则,则适用受理争议案件的仲裁机构所制定的仲裁规则。仲裁规则是规范仲裁进行的具体程序及其相应的仲裁法律关系的规则,仲裁规则不仅为具体的仲裁活动进行提供行为准则,也直接制约仲裁程序的进行。违反仲裁规则组成仲裁庭直接影响仲裁权行使主体的正当性,而违反仲裁规则进行仲裁程序则直接影响仲裁程序的正当性,由此导致仲裁庭对当事人之间争议案件经过审理作出的仲裁裁决失去其正当性,因此,应当赋予当事人申请撤销该涉外仲裁裁决的权利。

【典型案解】

1. 合资各方之间因合资经营合同履行产生的争议具有可仲裁性

裁判规则 ▶▶

涉案仲裁源起于合资各方对营业期限的起算日及终止日期的认识差异,并非

是合资各方或合资公司与工商行政机关之间因公司营业执照的核准、许可等行为发生的争议，因此双方之间的争议应属民商事争议范畴，贸仲依据约定受理仲裁案件并无不当。

典型案例

环球市场控股有限公司与红牛维他命饮料（泰国）有限公司、英特生物制药控股有限公司、北京市怀柔区乡镇企业总公司申请撤销仲裁裁决案［北京市第四中级人民法院民事裁定书（2019）京04民特213号（2019年11月11日）］

申请人：环球市场控股有限公司（以下简称环球公司）

被申请人：红牛维他命饮料（泰国）有限公司

被申请人：英特生物制药控股有限公司

被申请人：北京市怀柔区乡镇企业总公司

环球公司申请撤销贸仲委作出的（2018）中国贸仲京裁字第1228号裁决。

裁判观点

北京市第四中级人民法院认为，《仲裁法》第2条规定，平等主体的公民、法人和其他组织之间发生的合同纠纷和其他财产权益纠纷，可以仲裁。《仲裁法解释》第2条规定，当事人概括约定仲裁事项为合同争议的，基于合同成立、效力、变更、转让、履行、违约责任、解释、解除等产生的纠纷都可以认定为仲裁事项。案涉1998年合资合同对公司的合资期限做了明确约定，该约定首先系公司股东之间的内部约定。涉案仲裁源起于合资各方对营业期限的起算日及终止日期的认识差异，并非是合资各方或合资公司与工商行政机关之间因公司营业执照的核准、许可等行为发生的争议，因此双方之间的争议应属民商事争议范畴，贸仲委依据约定受理仲裁案件并无不当。环球公司认为涉案仲裁争议系行政争议，仲裁机构无权仲裁的申请撤销事由，没有事实和法律依据，本院不予支持。

2. 仲裁合并审理，不违反仲裁规则

裁判规则

国网供电公司从行为上表明其同意并接受仲裁委员会追加的决定。虽然适用的仲裁规则无追加当事人的规定，但该规则中有关于合并审理的规定，仲裁委员会在各方当事人均同意的基础上，基于案件审理的必要，作出的追加新加坡华新公司为申请人的决定，并未与仲裁规则不符。

典型案例 ▶▶

国网四川都江堰市供电有限责任公司与四川都江堰市伟达有限公司、新加坡华新私人有限公司申请撤销仲裁裁决案［北京市第四中级人民法院民事裁定书（2016）京04民特30号（2016年7月28日）］

申请人：国网四川都江堰市供电有限责任公司（以下简称国网供电公司）

被申请人：四川都江堰市伟达有限公司

被申请人：新加坡华新私人有限公司（以下简称新加坡华新公司）

国网供电公司申请撤销贸仲委（2016）中国贸仲京裁字第0297号裁决书

裁判观点 ▶▶

北京市第四中级人民法院认为，首先，仲裁庭第一次开庭时，国网供电公司当庭表示同意仲裁庭"一揽子"解决争议的方式，即新加坡华新公司加入已有的仲裁案件，一并解决合资合同纠纷。其次，在后来寄至仲裁庭的书面回复中，国网供电公司虽对新加坡华新公司加入仲裁案提出了质疑，但也表示尊重仲裁庭将另案与本案合并审理的决定和有关程序性安排。最后，在仲裁委员会作出追加决定后，国网供电公司并未提出管辖异议，还在此后的仲裁过程中，针对新加坡华新公司的仲裁请求进行实体答辩并提出反请求。由此可以看出，国网供电公司反对追加的意思表示并不明确，相反，却从行为上表明其同意并接受了仲裁委员会追加的决定。虽然适用的贸仲委2012版仲裁规则无追加当事人的规定，但该规则中有关于合并审理的规定，仲裁委员会在各方当事人均同意的基础上，基于案件审理的必要，作出的追加新加坡华新公司为申请人的决定，并未与仲裁规则不符。因此，国网供电公司提出的仲裁委员会追加新加坡华新公司为仲裁第二申请人的程序与仲裁规则不符的理由，本院亦不予采纳。

3. 涉外仲裁裁决撤销的司法审查范围

裁判规则 ▶▶

按照法律规定，法院只就仲裁期间是否可能存在特定错误依法进行审查，裁决存在诸如担保书项下担保义务尚未产生、仲裁申请不能被视为有效所函、保证期间已经过期等实体错误，均不属于撤销涉外仲裁裁决的法定审查范围。

典型案例 ▶▶

印度斯坦清洁能源有限公司与赛维LDK太阳能高科技（苏州）有限公司申请

撤销仲裁裁决案[北京市第四中级人民法院民事裁定书(2015)四中民(商)特字第00189号(2015年12月26日)]

申请人:印度斯坦清洁能源有限公司(以下简称清洁能源公司)

被申请人:赛维LDK太阳能高科技(苏州)有限公司

清洁能源公司申请撤销贸仲委CIETAC-SH016/2015号仲裁裁决(以下简称016号裁决)。

裁判观点

北京市第四中级人民法院认为,本案申请人(仲裁程序中的被申请人)清洁能源公司系在印度共和国注册成立的公司,016号裁决系贸仲委按涉外仲裁程序审理作出的涉外裁决。关于涉外仲裁裁决,《仲裁法》第70条规定:"当事人提出证据证明涉外仲裁裁决有民事诉讼法第二百五十八条第一款规定的情形之一的,经人民法院组成合议庭审查核实,裁定撤销。"(《民事诉讼法》第258条于2017年修正为274条)《民事诉讼法》第274条规定:"对中华人民共和国涉外仲裁机构作出的裁决,被申请人提出证据证明仲裁裁决有下列情形之一的,经人民法院组成合议庭审查核实,裁定不予执行:(一)当事人在合同中没有订有仲裁条款或者事后没有达成书面仲裁协议的;(二)被申请人没有得到指定仲裁员或者进行仲裁程序的通知,或者由于其他不属于被申请人负责的原因未能陈述意见的;(三)仲裁庭的组成或者仲裁的程序与仲裁规则不符的;(四)裁决的事项不属于仲裁协议的范围或者仲裁机构无权仲裁的。人民法院认定执行该裁决违背社会公共利益的,裁定不予执行。"上述规定是人民法院撤销涉外仲裁裁决的法定事由。本案中清洁能源公司申请撤销016号裁决,其理由主要可以区分为程序瑕疵与实体错误两部分。如前所述,按照法律规定,本院只是就仲裁期间是否可能存在特定错误依法进行审查,除此之外均不属于本院的职责范围,本院依法无权进行审查。清洁能源公司主张016号裁决存在诸如担保书项下担保义务尚未产生、仲裁申请不能被视为有效所函、保证期间已经过期等实体错误,均不属于撤销涉外仲裁裁决的法定审查范围,故本院对该部分事项不予审查。

4. 当事人主张律师费不属于仲裁协议范围的撤销理由不成立

裁判规则

根据仲裁规则的规定,仲裁庭有权根据案件的具体情况在裁决书中裁定败诉方应补偿胜诉方因办理案件而支出的合理费用。故仲裁庭对律师费的处理并非根

据双方仲裁协议的约定，茂林公司主张律师费不属于仲裁协议范围，该撤销理由不成立。

典型案例

宁波茂林进出口有限公司与爱思开实业株式会社申请撤销仲裁裁决案[北京市第四中级人民法院民事裁定书(2016)京04民特2号(2016年2月25日)]

申请人：宁波茂林进出口有限公司(以下简称茂林公司)

被申请人：爱思开实业株式会社(以下简称爱思开会社)

茂林公司申请撤销贸仲委(2015)中国贸仲京裁字第1004号仲裁裁决。

裁判观点

北京市第四中级人民法院认为，根据本案适用的贸仲委仲裁规则(2015年1月1日起施行)第52条第2项规定：仲裁庭有权根据案件的具体情况在裁决书中裁定败诉方应补偿胜诉方因办理案件而支出的合理费用。仲裁庭裁定败诉方补偿胜诉方因办理案件而支出的费用是否合理时，应具体考虑案件的裁决结果、复杂程度、胜诉方当事人及/或代理人的实际工作量以及案件的争议金额等因素。依据双方达成的仲裁协议，爱思开会社向仲裁委员提交了仲裁申请。仲裁庭依据2015年1月1日起施行的仲裁规则对本案进行仲裁。根据仲裁规则的规定，仲裁庭有权根据案件的具体情况在裁决书中裁定败诉方应补偿胜诉方因办理案件而支出的合理费用。故仲裁庭对律师费的处理并非根据双方仲裁协议的约定，茂林公司主张律师费不属于仲裁协议范围，该撤销理由不成立。

5. 裁决是否超裁的关键是裁决主文回应仲裁请求与仲裁反请求部分的内容

裁判规则

《仲裁裁决执行规定》第13条是判断裁决是否超裁的法律依据。对于裁决是否超裁审查的关键在于裁决项，即裁决写明裁决事由后，依据所适用法律，裁决如下之后回应仲裁请求与仲裁反请求部分的内容。仲裁庭对于案涉合同解除的确认属于其对涉案事实及法律关系认定的裁量权范围，故裁决并未超裁。

典型案例

浙江翰晟携创实业有限公司与中国太平洋财产保险股份有限公司金华中心支公司申请撤销仲裁裁决案[北京市第四中级人民法院民事裁定书(2020)京04民特70号(2020年4月24日)]

申请人:浙江翰晟携创实业有限公司(以下简称翰晟公司)

被申请人:中国太平洋财产保险股份有限公司金华中心支公司(以下简称金华支公司)

翰晟公司请求人民法院依法撤销贸仲委(2019)中国贸仲京(沪)裁字第0201号仲裁裁决。

裁判观点

北京市第四中级人民法院认为,根据《仲裁裁决执行规定》第13条规定:“下列情形经人民法院审查属实的,应当认定为民事诉讼法第二百三十七条第二款第二项规定的‘裁决的事项不属于仲裁协议的范围或者仲裁机构无权仲裁的’情形:(一)裁决的事项超出仲裁协议约定的范围;(二)裁决的事项属于依照法律规定或者当事人选择的仲裁规则规定的不可仲裁事项;(三)裁决内容超出当事人仲裁请求的范围;(四)作出裁决的仲裁机构非仲裁协议所约定。”裁决是否超裁取决于裁决的事项及内容是否属于上述法律规定之情形。本案中,翰晟公司提出,因金华支公司未在仲裁反请求中提出确认解除案涉合同,但裁决却确认了案涉合同已于2015年11月24日解除,裁决超裁。对此,本院经审查认为,对任何争议事项的裁决都不是孤立的存在,裁决往往涉及相关事实与法律关系的认定,仲裁庭在裁决中涉及对相关非仲裁事项的事实和法律关系的分析、判断与认定,均属于仲裁庭的实体裁量权,对于裁决是否超裁审查的关键在于裁决项,即裁决写明裁决事由后,依据所适用法律,裁决如下之后回应仲裁请求与仲裁反请求部分的内容。本案所涉裁项中仅就翰晟公司提出的仲裁请求与金华支公司提出的仲裁反请求进行了裁决,未涉及其他事项,而仲裁庭对于案涉合同解除的确认属于其对涉案事实及法律关系认定的裁量权范围,故裁决并未超裁,翰晟公司的该项申请理由不能成立。

6. 仲裁裁决超出仲裁协议范围的认定

裁判规则

双方之间签订有一系列协议,仲裁裁决的内容,涉及的是4000万协议中相关当事人之间的权利义务,与框架协议中当事人之间的权利义务并无直接关联。因此,Alex Ping Zhang所称仲裁裁决超出仲裁协议范围的事实,本院不予支持。

典型案例

Alex Ping Zhang与陈某甲、陈某乙、方某光申请撤销仲裁裁决案[北京市第四中级人民法院民事裁定书(2018)京04民特263号(2018年9月4日)]

申请人:Alex Ping Zhang

被申请人:陈某甲

被申请人:陈某乙

被申请人:方某光

Alex Ping Zhang 请求撤销贸仲委(2018)中国贸仲京裁字第 0727 号裁决书。

裁判观点

北京市第四中级人民法院认为,本案焦点问题系仲裁裁决的事项是否属于仲裁协议的范围。本案中,陈某甲、陈某乙、方某光的请求及仲裁裁决的事项,均围绕4000 万协议中涉及的双方权利义务的内容展开。仲裁裁决虽涉及框架协议,但是考虑双方之间签订有一系列协议,仲裁裁决涉及框架协议是一个客观事实的反映。而仲裁裁决的内容,涉及的是 4000 万协议中相关当事人之间的权利义务,与框架协议中当事人之间的权利义务并无直接关联。因此,Alex Ping Zhang 所称仲裁裁决超出仲裁协议范围的事实,缺乏充分依据,本院不予支持。

7. 当事人超出仲裁规则规定期限提出仲裁员的回避申请和异议声明书,法院不予采纳

裁判规则

当事人提出首席仲裁员回避的申请和异议声明书已经超过了仲裁规则第 30 条规定的提出回避请求“应不晚于最后一次开庭终结”的时限要求,故申请人提出的该项撤销仲裁裁决的理由,没有事实依据,本院不予采纳。

典型案例

Ipca Laboratories Ltd. 与华泰财产保险有限公司重庆分公司申请撤销仲裁裁决案[北京市第四中级人民法院民事裁定书(2016)京 04 民特 15 号(2016 年 3 月 30 日)]

申请人:Ipca Laboratories Ltd.(以下简称 IPCA 公司)

被申请人:华泰财产保险有限公司重庆分公司(以下简称华泰保险公司)

IPCA 公司申请撤销贸仲委(2015)中国贸仲京裁字第 0899 号裁决。

裁判观点

北京市第四中级人民法院认为,关于首席仲裁员李某泉是否存在应当披露而未披露的事由,违反了仲裁规则第 29 条之规定;仲裁委员会是否应对 IPCA 公司提出的回避申请书和未作重要披露的异议声明作出处理的问题。首先,IPCA 公司提交的证据不足以证明首席仲裁员李某泉与华泰保险公司有直接的利害关系。其次,仲裁委员会于 2015 年 2 月 4 日开庭审理了涉案的仲裁案件,庭后申请人 IPCA 公司书面认可仲裁庭的组成,并表示"对于所有庭后提交的证据以提交书面意见的方式进行质证",因此仲裁委员会未再开庭。从 IPCA 公司提交的邮件记录可知,其提出首席仲裁员回避的申请和异议声明书均是于 2015 年 8 月 28 日寄出,当时仲裁委员会已经作出仲裁裁决,且已经超过了仲裁规则第 30 条规定的提出回避请求"应不晚于最后一次开庭终结"的时限要求,故申请人 IPCA 公司提出的该项撤销仲裁裁决的理由,没有事实依据,本院不予采纳。

8. 贸仲委管辖权的确定

裁判规则

贸仲委的英文表达与贸仲委上海分会的英文简称有显著区别。退一步说,即便双方约定的仲裁机构确实是贸仲委上海分会,根据《最高人民法院关于对上海市高级人民法院等就涉及中国国际经济贸易仲裁委员会及其原分会等仲裁机构所作仲裁裁决司法审查案件请示问题的批复》第 3 条之规定:本批复施行之前,贸仲委或者华南贸仲、上海贸仲已经受理的根据本批复第 1 条规定不应由其受理的案件,当事人在仲裁裁决作出后以仲裁机构无权仲裁为由申请撤销或者不予执行仲裁裁决的,人民法院不予支持。

典型案例

印度斯坦清洁能源有限公司与赛维 LDK 太阳能高科技(苏州)有限公司申请撤销仲裁裁决案[北京市第四中级人民法院民事裁定书(2015)四中民(商)特字第 00189 号(2015 年 12 月 26 日)]

申请人:印度斯坦清洁能源有限公司(以下简称清洁能源公司)

被申请人:赛维 LDK 太阳能高科技(苏州)有限公司(以下简称赛维公司)

清洁能源公司申请撤销贸仲委 CIETAC-SH016/2015 号仲裁裁决(以下简称 016 号裁决)。

裁判观点

北京市第四中级人民法院认为,关于贸仲委管辖权问题,本案所涉担保书系由英文书写,其原文为"Anyandallclaims, disputes, Arbitration Commission('CIETAC') ingrulesofarbitration"。本院审查期间,双方对于上述英文的语义作出不同表述,清洁能源公司主张上述条款的核心意思为发生争议后应"提交在上海的贸仲委进行裁决",并进一步解释"在上海的贸仲委"应理解为贸仲委上海分会;而赛维公司则主张,上述条款的核心意思为发生争议后应"提交贸仲委进行裁决,仲裁地在上海"。本院认为,上述条款中约定的仲裁机构明确指向"CIETAC",即贸仲委,该英文表达与贸仲委上海分会的英文简称有显著区别。退一步说,即便双方约定的仲裁机构确实是贸仲委上海分会,根据《最高人民法院关于对上海市高级人民法院等就涉及中国国际经济贸易仲裁委员会及其原分会等仲裁机构所作仲裁裁决司法审查案件请示问题的批复》第3条之规定,对清洁能源公司以此为由要求撤销016号裁决的申请亦不应予以支持。

9. 持不同意见的少数仲裁员未在仲裁裁决上签名,不构成程序违法

裁判规则

持不同意见的少数仲裁员未在仲裁裁决上签名的做法不违反仲裁规则的规定,亦不构成程序违法。

典型案例

广东省农业机械进出口有限公司与中国出口信用保险公司广东分公司申请撤销仲裁裁决案[北京市第四中级人民法院民事裁定书(2019)京04民特443号(2019年11月19日)]

申请人:广东省农业机械进出口有限公司(以下简称农业机械公司)

被申请人:中国出口信用保险公司广东分公司

农业机械公司申请撤销贸仲委(2019)中国贸仲京裁字第0712号裁决书。

裁判观点

北京市第四中级人民法院认为,根据仲裁规则第49条第7项的规定,"持有不同意见的仲裁员可以在裁决书上署名,也可以不署名",因此,持不同意见的少数仲裁员未在仲裁裁决上署名的做法不违反仲裁规则的规定,亦不构成程序违法。对于农业机械公司认为仲裁裁决缺少一位仲裁员的签名,构成程序违法的撤销仲裁裁决的理由,本院不予采纳。

10.“人章分离”时公司代表者的确定属于仲裁庭分析认定证据的裁量范围，仲裁庭未支持法定代表人的撤回仲裁申请，不构成仲裁程序违反仲裁规则

裁判规则

本案系申请撤销涉外仲裁裁决案件，核心问题是华兴公司副董事长冯某晖是否有权代表公司申请仲裁。冯某晖持有的任命书有华兴公司法定代表人耐某的签名。事后，耐某并未否认该签名的真实性。仲裁庭依据相关事件事实和证据采信任命书，属于仲裁庭分析认定证据的裁量范围。在仲裁庭已经认定任命书真实性的情况下，依据该任命书，冯某晖已获华兴公司董事会的授权，有权就该公司的债权和债务事务代表公司。故仲裁庭未支持耐某提交的撤回仲裁申请，不构成仲裁程序违反仲裁规则。

典型案例

美国四达管件制品有限公司与大厂华兴铸造有限公司申请撤销仲裁裁决案［北京市第四中级人民法院民事裁定书（2018）京 04 民特 304 号（2020 年 3 月 27 日）］

申请人：美国四达管件制品有限公司（以下简称四达公司）

被申请人：大厂华兴铸造有限公司（以下简称华兴公司）

四达公司请求撤销贸仲委（2018）中国贸仲京裁字第 0812 号仲裁裁决。

裁判观点

本案中核心争议之一为在华兴公司出现“人章分离”的情况下，谁有权代表华兴公司。

北京市第四中级人民法院认为，对于“人章分离”情形下谁有权代表公司对外作出意思表示，涉及公司行为能力问题，一方面，依据《涉外民事关系法律适用法》第 14 条之规定，应适用公司所在地法律即中华人民共和国法律进行审查。在我国法律制度下，公章是公司对外作出意思表示的重要外在表现形式，使用公章的行为本身可以推定公章持有人有权代表公司作出相应意思表示，但如果有相反证据可以推翻上述推定，仍然应当根据相应证据审查确定公章持有人是否取得相应授权对外作出意思表示。另一方面，根据我国公司法的基本制度，法定代表人是最基础的公司意思表示的代表机关，是公司意志的当然代表主体。法定代表人以公司名义作出的意思表示，在没有否定证据的情况下，应当视为公司的意志。在“人章分离”的情况下，应当优先认定法定代表人可以代表公司意志，但如果公章持有人能够提供有效证据证明公司意志并非法定代表人所表现的意思表示，则以证据证明的公司意志为准。本案中,冯某晖在仲裁申请书上加盖华兴公司印章并向贸仲委提起仲裁,贸仲委接受华兴公司的仲裁申请并受理该案,程序并无错误。但此后华兴公司法定代表人耐某以华兴公司名义向贸仲委提出撤回仲裁申请的意见(所谓“撤销仲裁申请”),应当视为华兴公司的意思表示。如果冯某晖作为公章持有人认为耐某代表华兴公司作出的撤回仲裁申请的意思表示与华兴公司真实意志相悖,应当向贸仲委提交以继续仲裁程序为决议事项的董事会决议,否则就应当认定耐某作出的意思表示代表华兴公司意志。本案中还存在一个特殊情况,即华兴公司在申请仲裁之前,已经于 2015 年 7 月 1 日经营期限届满,符合公司解散的法定条件,但截至目前华兴公司尚未组成清算组进行清算。根据《公司法司法解释(二)》第 10 条之规定,此时应由法定代表人代表公司参加诉讼。因此,即便华兴公司董事会曾经向冯某晖作出授权,该授权亦应因华兴公司解散而自动失效,依法应由华兴公司法定代表人耐某对外代表公司进行诉讼或仲裁。耐某代表华兴公司已经向贸仲委明确提出撤回仲裁申请,基于仲裁系基于当事人意思自治的原理,以及仲裁规则第 46 条“撤回申请和撤销案件”之规定,贸仲委无权拒绝华兴公司撤回仲裁申请的意思表示。在耐某代表华兴公司向贸仲委提出撤回仲裁申请后,仲裁程序即应终结,但贸仲委以及仲裁庭强行继续进行仲裁程序并作出涉案裁决,构成无权仲裁以及违反仲裁规则之情形,符合撤销仲裁裁决的法定条件。

在本院形成上述意见后,根据《仲裁司法审查报核规定》第 2 条第 1 款之规定,向上级法院报请审核。

最高人民法院审查认为,本案系申请撤销涉外仲裁裁决案件,核心问题是华兴公司副董事长冯某晖是否有权代表公司申请仲裁。根据案件材料反映的事实,冯某晖持有的任命书记载:“大厂华兴铸造有限公司董事会决定,任命冯某晖为董事会副主席,负责管理公司的铸造、债权和债务事务。”该任命书有华兴公司法定代表人耐某的签名。事后,耐某并未否认该签名的真实性。冯某晖提交的任命书虽为复印件,但有大厂县祁各庄信用社出具的“该复印件与原件一致”的说明予以佐证。冯某晖实际负责华兴公司日常经营,保管公司公章,与任命书所述内容一致。仲裁庭依据相关事件事实和证据采信任命书,属于仲裁庭分析认定证据的裁量范围。《中外合作经营企业法实施细则》第 24 条规定:“合作企业设董事会或者联合管理委员会。董事会或者联合管理委员会是合作企业的权力机构,按照合作企业章程的规定,决定合作企业的重大问题。”第 31 条规定:“董事长或者主任是合作企业的法定代表人。董事长或者主任因特殊原因不能履行职务时,应当授权副董事长、副主任或者其他董事、委员对外代表合作企业。”大厂华兴铸造有限公司章程第 17 条规定:"合作公司设董事会。董事会是合作公司的最高权力机构。"在仲裁庭已经认定任命书真实性的情况下,依据该任命书,冯某晖已获华兴公司董事会的授权,有权就该公司的债权和债务事务代表公司。故仲裁庭未支持耐某提交的撤回仲裁申请,不构成仲裁程序违反仲裁规则。

11. 仲裁裁决书的签字问题不属于撤销涉外仲裁裁决的法定事由

裁判规则

裁决书没有主裁的签字,不属于人民法院撤销涉外仲裁裁决的法定事由。

典型案例

TIANCHENGINTERNATIONALINC. U. S. A 与匹克国际贸易(天津)有限公司申请撤销仲裁裁决案[北京市第四中级人民法院民事裁定书(2017)京04民特5号(2017年11月28日)]

申请人:TIANCHENGINTERNATIONALINC. U. S. A(以下简称美国天成公司)

被申请人:匹克国际贸易(天津)有限公司(以下简称匹克国际公司)

美国天成公司申请撤销贸仲委(2016)中国贸仲京裁字第0783号仲裁裁决。

裁判观点

北京市第四中级人民法院认为,裁决书没有主裁的签字,不属于人民法院撤销涉外仲裁裁决的法定事由。故美国天成公司申请撤销0783号裁决的理由均不能成立,对其申请撤销仲裁裁决的请求,本院不予支持。

12. 当事人以行为接受的协议书中的仲裁条款应予认定

裁判规则

凤凰公司制作的书面销售确认书构成凤凰公司向VC公司发出的询价;VC公司收到凤凰公司的销售确认书后,并经签字或盖章传回凤凰公司,该行为构成接受。该销售协议书中的仲裁条款符合上述《仲裁法》第16条规定,并没有第17条的情形之一。故凤凰公司与VC公司之间存在有效的仲裁条款。

典型案例

TEXTILESFROMEUROPE, INC. (VICTORIACLASSICS)与吴江市南鑫纺织有限公司申请撤销仲裁裁决案[北京市第四中级人民法院民事裁定书(2017)京04民特29号(2017年12月14日)]

申请人：TEXTILESFROMEUROPE，INC.（VICTORIACLASSICS）（以下简称VC公司）

被申请人：吴江市南鑫纺织有限公司（以下简称南鑫公司）

VC公司申请撤销贸仲委（2016）中国贸仲京裁字第1386号仲裁裁决。

裁判观点

北京市第四中级人民法院认为，关于凤凰公司与VC公司之间是否存在有效的仲裁条款或仲裁协议问题。《仲裁法》第16条规定，仲裁协议包括合同中订立的仲裁条款和以其他书面方式在纠纷发生前或者纠纷发生后达成的请求仲裁的协议。仲裁协议应当具有下列内容：（1）请求仲裁的意思表示；（2）仲裁事项；（3）选定的仲裁委员会。第17条规定，有下列情形之一的，仲裁协议无效：（1）约定的仲裁事项超出法律规定的仲裁范围的；（2）无民事行为能力人或者限制民事行为能力人订立的仲裁协议；（3）一方采取胁迫手段，迫使对方订立仲裁协议的。案涉仲裁裁决中，仲裁庭认为，凤凰公司制作的书面销售确认书构成凤凰公司向VC公司发出的询价；VC公司收到凤凰公司的销售确认书后，并经签字或盖章传回凤凰公司，该行为构成接受。故案涉合同依法成立。依据该销售协议的记载，因合同的履行引发的纠纷或与本合同有关的一切争议，由双方友好协商解决。协商不成，应提交中国国际贸易促进委员会对外经济贸易仲裁委员会，根据程序暂行规定进行裁决。仲裁为终局性仲裁裁决，对双方均有约束力。经审查，该仲裁条款符合上述《仲裁法》第16条规定，并没有第17条的情形之一。故凤凰公司与VC公司之间存在有效的仲裁条款。VC公司主张其与凤凰公司之间不存在有效仲裁协议的理由不能成立，本院不予采信。

13. 仲裁庭依仲裁规则规定的方式进行送达，为有效送达

裁判规则

仲裁庭的送达方式不违反仲裁规则（2015年版）第8条的规定，为有效送达。VC公司提出的仲裁庭的仲裁员组成与仲裁开庭，VC公司未得到合法有效通知的理由，无事实和法律依据，本院不予认可。

典型案例

TEXTILESFROMEUROPE，INC.（VICTORIACLASSICS）与吴江市南鑫纺织有限公司申请撤销仲裁裁决案［北京市第四中级人民法院民事裁定书（2017）京04民特29号（2017年12月14日）］

申请人:TEXTILESFROMEUROPE, INC.(VICTORIACLASSICS)(以下简称VC公司)

被申请人:吴江市南鑫纺织有限公司(以下简称南鑫公司)

VC公司申请撤销贸仲委(2016)中国贸仲京裁字第1386号仲裁裁决。

裁判观点

北京市第四中级人民法院认为,贸仲委《仲裁规则》(2015年版)第8条规定:(1)有关仲裁的一切文书、通知、材料等均可采用当面递交、挂号信、特快专递、传真或仲裁委员会仲裁院或仲裁庭认为适当的其他方式发送。(2)上述第(1)款所述仲裁文件应发送当事人或其仲裁代理人自行提供的或当事人约定的地址;当事人或其仲裁代理人没有提供地址或当事人对地址没有约定的,按照对方当事人或其仲裁代理人提供的地址发送。(3)向一方当事人或其仲裁代理人发送的仲裁文件,如经当面递交收件人或发送至收件人的营业地、注册地、住所地、惯常居住地或通讯地址,或经对方当事人合理查询不能找到上述任一地点,仲裁委员会仲裁院以挂号信或特快专递或能提供投递记录的包括公证送达、委托送达和留置送达在内的其他任何手段投递给收件人最后一个为人所知的营业地、注册地、住所地、惯常居住地或通讯地址,即视为有效送达。本案中,仲裁庭向"2170ROUTE38EDISONNJUSA"邮寄的多封特快专递均已妥投,而且VC公司认可收到其中仲裁委员会仲裁院向其寄送的仲裁通知及其附件。且仲裁庭依据VC公司的申请,组织了第二次、第三次开庭,VC公司均予参加。从以上可以看出,VC公司的相关程序权利均已得到保障,且仲裁庭的送达方式不违反上述仲裁规则(2015年版)第8条的规定,为有效送达。VC公司的该项申请理由,无事实和法律依据,本院不予认可。

14. 合同中约定一方的送达地址因其迁址而无效,仲裁机构向另一方提供的地址送达仲裁文件,不违反法定程序

裁判规则

根据普发公司提供的证据,2010年双方合同中约定的丰收公司的送达地址,因丰收公司已经不在该地址办公经营,该地址为无效地址。普发公司最后查询到丰收公司的注册地址,并向贸仲委提交该地址作为丰收公司的有效送达地址,符合相关法律规定。贸仲委向该地址发送相关文件,符合仲裁规则的规定,合法有效。

典型案例

宁波丰收进出口有限公司与PfeifferVacuumSAS(普发真空技术(法国)股份有

限公司)、北京吉阳技术股份有限公司申请撤销仲裁裁决案[北京市第四中级人民法院民事裁定书(2017)京04民特37号(2017年8月6日)]

申请人:宁波丰收进出口有限公司(以下简称丰收公司)

被申请人:PfeifferVacuumSAS(普发真空技术(法国)股份有限公司)(以下简称普发公司)

原仲裁被申请人:北京吉阳技术股份有限公司

丰收公司请求依法撤销贸仲委(2017)中国贸仲京裁字第0054号仲裁裁决。

裁判观点

北京市第四中级人民法院认为,本案中,波特曼大厦504室是双方2010年合同中约定的丰收公司的地址。2016年4月,普发公司向贸仲委申请仲裁前,向波特曼大厦504室邮寄律师函,被退回,原因为已搬迁,查无此人。该情况与普发公司工作人员后来实地勘查的情况一致。因此,根据普发公司提供的证据,波特曼大厦504室虽然是2010年双方合同中约定的丰收公司的送达地址,但是丰收公司已经不在该地址办公经营,该地址为无效地址。丰收公司也未提供相应证据证明其仍在波特曼大厦504室办公经营,该地址能收发文件,所留电话有人接听。普发公司最后查询到的丰收公司的注册地址为宁波北仑新碶街道建行路3号1-2室,并向贸仲委提交该地址作为丰收公司的有效送达地址,符合相关法律规定。贸仲委向该地址发送相关文件,符合仲裁规则的规定,合法有效。

15. 当事人未及时拆开邮件致使其未参加庭审并发表意见,不属于撤销情形

裁判规则

仲裁委根据仲裁规则规定方式进行的送达应当认定为有效送达,且刘某某亦认可上述邮件的签收,因其本人未及时拆开邮件致使其不能如期参加仲裁审理并发表意见,应由其自担后果。

典型案例

刘某某与老挝粮食(香港)有限公司申请撤销仲裁裁决案[北京市第四中级人民法院民事裁定书(2017)京04民特6号(2017年11月2日)]

申请人:刘某某

被申请人:老挝粮食(香港)有限公司(以下简称老挝粮食公司)

刘某某请求法院依法撤销贸仲委(2016)中国贸仲京裁字第1203号裁决。

裁判观点 ▶▶

北京市第四中级人民法院认为，2015 年 1 月 1 日起实施的《中国国际经济贸易仲裁委员会仲裁规则》第 8 条"有效送达"规定："（一）有关仲裁的一切文书、通知、材料等均可采用当面递交、挂号信、特快专递、传真或仲裁委员会仲裁院或仲裁庭认为适当的其他方式发送。"本案仲裁委通过特快专递的方式向老挝粮食公司提供的刘某某的送达地址（该地址与刘某某在本案中自述的经常居住地住址一致）寄送了仲裁通知，并附仲裁规则和仲裁员名册以及仲裁申请书、附件，该邮件已妥投。组成仲裁庭后，仲裁委又按上述地址向刘某某寄送了组庭通知、附件声明书和开庭通知，该邮件已妥投。刘某某未出庭。根据本院审查的送达事实，仲裁委的送达应当认定为有效送达，且刘某某亦认可上述邮件的签收，因其本人未及时拆开邮件致使其不能如期参加仲裁审理并发表意见，应由其自担后果。故刘某某提出的仲裁委是否未按照仲裁规则规定的程序通知刘某某，导致其未能陈述意见的理由亦不能成立。

16. 当事人未能及时收到送达的仲裁相关文件，并非仲裁机构的原因，不认定为"不属于被申请人负责的原因未能陈述意见"

裁判规则 ▶▶

贸仲委根据仲裁规则，向盈溢达公司的有效地址多次进行了多种方式的送达，盈溢达公司未能及时收到贸仲委通过公证平信的方式向其送达仲裁相关文件的理由，并非贸仲委的原因导致，亦不足以证明系基于不可归责于自身的原因导致，故对于盈溢达公司提出的该项申请理由，本院不予采纳。

典型案例 ▶▶

深圳市盈溢达进出口有限公司与重庆市宏立摩托车制造有限公司申请撤销仲裁裁决案［北京市第四中级人民法院民事裁定书（2020）京 04 民特 3 号（2020 年 3 月 24 日）］

申请人：深圳市盈溢达进出口有限公司（以下简称盈溢达公司）

被申请人：重庆市宏立摩托车制造有限公司

盈溢达公司请求人民法院依法撤销贸仲委（2019）中国贸仲京裁字第 1817 号仲裁裁决。

裁判观点 ▶▶

北京市第四中级人民法院认为,贸仲委通过公证平信方式向盈溢达公司送达的地址与通过EMS方式向其送达的地址相同。在贸仲委用公证平信方式向盈溢达公司进行送达前,盈溢达公司已经签收了贸仲委通过EMS向其送达的仲裁程序和相关文件,上述事实足以证明贸仲委向盈溢达公司进行送达的地址是盈溢达公司可以用于接收仲裁文件的地址。此外,盈溢达公司也认可,对于贸仲委通过平信方式向其进行的送达,其在接到"公司所在大厦管理处的电话"后,取回了平信。贸仲委根据仲裁规则,向盈溢达公司的有效地址多次进行了多种方式的送达,且贸仲委在采取公证平信方式送达前还采取EMS方式送达,采取EMS方式有成功送达的情况,但在公证平信送达之前用EMS方式送达却未成功,贸仲委要求申请人重新查询被申请人有效送达地址并书面确认后,以公证平信方式进行送达,符合仲裁规则,并无违法及不当之处。因此,对于盈溢达公司未能及时收到贸仲委通过公证平信的方式向其送达仲裁相关文件的理由,并非贸仲委的原因导致,亦不足以证明系基于不可归责于自身的原因导致,故对于盈溢达公司提出因贸仲委通过平信方式向其进行送达,致使其未能收到相关仲裁材料,以致未能发表意见的理由,本院不予采纳。

17. 对委托手续的审查属于仲裁庭的权限范围,不违反仲裁程序

裁判规则 ▶▶

对委托手续的审查属于仲裁庭审核当事人及其代理人的权限范围。本院认为,仲裁"违反法定程序"是指仲裁违反《仲裁法》规定的仲裁程序和当事人选择的仲裁规则可能影响案件公正正确裁决的情形,本案并不存在影响正确裁决之情形。

典型案例 ▶▶

JOSEPHSTONE与北京汇源饮料食品集团有限公司、河南厚谱企业管理股份有限公司、河南汇优供应链管理有限公司、覃某申请撤销仲裁裁决案[北京市第四中级人民法院民事裁定书(2019)京04民特601号(2019年11月29日)]

JOSEPHSTONE请求人民法院依法撤销北京仲裁委员会于2019年6月3日作出的(2019)京仲裁字第1311号仲裁裁决。

申请人:JOSEPHSTONE

被申请人:北京汇源饮料食品集团有限公司

被申请人:河南厚谱企业管理股份有限公司(以下简称厚谱公司)

被申请人:河南汇优供应链管理有限公司(以下简称汇优公司)

被申请人:覃某

裁判观点

北京市第四中级人民法院认为,本案中,JOSEPHSTONE 提出的申请理由为仲裁违反法定程序,依据为厚谱公司、汇优公司在仲裁中提交的委托代理手续无效。对此,JOSEPHSTONE 仅提供厚谱公司和汇优公司的营业执照、公司公章等挂失的报刊公告,上述证据并不能证明厚谱公司、汇优公司委托手续存在问题以及仲裁程序违反法定程序。而且,对委托手续的审查属于仲裁庭审核当事人及其代理人的权限范围。本院认为,仲裁"违反法定程序"是指仲裁违反《仲裁法》规定的仲裁程序和当事人选择的仲裁规则可能影响案件公正正确裁决的情形,本案并不存在影响正确裁决之情形。因此,JOSEPHSTONE 的申请理由不能成立,仲裁程序不存在违反法定程序情形。

18. 仲裁庭适用双方当事人在仲裁委员会庭审要点中确认的仲裁规则进行仲裁,未违反法定程序

裁判规则

根据 FOODFLOWINC 与皖神公司在仲裁委员会关于 G20180028 号买卖合同争议案庭审要点中的确认,双方均同意对涉案争议适用 2015 版仲裁规则进行仲裁。仲裁庭按照 2015 版仲裁规则进行仲裁,是以尊重当事人意思自治为基础的对仲裁规则的正确适用,未违反法定程序。

典型案例

宿州市皖神面制品有限公司与 FOODFLOWINC 申请撤销仲裁裁决案[北京市第四中级人民法院民事裁定书(2019)京 04 民特 565 号(2019 年 11 月 28 日)]

申请人:宿州市皖神面制品有限公司(以下简称皖神公司)

被申请人:FOODFLOWINC

皖神公司请求人民法院依法撤销贸仲委(2019)中国贸仲京裁字第 0703 号仲裁裁决。

裁判观点

北京市第四中级人民法院认为,虽然 FOODFLOWINC 与皖神公司在合同中约定适用仲裁程序暂行规则进行仲裁,但是根据 FOODFLOWINC 与皖神公司在仲裁

委员会关于G20180028号买卖合同争议案庭审要点中的确认,双方均同意对涉案争议适用2015版仲裁规则进行仲裁。上述确认应为当事人在仲裁庭审前对适用仲裁规则所达成的新约定,合法有效。因此,仲裁庭按照2015版仲裁规则进行仲裁,是以尊重当事人意思自治为基础的对仲裁规则的正确适用,未违反法定程序。

19. 仲裁程序中追加案外第三人需双方授权,且案外第三人同意

裁判规则

《仲裁法》与《仲裁法解释》对仲裁第三人制度均没有规定,仲裁程序具有合意性、确定性和封闭性,追加第三人需要现有双方当事人的明确或默示授权,且案外第三人同意参与仲裁程序,任何一方仲裁协议当事人及仲裁机构均无权强制案外第三人参加仲裁程序。VC公司的申请既没有另一方仲裁当事人南鑫公司的授权,亦没有凤凰公司的同意,本院不予支持。

典型案例

TEXTILESFROMEUROPE,INC.(VICTORIACLASSICS)与吴江市南鑫纺织有限公司申请撤销仲裁裁决案[北京市第四中级人民法院民事裁定书(2017)京04民特29号(2017年12月14日)]

申请人:TEXTILESFROMEUROPE,INC.(VICTORIACLASSICS)(以下简称VC公司)

被申请人:吴江市南鑫纺织有限公司(以下简称南鑫公司)

VC公司申请撤销贸仲委(2016)中国贸仲京裁字第1386号仲裁裁决。

裁判观点

北京市第四中级人民法院认为,关于仲裁程序中有无第三人问题,首先,《仲裁法》及《仲裁法解释》对仲裁第三人制度均没有规定;其次,仲裁程序具有合意性、确定性和封闭性,仲裁当事人在仲裁程序开始时就已确定,未经当事人变更仲裁协议而增加当事人,仲裁当事人不能变更;最后,退一步讲,即使能够追加第三人,也需要现有双方当事人的明确或默示授权,且案外第三人同意参与仲裁程序,任何一方仲裁协议当事人及仲裁机构均无权强制案外第三人参加仲裁程序。本案仲裁案件中,VC公司申请追加凤凰公司为第三人,但实际凤凰公司已将其债权及仲裁条款转让给南鑫公司。VC公司的申请既没有另一方仲裁当事人南鑫公司的授权,亦没有凤凰公司的同意。故仲裁庭驳回其该项申请并无不当。VC公司的该项申请撤销理由,本院不予支持。

20. 仲裁裁决违背社会公共利益的认定

裁判规则

社会公共利益应是关系到全体社会成员的利益，为社会公众所享有，为整个社会发展存在所需要，具有公共性和社会性。本案所涉合同是民事主体自愿订立的协议，裁决中对于当事人权利义务的认定仅为将法律强制力赋予在合同当事人的合意中，并未破坏社会生活中既已存在的秩序和价值，亦未损害既有的社会公共福祉，不能因仲裁庭依法支持了一方当事人的主张而认为违反社会公共利益。

典型案例

上海西郊庄园企业（集团）有限公司与意特汽车商业（上海）有限公司申请撤销仲裁裁决案［北京市第四中级人民法院民事裁定书（2019）京04民特420号（2019年9月24日）］

申请人：上海西郊庄园企业（集团）有限公司（以下简称西郊公司）

被申请人：意特汽车商业（上海）有限公司（以下简称意特公司）

西郊公司请求人民法院依法撤销贸仲委上海分会（2018）中国贸仲京（沪）裁字第0443号仲裁裁决。

裁判观点

北京市第四中级人民法院认为，社会公共利益应是关系到全体社会成员的利益，为社会公众所享有，为整个社会发展存在所需要，具有公共性和社会性，不同于合同当事人的利益。首先，本案所涉合同是民事主体自愿订立的协议，所涉法律关系是受合同法约束的关于平等民事主体间的合同争议，处理结果仅影响合同当事人，不涉及社会公共利益。其次，虽然每一具体法律关系背后都体现有一定社会秩序，并具有一定的价值引导性，但上述秩序与价值并不直接等同于社会生活中既已存在的公共利益。在合同双方因履约产生争议时，争议解决结果对于每一方当事人权利义务的认定是以合同中的当事人合意和法律的强制性规定为前提的，故裁决中对于当事人权利义务的认定仅为将法律强制力赋予在合同当事人的合意中，并未破坏社会生活中既已存在的秩序和价值，亦未损害既有的社会公共福祉，不存在违反社会公共利益的情形。最后，仲裁庭根据在案证据和相关法律、仲裁规则审理案件，所作出的裁决属于适用仲裁权的范畴，不能因仲裁庭依法支持了一方当事人的主张而认为裁决违反社会公共利益。故本案裁决不存在违反社会公共利益的情形。

21. 分别执行分属不同商事纠纷的仲裁裁决，不属于违背社会公共利益

裁判规则

涉案仲裁裁决与其他仲裁裁决分属不同的商事纠纷，涉及的也是不同的商事主体，并无证据显示涉案仲裁裁决关乎社会公共利益，因此，申请人提出的分别执行上述仲裁裁决将破坏一裁终局制度、违背社会公共利益的理由，证据不足，本院不予支持。

典型案例

Ipca Laboratories Ltd. 与华泰财产保险有限公司重庆分公司申请撤销仲裁裁决案［北京市第四中级人民法院民事裁定书（2016）京 04 民特 15 号（2016 年 3 月 30 日）］

申请人：Ipca Laboratories Ltd.（以下简称 IPCA 公司）

被申请人：华泰财产保险有限公司重庆分公司

IPCA 公司申请撤销贸仲委（2015）中国贸仲京裁字第 0899 号裁决。

裁判观点

北京市第四中级人民法院认为，关于涉案仲裁裁决与仲裁委员会先前作出且已生效的仲裁裁决存在冲突，执行该仲裁裁决是否破坏一裁终局制度，并违背社会公共利益的问题。涉案仲裁裁决与其他仲裁裁决分属不同的商事纠纷，涉及的也是不同的商事主体，并无证据显示涉案仲裁裁决关乎社会公共利益，因此，申请人提出的分别执行上述仲裁裁决将破坏一裁终局制度、违背社会公共利益的理由，证据不足，本院不予支持。

22. 案件事实和证据的认定异议，不属于撤销涉外仲裁裁决的审查范围

裁判规则

申请人对案件事实和证据的认定异议，不属于本案撤销涉外仲裁裁决的审查范围，两申请人为此提出的调查申请及司法鉴定申请，本院均不予准许。

典型案例

佐藤 1、佐藤 2 与陈某、陆某程申请撤销仲裁裁决案［上海市第一中级人民法院民事裁定书（2017）沪 01 民特 379 号（2017 年 8 月 31 日）］

申请人：佐藤 1

申请人:佐藤2

被申请人:陈某

被申请人:陆某程

佐藤1、佐藤2申请撤销上海仲裁委员会(2016)沪仲案字第0472号裁决。

裁判观点

上海第一中级人民法院认为,两申请人对仲裁程序提出的异议,实质均是针对案件事实和证据的认定异议,并不属程序问题。两申请人提出的其他涉及合同履行、违约责任等异议,都属于双方争议的实体内容,不属于本案撤销涉外仲裁裁决的审查范围,两申请人为此提出的调查申请及司法鉴定申请,本院均不予准许。

23. 被申请人隐瞒足以影响公正裁决的证据,不属于撤销涉外仲裁裁决的法定事由

裁判规则

被申请人IBM公司隐瞒足以影响公正裁决的证据,该理由属于对仲裁裁决进行实体审查的范畴,并非人民法院撤销涉外仲裁裁决的法定事由。

典型案例

四川华讯新科科技有限公司与IBMWorldTradeCorporation申请撤销仲裁裁决案[北京市第四中级人民法院民事裁定书(2018)京04民特451号(2019年4月29日)]

申请人:四川华讯新科科技有限公司(以下简称华讯公司)

被申请人:IBMWorldTradeCorporation(以下简称IBM公司)

华讯公司请求撤销贸仲委(2018)中国贸仲京裁字第0526号仲裁裁决书。

裁判观点

北京市第四中级人民法院认为,本案被申请人IBM公司(仲裁程序中的申请人)系在境外成立的公司,仲裁裁决系仲裁委员会按涉外仲裁程序作出的涉外裁决。《民事诉讼法》第274条规定系法院撤销涉外仲裁裁决的法定事由。本案中,申请人华讯公司提出的撤销仲裁裁决的理由为被申请人IBM公司隐瞒足以影响公正裁决的证据。该理由属于对仲裁裁决进行实体审查的范畴,并非人民法院撤销涉外仲裁裁决的法定事由,故华讯公司提出的申请撤销仲裁裁决的理由不能成立,对其申请撤销仲裁裁决的请求,本院不予支持。

【类案检索】

1. 检索词:仲裁送达　仲裁规则规定

典型案例 ▶▶

南大门控股有限公司诉广州富力地产股份有限公司(广州富力公司)、联合潜力有限公司申请撤销仲裁裁决案[上海市第一中级人民法院民事裁定书(2013)沪一中民四(商)撤字第16号(2014年2月24日)]

裁判观点 ▶▶

上海市第一中级人民法院认为,对送达程序的审查应以当事人选择的仲裁规则为依据。仲裁审理中,广州富力公司已经向上海仲裁委员会提交了百慕大南大门公司在系争合同中记载的联系地址,上海仲裁委员会据此进行了邮寄送达,该送达程序符合上述仲裁规则的规定。申请人提供的陈某丹的手机号码并非能提供投递记录的送达地点,申请人在本案中亦未举证证明其有其他的实际办公地址是被申请人知悉并故意隐瞒的,故其认为仲裁送达程序违法的理由亦不成立,本院依法不予采纳。

2. 检索词:社会公共利益

典型案例 ▶▶

中国林木种子有限公司(以下简称林种公司)与北京祐林永磁材料有限公司申请撤销仲裁裁决案[北京市第四中级人民法院民事裁定书(2018)京04民特112号(2018年6月7日)]

裁判观点 ▶▶

北京市第四中级人民法院认为,撤销仲裁裁决案件中所涉及的违背社会公共利益,主要指向仲裁裁决违反我国法律的基本原则、违反社会善良风俗、危害国家及社会公共安全等情形,应涉及不特定多数人的共同利益。林种公司作为市场经营主体,与其他企业平等享有民事权利并承担民事义务,不存在特殊性,其是否属于国有企业乃至央企,在本案中均与社会公共利益无关。故此,本院对林种公司以违背社会公共利益为由要求撤销涉案仲裁裁决的主张不予支持。

第六章　执行与不予执行仲裁裁决

常见问题与法条导航

序号	常见问题	法条导航
1	申请不予执行国内仲裁裁决的管辖和法定情形	《仲裁法》第63条[①]、《民事诉讼法》第237条第2款和第3款[②]、《仲裁法解释》第26条[③]、《仲裁法》第71条[④]
2	国内法对外国仲裁机构仲裁裁决承认与执行的规定	《民事诉讼法》第283条[⑤]、《民诉法解释》第546条[⑥]、第547条[⑦]、《仲裁司法审查规定》第3条[⑧]、第4条[⑨]、第10条[⑩]、《仲裁司法审查报核规定》第2条[⑪]、《海事诉讼特别程序法》第11条[⑫]
3	国际公约对外国仲裁裁决承认与执行的规定	《纽约公约》第2条第2项[⑬]、第3条[⑭]、第4条第1款[⑮]、第5条[⑯]
4	对外国临时仲裁裁决的承认与执行	《民诉法解释》第545条[⑰]

①《仲裁法》第63条规定："被申请人提出证据证明裁决有民事诉讼法第二百一十三条第二款规定的情形之一的，经人民法院组成合议庭审查核实，裁定不予执行。"(《民事诉讼法》第213条于2017年修正为第237条)

②《民事诉讼法》第237条第2款和第3款规定："被申请人提出证据证明仲裁裁决有下列情形之一的，经人民法院组成合议庭审查核实，裁定不予执行：(一)当事人在合同中没有订有仲裁条款或者事后没有达成书面仲裁协议的；(二)裁决的事项不属于仲裁协议的范围或者仲裁机构无权仲裁的；(三)仲裁庭的组成或者仲裁的程序违反法定程序的；(四)裁决所根据的证据是伪造的；(五)对方当事人向仲裁机构隐瞒了足以影响公正裁决的证据的；(六)仲裁员在仲裁该案时有贪污受贿，徇私舞弊，枉法裁决行为的。人民法院认定执行该裁决违背社会公共利益的，裁定不予执行。"

③《仲裁法解释》第26条规定："当事人向人民法院申请撤销仲裁裁决被驳回后，又在执行程序中以相同理由提出不予执行抗辩的，人民法院不予支持。"

④《仲裁法》第71条规定:“被申请人提出证据证明涉外仲裁裁决有民事诉讼法第二百五十八条第一款规定的情形之一的,经人民法院组成合议庭审查核实,裁定不予执行。”

⑤《民事诉讼法》第283条规定:“国外仲裁机构的裁决,需要中华人民共和国人民法院承认和执行的,应当由当事人直接向被执行人住所地或者其财产所在地的中级人民法院申请,人民法院应当依照中华人民共和国缔结或者参加的国际条约,或者按照互惠原则办理。”

⑥《民诉法解释》第546条规定:“对外国法院作出的发生法律效力的判决,裁定或外国仲裁裁决,需要中华人民共和国法院执行的,当事人应当先向人民法院申请承认。人民法院经审查,裁定承认后,再根据民事诉讼法第三编的规定予以执行。当事人仅申请承认而未同时申请执行的,人民法院仅对应否承认进行审查并作出裁定。”

⑦《民诉法解释》第547条规定:“当事人申请承认和执行外国法院作出的发生法律效力的判决裁定或外国仲裁裁决的期间,适用民事诉讼法第二百三十九条的规定。当事人仅申请承认而未同时申请执行的,申请执行的期间自人民法院对承认申请作出的裁定生效之日起重新计算。”

⑧《仲裁司法审查规定》第3条规定:“外国仲裁裁决与人民法院审理的案件存在关联,被申请人住所地、被申请人财产所在地均不在我国内地,申请人申请承认外国仲裁裁决的,由受理关联案件的人民法院管辖。受理关联案件的人民法院为基层人民法院的,申请承认外国仲裁裁决的案件应当由该基层人民法院的上一级人民法院管辖。受理关联案件的人民法院是高级人民法院或者最高人民法院的,由上述法院决定自行审查或者指定中级人民法院审查。外国仲裁裁决与我国内地仲裁机构审理的案件存在关联,被申请人住所地、被申请人财产所在地均不在我国内地,申请人申请承认外国仲裁裁决的,由受理关联案件的仲裁机构所在地的中级人民法院管辖。”

⑨《仲裁司法审查规定》第4条规定:“申请人向两个以上有管辖权的人民法院提出申请的,由最先立案的人民法院管辖。”

⑩《仲裁司法审查规定》第10条规定:“人民法院受理仲裁司法审查案件后,被申请人对管辖权有异议的,应当自收到人民法院通知之日起十五日内提出。人民法院对被申请人提出的异议,应当审查并作出裁定。当事人对裁定不服的,可以提起上诉。在中华人民共和国领域内没有住所的被申请人对人民法院的管辖权有异议的,应当自收到人民法院通知之日起三十日内提出。”

⑪《仲裁司法审查报核规定》第2条规定:“各中级人民法院或者专门人民法院办理涉外涉港澳台仲裁司法审查案件,经审查拟认定仲裁协议无效,不予执行或者撤销我国内地仲裁机构的仲裁裁决,不予认可和执行香港特别行政区、澳门特别行政区、台湾地区仲裁裁决,不予承认和执行外国仲裁裁决,应当向本辖区所属高级人民法院报核;高级人民法院经审查拟同意的,应当向最高人民法院报核。待最高人民法院审核后,方可依最高人民法院的审核意见作出裁定。

各中级人民法院或者专门人民法院办理非涉外涉港澳台仲裁司法审查案件,经审查拟认定仲裁协议无效,不予执行或者撤销我国内地仲裁机构的仲裁裁决,应当向本辖区所属高级人民法院报核;待高级人民法院审核后,方可依高级人民法院的审核意见作出裁定。”

⑫《海事诉讼特别程序法》第11条规定:“当事人申请执行海事仲裁裁决,申请承认和执行外国法院判决、裁定以及国外海事仲裁裁决的,向被执行的财产所在地或者被执行人住所地海事法院提出。被执行的财产所在地或者被执行人住所地没有海事法院的,向被执行的财产所在地或者被执行人住所地的中级人民法院提出。”

⑬《纽约公约》第2条第2项规定:"称'书面协定'者,谓当事人所签订或在互换函电中所载明之契约仲裁条款或仲裁协定。"

⑭《纽约公约》第3条规定:"各缔约国应承认仲裁裁决具有拘束力,并依援引裁决地之程序规则及下列各条所载条件执行之。承认或执行适用本公约之仲裁裁决时,不得较承认或执行内国仲裁裁决附加过苛之条件或征收过多之费用。"

⑮《纽约公约》第4条规定:"一、声请承认及执行之一造,为取得前条所称之承认及执行,应于声请时提具:(甲)原裁决之正本或其正式副本,(乙)第二条所称协定之原本或其正式副本。二、倘前述裁决或协定所用文字非为援引裁决地所在国之正式文字,声请承认及执行裁决之一造应备具各该文件之此项文字译本。译本应由公设或宣誓之翻译员或外交或领事人员认证之。"

⑯《纽约公约》第5条规定:"一、裁决唯有于受裁决援用之一造向声请承认及执行地之主管机关提具证据证明有下列情形之一时,始得依该造之请求,拒予承认及执行:(甲)第二条所称协定之当事人依对其适用之法律有某种无行为能力情形者,或该项协定依当事人作为协定准据之法律系属无效,或未指明以何法律为准时,依裁决地所在国法律系属无效者;(乙)受裁决援用之一造未接获关于指派仲裁员或仲裁程序之适当通知,或因他故,致未能申辩者;(丙)裁决所处理之争议非为交付仲裁之标的或不在其条款之列,或裁决载有关于交付仲裁范围以外事项之决定者,但交付仲裁事项之决定可与未交付仲裁之事项划分时,裁决中关于交付仲裁事项之决定部分得予承认及执行;(丁)仲裁机关之组成或仲裁程序与各造间之协议不符,或无协议而与仲裁地所在国法律不符者;(戊)裁决对各造尚无拘束力,或业经裁决地所在国或裁决所依据法律之国家之主管机关撤销或停止执行者。二、倘声请承认及执行地所在国之主管机关认定有下列情形之一,亦得拒不承认及执行仲裁裁决:(甲)依该国法律,争议事项系不能以仲裁解决者;(乙)承认或执行裁决有违该国公共政策者。"

⑰《民诉法解释》第545条规定:"对临时仲裁庭在中华人民共和国领域外作出的仲裁裁决,一方当事人向人民法院申请承认和执行的,人民法院应当依照民事诉讼法第二百八十三条规定处理。"

第一节　申请不予执行本国仲裁裁决

【法理辨析】

1.申请不予执行本国仲裁裁决的条件

我国仲裁机构对当事人基于仲裁协议申请仲裁的争议案件,经过审理所作出的仲裁裁决是法院的执行根据之一,如果仲裁裁决的义务人不履行裁决所确定的义务,权利人可以依据仲裁裁决向有管辖权的法院申请执行。在执行程序中,被执行人认为仲裁裁决具有法定不予执行的情形时,即可以向执行法院申请不予执行本国仲裁裁决。因此,申请不予执行本国仲裁裁决应具备下列条件:

(1)提出不予执行仲裁裁决申请的主体只能是被执行人

申请不予执行是法律赋予仲裁裁决的义务人免受不当仲裁裁决执行的一项权利,是对被执行人权利予以救济的一项制度,因此,只能由仲裁裁决的义务人,即被执行人提出。

(2)申请不予执行本国仲裁裁决的法定期间

在法院基于权利人申请启动仲裁裁决的执行程序后,通常来说,只要在法院尚未就仲裁裁决执行结束之前,被执行人就可能申请不予执行本国仲裁裁决。但是,为了防止因为被执行人申请不予执行仲裁裁决而影响法院的执行效率,有必要对被执行人申请不予执行仲裁裁决的时间作出一定的限制,为此,最高人民法院在《仲裁裁决执行规定》第 8 条对被执行人申请不予执行仲裁裁决的期间作出了明确规定,即被执行人向人民法院申请不予执行仲裁裁决或者仲裁调解书的,应当在执行通知书送达之日起 15 日内提出书面申请;有《民事诉讼法》第 237 条第 2 款第 4、6 项规定情形且执行程序尚未终结的,应当自知道或者应当知道有关事实或案件之日起 15 日内提出书面申请。本条前款规定期限届满前,被执行人已向有管辖权的人民法院申请撤销仲裁裁决且已被受理的,自人民法院驳回撤销仲裁裁决申请的裁判文书生效之日起重新计算期限。

(3)申请不予执行仲裁裁决应向已受理执行申请的法院提出

被执行人申请不予执行仲裁裁决的目的是阻止法院执行仲裁裁决所确定的义务,因此,为了便于法院及时审查,被执行人申请不予执行仲裁裁决应当向已受理执行申请的法院提出,即应当向对仲裁裁决的执行有管辖权的法院提出。

(4)被执行人有证据证明仲裁裁决具有应不予执行的法定情形

2. 不予执行本国仲裁裁决的法定情形

我国《仲裁法》对不予执行本国国内仲裁裁决与涉外仲裁裁决的法定情形作出了如下不同的规定。

(1)不予执行国内仲裁裁决的法定情形

根据我国《仲裁法》第 63 条和《民事诉讼法》第 237 条的规定,不予执行国内仲裁裁决的法定情形分为两种情况:一是由被执行人提出证据证明国内仲裁裁决具有不予执行的法定情形,即被申请人提出证据证明国内仲裁裁决有《民事诉讼法》第 237 条第 2 款规定的下列情形之一的,可以申请不予执行该仲裁裁决:第一,当事人在合同中没有订有仲裁条款或者事后没有达成书面仲裁协议的;第二,裁决的事项不属于仲裁协议的范围或者仲裁机构无权仲裁的;第三,仲裁庭的组成或者仲裁的程序违反法定程序的;第四,裁决所根据的证据是伪造的;第五,对方当事人向仲裁机构隐瞒了足以影响公正裁决证据的;第六,仲裁员在仲裁该案时有贪污受贿、徇私舞弊、枉法裁决行为的。二是无须由被执行人提出证据证明,而是由法院依职权裁定不予执行的法定情形,即法院认为执行仲裁裁决违背社会公共利益的,裁定不予执行。

(2)不予执行涉外仲裁裁决的法定情形

根据我国《仲裁法》第 71 条和《民事诉讼法》第 274 条的规定,不予执行涉外仲裁裁决的法定情形分为两种情况:一是由被执行人提出证据证明涉外仲裁裁决具有不予执行的法定情形,即当事人提出证据证明涉外仲裁裁决有《民事诉讼法》第 274 条第 1 款规定的下列情形之一的,可以申请不予执行仲裁裁决:第一,当事人在合同中没有订有仲裁条款或者事后没有达成书面仲裁协议的;第二,被申请人没有得到指定仲裁员或者进行仲裁程序的通知,或者由于其他不属于被申请人负责的原因未能陈述意见的;第三,仲裁庭的组成或者仲裁的程序与仲裁规则不符的;第四,裁决的事项不属于仲裁协议的范围或者仲裁机构无权仲裁的。二是无须由被执行人提出证据证明,而是由法院依职权裁定不予执行的法定情形,即法院认为执行仲裁裁决违背社会公共利益的,裁定不予执行。

3. 人民法院对当事人不予执行仲裁裁决申请的处理

在执行程序中,对于当事人不予执行仲裁裁决的申请,人民法院应当组成合议庭围绕被执行人申请的事由进行审查;对被执行人没有申请的事由不予审查,但仲裁裁决可能违背社会公共利益的除外。经过审查,对于符合法定理由的仲裁裁决,裁定不予执行;对于不符合法定情形的,裁定驳回申请。根据《仲裁裁决执行规定》第 19 条第 1 款规定:"被执行人、案外人对仲裁裁决执行案件逾期申请不予执行的,人民法院应当裁定不予受理;已经受理的,应当裁定驳回不予执行申请。"此外,根据《仲裁法解释》第 26 条的规定,当事人向人民法院申请仲裁裁决被驳回后,又在执行程序中以相同理由提出不予执行抗辩的,人民法院不予支持。

【典型案解】

1. 以不属于本案当事人为由,主张裁决事项不属于仲裁协议范围申请不予执行

裁判规则

本案仲裁裁决已对案涉合同效力的认定做了实质性审查,合同上有王某顺的签名和指印,且该合同第 5 条还约定,王某顺对本案合同项下的赔偿和支付行为承担连带责任,故王某顺属于本案仲裁裁决的当事人,其主张不符合《仲裁裁决执行

规定》第 13 条"裁决的事项不属于仲裁协议的范围或者仲裁机构无权仲裁的情形"的规定。

典型案例 ▶▶

王某顺与北京市鑫诺律师事务所法理服务合同纠纷执行审查案［河南省新乡市中级人民法院民事裁定书(2019)豫 07 执异 73 号(2019 年 10 月 16 日)］

申请人(被执行人):王某顺

被申请人(申请执行人):北京市鑫诺律师事务所

在执行北京市鑫诺律师事务所与王某顺法律服务合同纠纷一案中,王某顺申请不予执行北仲作出的(2017)京仲裁字第 1424 号裁决。

裁判观点 ▶▶

新乡市中级人民法院认为,关于王某顺提出其不属于本案当事人,北京裁决的事项不属于仲裁协议的范围的不予执行理由。《仲裁裁决执行规定》第 13 条将"裁决的事项不属于仲裁协议的范围或者仲裁机构无权仲裁的情形"列为:(一)裁决的事项超出仲裁协议约定的范围;(二)裁决的事项属于依照法律规定或者当事人选择的仲裁规则规定的不可仲裁事项;(三)裁决内容超出当事人仲裁请求的范围;(四)作出裁决的仲裁机构非仲裁协议所约定。因本案仲裁裁决已对案涉合同效力的认定做了实质性审查,合同上有王某顺的签名和指印,且该合同第 5 条还约定,王某顺与新乡市西井峪水泥厂对本案合同项下向北京市鑫诺律师事务所的赔偿和支付行为承担连带责任,故王某顺属于本案仲裁裁决的当事人。由于王某顺提出的该项主张不符合上述不属于仲裁协议的范围所规定的情形,故对王某顺的该项不予执行的理由,本院不予采纳。

2. 当事人没有仲裁协议

裁判规则 ▶▶

小微联保申请书和小微授信申请表仅是借款人向民生银行广州分行借款的申请表,并不构成联保体授信合同的组成部分。梁某女并非联保体授信合同的主体,并未签署该合同,民生银行所援引的该合同约定的仲裁条款对梁某女不产生法律约束力。

典型案例 ▶▶

梁某女与中国民生银行股份有限公司广州分行等不予执行仲裁裁决案［广东

省广州市中级人民法院民事裁定书(2018)粤01执异73号(2018年9月10日)]

申请人(仲裁被申请人):梁某女

被申请人(仲裁申请人):中国民生银行股份有限公司广州分行(以下简称民生银行广州分行)

被申请人(仲裁被申请人):梁某洪

被申请人(仲裁被申请人):岑某

被申请人(仲裁被申请人):王某东

被申请人(仲裁被申请人):广州利煊贸易有限公司

梁某女向本院申请不予执行广州仲裁委员会作出的(2014)穗仲案字第3066号仲裁裁决。

裁判观点

广州市中级人民法院认为,案涉裁决为国内仲裁裁决,本案为申请不予执行国内仲裁裁决案件,应依据《民事诉讼法》第237条的规定进行审查。该法条第2款第1项规定,当事人在合同中没有订有仲裁条款或者事后没有达成书面仲裁协议的,经人民法院组成合议庭审查核实,裁定不予执行仲裁裁决。本案中,小微联保申请书和小微授信申请表仅是借款人向民生银行广州分行借款的申请表,并不构成联保体授信合同的组成部分。申请书上虽然载明配偶对于借款的事宜明知且同意作为夫妻共同债务,但并不表示配偶对于授信合同约定的争议解决方式也是明知的,而且也是同意将争议提交仲裁庭解决。梁某女并非联保体授信合同的主体,并未签署该合同,民生银行广州分行所援引的该合同的相关约定不能约束梁某女,该合同约定的仲裁条款对梁某女也不产生法律约束力。梁某女与民生银行广州分行之间并没有签订仲裁协议,广州仲裁委员会无权处理梁某女与民生银行广州分行之间的案涉纠纷。依照上述法律规定及《民诉法解释》第477条第1款的规定"仲裁机构裁决的事项,部分有民事诉讼法第二百三十七条第二款、第三款规定情形的,人民法院应当裁定对该部分不予执行",对广州仲裁委员会(2014)穗仲案字第3066号仲裁裁决第(一)、(二)裁决项中关于梁某女的裁决内容部分,不予执行。

3. 当事人在仲裁程序中未对仲裁协议提出异议,执行程序中,以仲裁协议不存在为由申请不予执行仲裁裁决,法院不支持

裁判规则

娃哈哈公司在仲裁过程中既未否认与亚布力公司签订股权转让协议,亦未对

股权转让协议中的仲裁条款提出异议，且参与庭审。现以该公司其他股东以对股权转让协议不知情为由，否认与亚布力公司签订过股权转让协议，进而否认仲裁条款的存在，该抗辩理由既缺乏法律依据又与该公司在仲裁中的意思表示相背，本院对此不予支持。

典型案例 ▶▶

中国亚布力阳光度假村有限公司与吉林娃哈哈饮用水有限公司等不予执行仲裁裁决案［北京市第二中级人民法院民事裁定书（2014）二中执异字第00864号（2014年12月1日）］

不予执行申请人（被执行人）：吉林娃哈哈饮用水有限公司（以下简称娃哈哈公司）

不予执行被申请人（申请执行人）：中国亚布力阳光度假村有限公司（以下简称亚布力公司）

被执行人：吉林莲花山集团有限公司

执行过程中，娃哈哈公司申请不予执行贸仲委于2013年7月19日作出的（2013）中国贸仲京裁字第0487号裁决。

裁判观点 ▶▶

北京市第二中级人民法院认为，娃哈哈公司在仲裁过程中既未否认与亚布力公司签订股权转让协议，亦未对股权转让协议中的仲裁条款提出异议，而是明确同意案件由贸仲委适用2005年5月1日起施行的仲裁规则进行仲裁，且在开庭过程中就案件事实进行了陈述，就证据进行了质证，就法律问题进行了辩论。上述事实表明，娃哈哈公司在仲裁过程中认可与亚布力公司订有仲裁条款，且贸仲委对该案有权仲裁。现娃哈哈公司又以该公司其他股东对股权转让协议不知情为由，否认与亚布力公司签订过股权转让协议，进而否认仲裁条款的存在，该抗辩理由既缺乏法律依据又与该公司在仲裁中的意思表示相悖，本院对此不予支持。

4. 当事人在仲裁程序中对对方出庭人员身份有无异议，不得以此为由申请不予执行仲裁裁决

裁判规则 ▶▶

《仲裁法》及《海事仲裁规则》并未要求涉外委托必须或只能办理公证认证，申请仲裁的手续是否完备系由仲裁机构自行审查。在仲裁程序中，仲裁庭询问当事人及代理人对对方出庭人员身份有无异议，依照《仲裁裁决执行规定》第14条第3

款的规定,因其在仲裁过程中未就此提出异议,在本案执行过程中亦不得再以此提出异议。

典型案例 ▶▶

何某朝与 CHILINKANGIN 不予执行涉外仲裁裁决案[厦门海事法院(2019)闽72执异14号(2019年8月12日)]

异议人:何某朝

申请执行人:CHILINKANGIN

本院在执行申请执行人 CHILINKANGIN 与被执行人何某朝海事海商纠纷一案中,何某朝申请不予执行中国海事仲裁委员会上海分会仲裁院(2019)中国海仲沪裁字第001号裁决书。

裁判观点 ▶▶

厦门海事法院认为,异议人以裁决的事项属于仲裁机构无权仲裁为由申请不予执行案涉涉外仲裁裁决,但《民事诉讼法》第274条第1款第4项规定的"仲裁机构无权仲裁的"是指仲裁活动超出仲裁协议的范围或是仲裁事项不属于可以仲裁的范围。仲裁申请人授权委托手续是否合法完备不属于上述规定所指情形。异议人主张仲裁申请人授权委托手续未办理公证系援引《民事诉讼法》规定,但仲裁活动与民事诉讼活动并不相同,《民事诉讼法》的规定不当然适用于仲裁活动中,仲裁活动应适用《仲裁法》及《海事仲裁规则》。该法及规则并未要求涉外委托必须或只能办理公证认证。且依照《仲裁规则》第13条第1款第3项规定,申请仲裁的手续是否完备系由仲裁机构自行审查。此外,仲裁申请人及申请执行人 CHILINKANGIN 专门入境确认授权委托手续的真实性及仲裁确系其真实意思表示。即便假设授权委托手续未办理公证构成程序瑕疵,在仲裁程序中,仲裁庭询问当事人及代理人对对方出庭人员身份有无异议,异议人并未提出异议,并在仲裁中提出反请求,应视为认可其出庭身份。依照《仲裁裁决执行规定》第14条第3款的规定,因其在仲裁过程中未就此提出异议,在本案执行过程中亦不得再以此提出异议。综上所述,异议人此项异议不能成立,予以驳回。

5. 仲裁机构未依法向被执行人送达相关仲裁文件,认定违反法定程序

裁判规则 ▶▶

中国广州仲裁委员会在受理该案后,未能依照《仲裁法》第25条第1款和第30条规定向本案的被执行人送达仲裁申请书副本和仲裁规则、仲裁员名册,仲裁过程

中未保障当事人申请仲裁员回避、提供证据、答辩等《仲裁法》规定的基本程序权利，应当认定为仲裁的程序违反法定程序。

典型案例

成都优啦信息技术有限公司与刘某不予执行仲裁裁决案［重庆市第二中级人民法院民事裁定书(2018)渝02执769号(2018年12月14日)］

申请执行人：成都优啦信息技术有限公司

被执行人：刘某

裁判观点

重庆市第二中级人民法院认为，《仲裁法》第25条第1款规定"仲裁委员会受理仲裁申请后，应当在仲裁裁决规定的期限内将仲裁规则和仲裁员名册送达申请人，并将仲裁申请书副本和仲裁规则、仲裁员名册送达被申请人"，第33条规定"仲裁庭组成后，仲裁委员会应当将仲裁庭的组成情况书面通知当事人"。中国广州仲裁委员会在受理该案后，未能依照上述法律规定向本案的被执行人送达仲裁申请书副本和仲裁规则、仲裁员名册，仲裁过程中未保障当事人申请仲裁员回避、提供证据、答辩等《仲裁法》规定的基本程序权利，应当认定为仲裁的程序违反法定程序。

6. 仲裁机构向法人工商注册地址邮寄送达仲裁文件，符合仲裁规则的规定

裁判规则

龙天公司被吊销营业执照，但未注销，不影响其主体资格，深圳仲裁委员会向龙天公司的工商注册地址邮寄送达仲裁通知等文件，符合仲裁规则的规定。

典型案例

深圳市龙天网络系统有限公司与深圳市财政委员会不予执行仲裁裁决案［广东省深圳市中级人民法院民事裁定书(2018)粤03民初47号(2018年10月28日)］

申请人(仲裁被申请人)：深圳市龙天网络系统有限公司(以下简称龙天公司)

被申请人(仲裁申请人)：深圳市财政委员会

龙天公司申请不予执行深圳仲裁委员会(2014)深仲裁字第1231号仲裁裁决。

裁判观点

深圳市中级人民法院认为，本案为申请不予执行国内仲裁裁决案件，应当根据

《民事诉讼法》第237条进行审查。龙天公司被吊销营业执照，但未注销，不影响其主体资格，深圳仲裁委员会向龙天公司的工商注册地址邮寄送达仲裁通知等文件，符合仲裁规则的规定，龙天公司未参加仲裁程序，应自行承担相应法律后果。

7. 仲裁裁决书中仲裁员名字系电脑文档打印，仲裁员未签名，认定违反法定程序

裁判规则

保定仲裁委员会作出的(2018)保裁网字第1039号裁决书中，虽加盖了仲裁委员会印章，但仲裁庭仲裁员名字系电脑文档打印而成，未见该裁决书上有仲裁员签名。应认定为仲裁的程序严重违反法定程序。

典型案例

广州北恒资产管理有限公司与徐某翠不予执行仲裁裁决案[重庆市第二中级人民法院民事裁定书(2019)渝02执147号(2019年5月16日)]

申请人：广州北恒资产管理有限公司

被执行人：徐某翠

裁判观点

重庆市第二中级人民法院认为，《仲裁法》第54条规定：裁决书由仲裁员签名，加盖仲裁委员会印章。在本案保定仲裁委员会作出的(2018)保裁网字第1039号裁决书中，虽加盖了仲裁委员会印章，但仲裁庭仲裁员名字系电脑文档打印而成，未见该裁决书上有仲裁员签名。故保定仲裁委员会作出的(2018)保裁网字第1039号裁决书明显违反了上述法律的规定，应认定为仲裁的程序严重违反法定程序。因此，本案申请人广州北恒资产管理有限公司申请执行(2018)保裁网字第1039号裁决的请求，本院不予支持。

8. 违反规章和监管政策不必然导致违反社会公共利益

裁判规则

《民事诉讼法》第274条所指社会公共利益应作狭义解释，即便违反规章和监管政策也不必然导致违反社会公共利益。当事人在仲裁过程中未提出此项异议，而在执行过程中以此提出不予执行，有悖诚信原则。异议人关于裁决违背社会公共利益异议不能成立，予以驳回。

典型案例 ▶▶

何某朝与 CHILINKANGIN 不予执行涉外仲裁裁决案[厦门海事法院(2019)闽 72 执异 14 号(2019 年 8 月 12 日)]

异议人:何某朝

申请执行人:CHILINKANGIN

本院在执行申请执行人 CHILINKANGIN 与被执行人何某朝海事海商纠纷一案中,何某朝申请不予执行中国海事仲裁委员会上海分会仲裁院(2019)中国海仲沪裁字第 001 号裁决书。

裁判观点 ▶▶

厦门海事法院认为,《民事诉讼法》第 274 条所指社会公共利益应作狭义解释,即便违反规章和监管政策也不必然导致违反社会公共利益。案涉仲裁裁决认定股份转让合作协议书有效并经双方协议解除,并在此基础上裁决双方在履行过程中均有过错及违约行为,并应承担相应违约责任。上述裁决是仲裁庭适用法律对实体问题进行审理的结果,不在本案司法审查范围之内。况且,上述裁决的结果与中国商务部与海关总署 2017 年第 28 号公告的出口管制并不冲突,更不违反社会公共利益。此外,双方当事人在案涉协议之外另签订一份船舶买卖合同以办理船舶过户,即存在阴阳合同情况,这一行为属于规避国家主管部门监管,但不必然构成对社会公共利益的违反,且异议人对阴阳合同的存在是明知乃至同意的,其在仲裁过程中未提出此项异议,而在执行过程中以此提出不予执行,也有悖诚信原则。综上所述,异议人关于裁决违背社会公共利益异议不能成立,予以驳回。

9. 当事人申请撤销仲裁裁决被驳回后,不得以相同理由申请不予执行仲裁裁决

裁判规则 ▶▶

就“关于仲裁庭的组成及仲裁程序是否违法、仲裁员枉法裁决”等问题,因申请人易某、李某已在申请撤销仲裁裁决程序中向重庆市第一中级人民法院提出,并经该院审查后作出了予以驳回其申请的裁定。根据《仲裁法解释》第 26 条“当事人向人民法院申请撤销仲裁裁决被驳回后,又在执行程序中以相同理由提出不予执行抗辩的,人民法院不予支持”的规定,申请人的该项请求不能得到支持。

典型案例 ▶▶

易某、李某与李某军、张某英不予执行仲裁裁决案[重庆市第三中级人民法院

民事裁定书(2018)渝03执异6号(2018年4月4日)]

申请人:易某

申请人:李某

被申请人:李某军

被申请人:张某英

易某、李某向重庆市第三中级人民法院申请不予执行重庆仲裁委员会作出的(2017)渝仲字第143号仲裁裁决。

裁判观点

重庆市第一中级人民法院认为,李某军、张某英与易某、李某房屋买卖合同纠纷一案经重庆仲裁委员会2017年9月28日作出仲裁裁决后,申请人易某、李某以仲裁庭的组成及仲裁程序违法、仲裁员枉法裁决等理由向重庆市第一中级人民法院申请撤销仲裁裁决,重庆市第一中级人民法院经审理后于2017年12月22日作出(2017)渝01民特1047号民事裁定书驳回了易某、李某的申请。本案在执行过程中,易某、李某又向本院提出不予执行重庆仲裁委员会(2017)渝仲字第143号仲裁裁决的申请。就申请人易某、李某提出的"关于仲裁庭的组成及仲裁程序是否违法、仲裁员枉法裁决"等问题,因申请人易某、李某已在申请撤销仲裁裁决程序中向重庆市第一中级人民法院提出,并经该院审查后作出了予以驳回其申请的裁定。根据《仲裁法解释》第26条"当事人向人民法院申请撤销仲裁裁决被驳回后,又在执行程序中以相同理由提出不予执行抗辩的,人民法院不予支持"的规定,申请人的该项请求不能得到支持。

10. 被执行人申请不予执行仲裁裁决应在法定期间内提出

裁判规则

案涉仲裁裁决的执行程序已经终结,已不再具备被执行人申请不予执行仲裁裁决的前提条件,白某轩申请不予执行案涉仲裁裁决无据,本院予以驳回。

典型案例

广东建议律师事务所与白某轩不予执行仲裁裁决案[广东省广州市中级人民法院执行裁定书(2020)粤01执异201号(2020年3月24日)]

申请人:白某轩

被申请人:广东建议律师事务所

白某轩申请不予执行中国惠州仲裁委员会作出的(2018)惠仲案字第450号仲

裁裁决。

裁判观点 ▶▶

广州市中级人民法院认为，本案为不予执行国内仲裁裁决纠纷，应依据《民事诉讼法》第237条规定和相关司法解释的规定进行审理。《仲裁裁决执行规定》第8条规定："被执行人向人民法院申请不予执行仲裁裁决的，应当在执行通知书送达之日起十五日内提出书面申请；有民事诉讼法第二百三十七条第二款第四、六项规定情形且执行程序尚未终结的，应当自知道或者应当知道有关事实或案件之日起十五日内提出书面申请。"本案中，案涉仲裁裁决的执行程序已经终结，已不再具备被执行人申请不予执行仲裁裁决的前提条件，白某轩申请不予执行案涉仲裁裁决无据，本院予以驳回。

11. 案外人申请不予执行仲裁裁决应在法定期间内提出

裁判规则 ▶▶

案涉仲裁裁决的执行程序已经终结，已不再具备案外人申请不予执行仲裁裁决的前提条件，张某斌、石某平申请不予执行案涉仲裁裁决无据，本院予以驳回。

典型案例 ▶▶

张某斌与佛山市臻熙置业有限公司、广州宾富置业有限公司不予执行仲裁裁决案［广东省广州市中级人民法院民事裁定书(2019)粤01执异364号(2019年12月26日)］

申请人：张某斌

被申请人：佛山市臻熙置业有限公司

被申请人：广州宾富置业有限公司

本院在执行佛山市臻熙置业有限公司与广州宾富置业有限公司商品房委托代理销售纠纷一案中，案外人张某斌、石某平申请不予执行中国广州仲裁委员会作出的(2019)穗仲案字第3255号仲裁裁决。

裁判观点 ▶▶

广州市中级人民法院认为，本案为不予执行国内仲裁裁决纠纷，应依据《民事诉讼法》第237条规定和相关司法解释的规定进行审理。《仲裁裁决执行规定》第9条第2款规定："案外人向人民法院申请不予执行仲裁裁决或者仲裁调解书的，应当提交申请书以及证明其请求成立的证据材料，并符合下列条件：……(二)案外人主张的合法权益所涉及的执行标的尚未执行终结。”本案中，案涉仲裁裁决的执行程序已经终结，已不再具备案外人申请不予执行仲裁裁决的前提条件，张某斌、石某平申请不予执行案涉仲裁裁决无据，本院予以驳回。

12. 申请不予执行涉外仲裁裁决的法定情形

裁判规则

钰协真空公司提出的不予执行涉案仲裁裁决的理由主要是斯里兰公司伪造证据、隐瞒证据及仲裁裁决没有事实和法律依据，上述理由均不属于法定的不予执行涉外仲裁裁决的理由，本院不予支持。

典型案例

钰协真空科技(深圳)有限公司与斯里兰树脂私营有限公司不予执行涉外仲裁裁决案[广东省深圳市中级人民法院民事裁定书(2014)深中法涉外仲字第42号(2014年3月20日)]

申请人(仲裁被申请人):钰协真空科技(深圳)有限公司(以下简称钰协真空公司)

被申请人(仲裁申请人):斯里兰树脂私营有限公司

申请人钰协真空公司向本院申请不予执行华南国际经济贸易仲裁委员会华南国仲深裁(2013)1号仲裁裁决。

裁判观点

深圳市中级人民法院认为，本案为申请不予执行涉外仲裁裁决案件，应依照《民事诉讼法》第274条的规定进行审查。该条规定“对中华人民共和国涉外仲裁机构作出的裁决，被申请人提出证据证明仲裁裁决有下列情形之一的，经人民法院组成合议庭审查核实，裁定不予执行:(一)当事人在合同中没有订有仲裁条款或者事后没有达成书面仲裁协议的;(二)被申请人没有得到指定仲裁员或者进行仲裁程序的通知，或者由于其他不属于被申请人负责的原因未能陈述意见的;(三)仲裁庭的组成或者仲裁的程序与仲裁规则不符的;(四)裁决的事项不属于仲裁协议的范围或者仲裁机构无权仲裁的……”钰协真空公司提出的不予执行涉案仲裁裁决的理由主要是斯里兰公司伪造证据、隐瞒证据及仲裁裁决没有事实和法律依据，上述理由均不属于法定的不予执行涉外仲裁裁决的理由，本院不予支持。

【类案检索】

1. 检索词:送达违法

典型案例

北京盛元承安资产管理有限公司与易某不予执行仲裁裁决案[重庆市第二中级人民法院民事裁定书(2019)渝02执1076号(2019年12月19日)]

裁判观点

重庆市第二中级人民法院认为,《仲裁法》第25条第1款明确规定:"仲裁委员会受理仲裁申请后,应当在仲裁规则规定的期限内将仲裁规则和仲裁员名册送达申请人,并将仲裁申请书副本和仲裁规则、仲裁员名册送达被申请人。"中国广州仲裁委员会在受理本案申请人和被申请人之间的借款合同纠纷后,未能依照上述法律的规定向本案被申请人送达仲裁规则和仲裁员名册,导致本案被申请人在仲裁过程中无法知晓仲裁规则及仲裁庭仲裁员,致使当事人申请仲裁员回避、提供证据、进行答辩等基本程序性权利受到了严重损害,故中国广州仲裁委员会的上述行为应认定为仲裁庭的组成及仲裁的程序严重违反法定程序。因此,本案申请人北京盛元承安资产管理有限公司申请执行(2019)穗仲网案字第11096号裁决的请求,本院不予支持。

2. 检索词:违反社会公共利益

典型案例

钟某青与深圳市越海全球物流有限公司、盈昌塑化有限公司、钟某不予执行仲裁裁决案[广东省深圳市中级人民法院民事裁定书(2018)粤03民特944号(2019年2月2日)]

裁判观点

深圳市中级人民法院认为,关于申请人主张深圳银监局信访答复意见书证明了仲裁裁决违背了公共利益。社会公共利益是指社会全体成员的利益,违背社会公共利益的表现形式多种多样,通常是指违背我国法律的基本制度与准则、违背社会和经济生活基本原则、违背社会的基本道德和伦理等。涉案仲裁处理的是申请人与被申请人之间的债权债务纠纷,执行涉案仲裁裁决仅限于申请人与被申请人之间债权债务关系的清偿，与公共利益无关，申请人以此为由申请不予执行仲裁裁决，本院依法不予支持。

3. 检索词：仲裁违反法定程序

典型案例

深圳市时达实业有限公司（以下简称时达公司）与深圳市福和庆实业发展有限公司、东莞市业成实业有限公司不予执行仲裁裁决案［广东省深圳市中级人民法院民事裁定书（2014）深中法涉外仲字第227号（2014年10月14日）］

裁判观点

深圳市中级人民法院认为，构成仲裁程序与仲裁规则不符的事由有明确界定，证据问题不构成仲裁程序与仲裁规则不符。时达公司提出仲裁裁决对相关涉案往来资金承担作出了裁决但没有说明裁决理由，以及错裁和漏裁等问题，是对仲裁裁决认定事实和适用法律提出质疑，而认定事实和适用法律属于仲裁庭对案件的实体审理范围。根据《民事诉讼法》第274条的规定，法院无权进行审查。故申请人时达公司关于仲裁违反仲裁程序的主张亦不能成立。

4. 检索词：向仲裁庭隐瞒证据

典型案例

锦利建筑有限公司（以下简称锦利公司）与广州市黄埔区城市建设开发有限公司（以下简称黄埔城建公司）不予执行仲裁裁决案［广东省广州市中级人民法院民事裁定书（2018）粤01执异129号（2018年5月2日）］

裁判观点

广州市中级人民法院认为，锦利公司在补充意见中关于黄埔城建公司在仲裁过程中向仲裁庭隐瞒了足以影响公正裁决的证据的主张，也不是《民事诉讼法》第274条规定的不予执行涉外仲裁裁决的法定事由，本院依法不做审查和认定。

5. 检索词：相同理由申请不予执行仲裁裁决

典型案例

巫溪县中医院与建设集团有限公司不予执行仲裁裁决案［重庆市第二中级人民法院民事裁定书（2019）渝02执异1号（2019年1月21日）］

裁判观点

重庆市第二中级人民法院认为,《仲裁法解释》第26条明确规定:"当事人向人民法院申请仲裁裁决被驳回后,又在执行程序中以相同理由提出不予执行抗辩的,人民法院不予支持。"申请人巫溪县中医院在向重庆市第一中级人民法院申请撤销仲裁裁决案件中,已向人民法院主张了本案仲裁裁决的仲裁程序违反法定程序及裁决所根据的证据是伪造的,现当事人的此项诉求已被重庆市第一中级人民法院予以驳回,故申请人在本案中再次主张本案仲裁裁决的仲裁程序违反法定程序及裁决所根据的证据是伪造的理由,本院不予支持。

第二节　承认与执行外国仲裁裁决

【法理辨析】

1. 承认与执行外国仲裁裁决的理解

随着全球经济的迅速发展,国际商事仲裁以其快捷、灵活、最大限度体现当事人意思自治等民事诉讼无法比拟的优势,成为国际商事争议解决机制中一种行之有效,且受商事活动主体青睐的方式。由于一国仲裁机构所作的仲裁裁决,其效力仅及于本国领域,而不当然及于其他国家领域,因此,不同国家的法院之间通过特殊司法协助承认与执行外国仲裁裁决,对实现当事人的合法权益非常重要。在国际商事仲裁领域,已作出的生效仲裁裁决需要到另一国家或者地区承认及执行的情况极为常见。对外国仲裁裁决的承认及执行具有重要意义:一方面,有利于实现仲裁维护当事人民事权益的功能。在仲裁裁决作出后,如败诉一方拒绝履行仲裁裁决所确定的义务,当事人可以通过向一国或一地区法院申请承认及执行该仲裁裁决以获得及时救济,从而实现其仲裁意愿。另一方面,有助于维护本国的公共利益。承认及执行域外仲裁裁决是法院对外国仲裁裁决予以司法监督的核心阶段。一国法院根据《纽约公约》等国际公约或者按照互惠原则对外国仲裁裁决进行以程序事项为主、实体事项为辅的司法审查,对符合条件的外国仲裁裁决予以承认及执行,对不符合条件的外国仲裁裁决则拒绝予以承认及执行,有助于贯彻最低正当程序,并维护本国的公共利益。因此,这一问题是国际商事仲裁制度的核心问题。

2. 外国仲裁裁决承认与执行之间的关系

外国仲裁裁决的承认与执行是国际商事仲裁制度的核心问题。外国仲裁裁决的承认,是指一国法院对外国仲裁机构或临时仲裁庭作出的具有拘束力的仲裁裁决予以认可的司法行为。承认是外国仲裁裁决在法院地国取得执行力的必经程序与前提。外国仲裁裁决的执行,是指在承认外国仲裁裁决效力的基础上,通过法院依法采取强制执行手段实现仲裁裁决所确定的实体权利的司法行为。当事人可以只申请法院地国承认外国仲裁裁决的效力,而不申请执行。因此,当被执行人或者被执行财产在我国领域内,需要我国法院执行的外国仲裁裁决,当事人应当先向我国有管辖权的法院申请承认。申请承认是前提,法院经过审查,裁定承认外国仲裁裁决的效力后,再根据我国《民事诉讼法》第三编的规定予以执行。司法实践中,对于有给付内容的外国仲裁裁决,当事人一般均会申请承认并执行外国仲裁裁决,如果当事人仅申请承认而未申请执行,法院仅对应否承认外国仲裁裁决进行审查并作出裁定。

3. 民事法律关系具有涉外因素的理解

在当事人申请承认与执行外国仲裁裁决程序中,系争民事法律关系是否具有涉外因素,直接影响当事人之间仲裁协议的效力。即如果系争民事法律关系具有涉外因素,则当事人协商将争议提交外国仲裁机构的约定应为有效,反之则应认定仲裁协议无效。

根据《涉外法律适用法司法解释(一)》第 1 条规定:"民事关系具有下列情形之一的,人民法院可以认定为涉外民事关系:(一)当事人一方或双方是外国公民、外国法人或者其他组织、无国籍人;(二)当事人一方或双方的经常居所地在中华人民共和国领域外;(三)标的物在中华人民共和国领域外;(四)产生、变更或者消灭民事关系的法律事实发生在中华人民共和国领域外;(五)可以认定为涉外民事关系的其他情形。"

实践中,有时出现国内当事人将其不具有涉外因素的合同或者财产权益纠纷约定提请外国仲裁机构仲裁的,此时必然涉及该仲裁协议效力的认定问题。根据《民事诉讼法》第 271 条和《仲裁法》第 65 条的规定,涉外经济贸易、运输、海事中发生的纠纷,当事人可以通过订立合同中的仲裁条款或者事后达成的书面仲裁协议,提交我国仲裁机构或者其他仲裁机构仲裁。可见,法律并未允许国内当事人将其不具有涉外因素的争议提请外国仲裁。因此,国内当事人通过订立仲裁协议将其不具有涉外因素商事纠纷约定提请外国仲裁机构仲裁或者在外国进行临时仲裁,该仲裁协议应认定无效。但是,《最高人民法院关于为自由贸易试验区建设提供司法保障的意见》对此作出了特殊规定,即在自由贸易试验区内注册的外商独资企业相互之间约定将商事争议提交域外仲裁的,不应仅以其争议不具有涉外因素为由认定仲裁协议无效。一方或者双方均为在自由贸易试验区内注册的外商投资企业，约定将争议提交域外仲裁，发生纠纷后，当事人将争议提交域外仲裁，相关裁决作出后，其又以仲裁协议无效为由主张拒绝承认、认可或执行的，人民法院不予支持；另一方当事人在仲裁程序中未对仲裁协议效力提出异议，相关裁决作出后，又以有关争议不具有涉外因素为由主张仲裁协议无效，并以此主张拒绝承认、认可或执行的，人民法院不予支持。在自由贸易试验区注册的企业相互之间约定在内地特定地点、按照特定仲裁规则、由特定人员对有关争议进行仲裁的，可以认定该仲裁协议有效。人民法院认为该仲裁协议无效的，应报请上一级法院进行审查。上级法院同意下级法院意见的，应将其审查意见层报最高人民法院，待最高人民法院答复后作出裁定。《最高人民法院关于西门子国际贸易（上海）有限公司申请承认与执行外国仲裁裁决一案的请示的复函》也明确了这一精神，答复如下：根据请示反映的事实，本案申请人西门子国际贸易（上海）有限公司与被申请人上海黄金置地有限公司均为中国法人，双方订立的货物供应合同虽不具有典型的涉外因素，但本案属于涉自贸区案件，双方当事人均为外资独资子公司，上海黄金置地有限公司作为仲裁案件的申请人提起仲裁程序后，西门子国际贸易（上海）有限公司在提出管辖权异议并被仲裁庭驳回后又提出了反请求，双方均实际参与了全部仲裁程序，上海黄金置地有限公司也在仲裁裁决作出后部分履行了仲裁裁决确定的义务。为贯彻《最高人民法院关于人民法院为"一带一路"建设提供司法保障的若干意见》中提出的"促进国际商事海事仲裁在'一带一路'建设中发挥重要作用"的要求，本着支持自贸区法治建设可先行先试的精神，综合考虑本案实际情况，同时，结合禁止反言、诚实信用和公平合理等公认的法律原则，可以认定本案仲裁协议符合《涉外法律适用法司法解释（一）》第 1 条第 5 项规定，"可以认定为涉外民事关系的其他情形"。此外，并无证据证明承认与执行该仲裁裁决将违反我国公共政策。故本案仲裁裁决不存在我国参加的 1958 年《纽约公约》第 5 条规定之情形，应予承认与执行。

4. 商事法律关系的理解

在对外国仲裁裁决承认与执行程序中，裁决所涉争议事项依据我国法律是否具有可仲裁性，不仅直接影响仲裁协议的效力，而且影响该外国仲裁裁决能否在我国法院得到承认与执行的问题。根据《全国人民代表大会常务委员会关于我国加入〈承认及执行外国仲裁裁决公约〉的决定》，我国加入该公约时作了商事保留声明，即我国仅对按照我国法律属于契约性和非契约性商事法律关系所引起的争议适用该公约。依据《最高人民法院关于执行我国加入的〈承认及执行外国仲裁裁决公约〉的通知》第 2 条的规定，“契约性和非契约性商事法律关系”具体是指由于合同、侵权或者根据有关法律规定而产生的经济上的权利义务关系。

5. 公共政策保留的理解

我国法院在对外国仲裁裁决承认与执行的审查过程中，经常面临承认与执行外国仲裁裁决是否违反我国公共政策的问题，即是否适用公共政策保留而拒绝承认与执行外国仲裁裁决。公共政策是一个国家根本政治经济秩序、一般社会道德规范和基本法律原则的集中反映，是维护一国根本社会利益和正义的“安全阀”，我国现有法律并未明晰地界定公共政策的内涵和外延，也没有规定其适用的标准和范围，但我国的司法实践一直秉持“有利于执行”的公约理念对《纽约公约》第 5 条第 2 款规定的公共政策采取慎用的态度。如在日本三井物产株式会社申请承认与执行瑞典斯德哥尔摩商会仲裁院 060/1999 号仲裁裁决一案中，最高人民法院在（2001）民四他字第 12 号复函中指出“海南省纺织工业总公司作为国有企业，在未经国家外汇管理部门批准并办理外债登记手续的情况下，对日本三井物产株式会社直接承担债务，违反了我国有关外债审批及登记的法律规定和国家外汇管理政策，但是对于行政法规和部门规章中强制性规定的违反，并不当然构成对我国公共政策的违反”；在 ED&F 曼氏（香港）有限公司申请承认和执行伦敦糖业协会第 158 号仲裁裁决案中，最高人民法院在（2003）民四他字第 3 号复函中也指出“违反我国法律的强制性规定不能完全等同于违反我国的公共政策”。该两条批复实际已经确立了在承认与执行外国仲裁裁决案件中，违反我国法律、行政法规、部门规章中的强制性规定并不当然构成对我国公共政策的违反，不得当然地以此为由拒绝承认与执行相关外国仲裁裁决的裁判规则。此外，公共政策也会因执行地国家所处的不同历史时期而具有时间上的可变性，《纽约公约》中的公共政策不是仲裁所涉合同签订时或仲裁裁决作出时执行地国家的公共政策，而是仲裁裁决承认和执行时的公共政策。

6. 对临时仲裁裁决的承认与执行

我国现行《仲裁法》未规定临时仲裁制度，但是，商事仲裁制度在国际上起源于商人基于解决商事争议需要而自发确立的临时仲裁制度，随着商事仲裁制度得到有关国家立法的认可，机构仲裁成为商事仲裁的主要方式。尽管如此，很多国家在通过其国内立法确立机构仲裁的同时，也认可临时仲裁制度，由于我国在加入《纽约公约》时，并未排除对外国临时仲裁裁决的承认与执行，因此，在外国作出的临时仲裁裁决同样涉及在我国的承认与执行问题。最高人民法院在《民诉法解释》第 545 条对外国临时仲裁裁决的承认与执行问题作出了明确规定，即对临时仲裁庭在中华人民共和国领域外作出的仲裁裁决，一方当事人向人民法院申请承认和执行的，人民法院应当依照《民事诉讼法》第283条规定处理。

【典型案解】

1. 当事人单独就国外仲裁裁决申请承认而不申请执行的，法院可以予以受理、审查

裁判规则

因域外仲裁裁决的承认与执行法律效力不同，实践中存在不需要申请执行域外仲裁裁决的情形和仲裁司法审查司法解释的相关规定等原因，当事人单独就域外仲裁裁决申请承认而不申请执行的，人民法院可以予以受理、审查，并在符合法定条件情形下对该仲裁裁决裁定承认。

典型案例

中源船务有限公司与康纳海运有限公司申请承认外国仲裁裁决案［天津市高级人民法院民事裁定书(2018)津民他6号(2018年4月11日)］

申请人：中源船务有限公司(以下简称中源公司)

被申请人：康纳海运有限公司(以下简称康纳公司)

中源公司请求天津海事法院裁定承认伦敦海事仲裁员协会(LMAA)《康纳航运有限公司与中源船务有限公司有关"伊莲娜"轮2015年3月6日租约纠纷的终局仲裁裁决》《康纳航运有限公司与中源船务有限公司有关"伊莲娜"轮2015年3月6日租约纠纷的第二仲裁裁决》在中华人民共和国领域内具有法律效力。

裁判观点

天津市高级人民法院认为，第一，域外仲裁裁决的承认与执行具有不同法律效力。域外仲裁裁决的承认，主要解决域外仲裁裁决能否具有与我国法院判决相同既判力的问题；域外仲裁裁决的执行，主要解决域外仲裁裁决确定的给付责任能否得到实现，进而满足当事人私法上请求权的问题。第二，在实践中当事人并不必然需要申请执行域外仲裁裁决。譬如，在域外仲裁裁决经人民法院承认后，各方当事人达成和解自动给付。又如，"仲裁裁决"类型多样，确定仲裁庭是否有管辖权的仲裁裁决，确认当事人是否有财产权益的仲裁裁决等均不存在执行问题。再如，有的当事人申请承认域外仲裁裁决目的仅为行使相应抗辩权、抵销权，并不要求予以执行。第三，依照《民诉法解释》第 546 条规定，域外仲裁裁决需要中华人民共和国法院执行的，当事人应当先向人民法院申请承认。当事人仅申请承认而未同时申请执行的，人民法院仅对应否承认进行审查并作出裁定。故而，依照上述规定，当事人有权单独申请承认仲裁裁决。至于可被承认的仲裁裁决是否必须具有执行内容，依照 2018 年 1 月 1 日起施行的《仲裁司法审查规定》第 3 条第 1 款规定，域外仲裁裁决与人民法院审理的案件存在关联，被申请人住所地、被申请人财产所在地均不在我国内地，申请人申请承认域外仲裁裁决的，由受理关联案件的人民法院管辖。被申请人住所地、被申请人财产所在地均系法定申请执行仲裁裁决的管辖地，因此，依照该条款规定精神，即使域外仲裁裁决基于管辖地原因在我国无法申请执行，当事人仍然可以单独申请承认该仲裁裁决。此外，该条款规定亦未并用“承认”与“执行”。故而，依照现有法律、司法解释，当事人有单独申请承认域外仲裁裁决的权利。

天津海事法院生效民事裁定认为，本案为申请承认外国仲裁裁决案件。《仲裁司法审查规定》第 3 条规定：“外国仲裁裁决与人民法院审理的案件存在关联，被申请人住所地、被申请人财产所在地均不在我国内地，申请人申请承认外国仲裁裁决的，由受理关联案件的人民法院管辖。”天津海事法院受理的另案追偿诉讼与本案有关联，天津海事法院可以受理审查本案。依照《民事诉讼法》第 283 条的规定，对本案的审查，应当依照我国缔结或者参加的国际条约办理。案涉仲裁裁决在《纽约公约》缔约国英国领土内作出，故本案审查应当适用《纽约公约》的规定。本案康纳公司未就《纽约公约》第 5 条第 1 款拒绝承认和执行情形提出审查事项，亦未发现存在该公约第 5 条第 2 款规定的违反可仲裁性和公共政策情形以及我国缔约保留事项，因此，应承认仲裁裁决效力。

2. 被执行人没有被给予进行仲裁程序的适当通知，裁决可予以拒绝承认和执行

裁判规则

根据《纽约公约》第 5 条第 2 项的规定，作为裁决执行对象的当事人，没有被给予指定仲裁员或者进行仲裁程序的适当通知，或者由于其他情况而不能对案件提出意见的，该裁决可予拒绝承认和执行。根据国际商业仲裁庭仲裁规则，开庭通知可以通过邮寄的方式送达。本案东翔公司已通过适当方式得到了进行仲裁程序的通知，故其未收到仲裁通知的抗辩，本院不予支持。

典型案例

格罗莉娅琼丝公司与无锡市东翔针纺织有限公司申请承认外国仲裁裁决案［江苏省无锡市中级人民法院民事裁定书(2014)锡商外仲审字第0004号(2014年10月10日)］

申请人:格罗莉娅琼丝公司

被申请人:无锡市东翔针纺织有限公司(以下简称东翔公司)

格罗莉娅琼丝公司申请承认俄罗斯联邦工会国际商业仲裁庭(以下简称国际商业仲裁庭)于2014年3月17日作出的案件编号为209/2013的仲裁裁决。

裁判观点

无锡市中级人民法院认为,根据《民事诉讼法》第283条的规定:国外仲裁机构的裁决,需要中华人民共和国人民法院承认和执行的,应当由当事人直接向被执行人住所地或者其财产所在地的中级人民法院申请,人民法院应当依照中华人民共和国缔结或者参加的国际条约,或者按照互惠原则办理。《中华人民共和国和俄罗斯联邦关于民事和刑事司法协助的条约》第21条规定:"缔约双方应根据1958年6月10日在纽约签订的关于承认与执行外国仲裁裁决的公约,相互承认与执行在对方境内作出的仲裁裁决。"本案所涉仲裁裁决在俄罗斯联邦作出,中国与俄罗斯联邦均为《纽约公约》的缔约国,故本案所涉仲裁裁决是否予以承认应当根据《纽约公约》第5条关于承认与执行外国仲裁裁决的规定进行审查。

根据《纽约公约》第5条第2项的规定,作为裁决执行对象的当事人,没有被给予指定仲裁员或者进行仲裁程序的适当通知,或者由于其他情况而不能对案件提出意见的,该裁决可予拒绝承认和执行。根据国际商业仲裁庭仲裁规则,开庭通知可以通过邮寄的方式送达。格罗莉娅琼丝公司提供的209/2013号仲裁裁决书上详细记载了传票送达经过,DHL快递单等亦可以相互印证,证明开庭传票已送达东翔公司地址处,东翔公司已通过适当方式得到了进行仲裁程序的通知。故东翔公司未收到仲裁通知的抗辩,本院不予支持。

3. 裁决事项不具有可仲裁性,裁决可予以拒绝承认和执行

裁判规则

被申请人有证据证明仲裁裁决存在《纽约公约》第5条第1款规定的情形的,人民法院始得依据被申请人的申请,拒绝承认与执行仲裁裁决。本案中,汇鸿中鼎公司对AOT贸易公司要求其支付的利息数额有异议,不属于人民法院审查承认与

执行仲裁裁决的范围。案涉仲裁裁决所涉争议为买卖合同纠纷，非属不能以仲裁解决的争议事项，且该仲裁裁决亦不违反社会公共利益，裁定予以承认与执行。

典型案例

AOT贸易公司与江苏汇鸿国际集团中鼎控股股份有限公司申请承认与执行外国仲裁裁决案［江苏省南京市中级人民法院民事裁定书（2016）苏01协外认1号（2016年6月13日）］

申请人：AOT贸易公司

被申请人：江苏汇鸿国际集团中鼎控股股份有限公司（以下简称汇鸿中鼎公司）

申请人AOT贸易公司向本院提出申请，要求承认与执行由新加坡仲裁员安东尼·詹姆斯·戈尔德史密斯对AOT贸易公司与汇鸿中鼎公司之间纠纷于2015年2月2日作出的最终裁决。

裁判观点

南京市中级人民法院认为，本案所涉仲裁裁决在新加坡境内作出，而我国与新加坡均是《纽约公约》的成员国，因此，依照《民事诉讼法》第283条之规定，本院对该裁决是否应予承认与执行进行审查时，应适用《纽约公约》的相关规定。被申请人有证据证明仲裁裁决存在《纽约公约》第5条第1款规定的情形的，人民法院始得依据被申请人的申请，拒绝承认与执行仲裁裁决。本案中，汇鸿中鼎公司对AOT贸易公司要求其支付的利息数额有异议，该异议系其对AOT贸易公司依据仲裁裁决确定的利息计算方式得出的利息数额有异议，但对仲裁裁决本身没有异议。该异议不属于人民法院审查承认与执行仲裁裁决的范围。案涉仲裁裁决所涉争议为买卖合同纠纷，非属不能以仲裁解决的争议事项，且该仲裁裁决亦不违反社会公共利益。综上，依照《纽约公约》第5条、《民事诉讼法》第283条的规定，裁定：对仲裁员安东尼·詹姆斯·戈尔德史密斯于2015年2月2日作出的关于AOT贸易公司与汇鸿中鼎公司之间纠纷的最终裁决予以承认与执行。

4. 契约性和非契约性商事法律关系争议适用《纽约公约》

裁判规则

根据《全国人民代表大会常务委员会关于我国加入〈承认及执行外国仲裁裁决公约〉的决定》，我国加入该公约时作了商事保留声明，即我国仅对按照我国法律属于契约性和非契约性商事法律关系所引起的争议适用该公约。涉案仲裁争议事项

为大韩海运和海航集团因租船合同和履约保函的履行所引起的合同纠纷，属于可以适用《纽约公约》的"契约性商事法律关系"。

典型案例

大韩海运株式会社与海航集团有限公司申请承认与执行外国仲裁裁决案［海口海事法院民事裁定书(2016)琼72协外认1号之二(2017年8月15日)］

申请人：大韩海运株式会社(以下简称大韩海运)

被申请人：海航集团有限公司(以下简称海航集团)

裁判观点

海口海事法院认为，关于涉案争议事项依我国法律是否可以仲裁的问题。根据《全国人民代表大会常务委员会关于我国加入〈承认及执行外国仲裁裁决公约〉的决定》，我国加入该公约时作了商事保留声明，即我国仅对按照我国法律属于契约性和非契约性商事法律关系所引起的争议适用该公约。依据《最高人民法院关于执行我国加入的〈承认及执行外国仲裁裁决公约〉的通知》第2条的规定，"契约性和非契约性商事法律关系"具体是指由于合同、侵权或者根据有关法律规定而产生的经济上的权利义务关系。涉案仲裁争议事项为大韩海运和海航集团因租船合同和履约保函的履行所引起的合同纠纷，属于可以适用《纽约公约》的"契约性商事法律关系"，亦属于《仲裁法》第2条所规定可以仲裁的争议事项。综上，涉案仲裁所涉纠纷为依我国法律可以仲裁的争议事项。

5.《纽约公约》关于拒绝承认与执行仲裁裁决的情形规定

裁判规则

根据《纽约公约》的规定，被申请人应证明涉案仲裁裁决具有以下情形，该仲裁裁决方能被拒绝承认与执行，包括：仲裁协议无效、仲裁违反了正当程序、仲裁员超越权限、仲裁庭的组成或仲裁程序不当、裁决不具有约束力及裁决在裁决作出地国被撤销或停止执行。

典型案例

西森耐威有限公司与江苏熔盛重工有限公司申请承认与执行外国仲裁裁决案［武汉海事法院民事裁定书(2017)鄂72协外认6号(2017年12月16日)］

申请人：西森耐威有限公司

被申请人：江苏熔盛重工有限公司(以下简称熔盛公司)

裁判观点 ▶▶

武汉海事法院认为，本案所涉仲裁裁决系在英国伦敦作出，我国和英国均为1958年订立的《纽约公约》的缔约国，根据《民事诉讼法》第283条的规定，涉案仲裁裁决是否应当予以承认和执行，应当依照上述公约和《民事诉讼法》的相关规定予以审查。根据《纽约公约》的规定，被申请人应证明涉案仲裁裁决具有以下情形，该仲裁裁决方能被拒绝承认与执行，包括：仲裁协议无效、仲裁违反了正当程序、仲裁员超越权限、仲裁庭的组成或仲裁程序不当、裁决不具有约束力及裁决在裁决作出地国被撤销或停止执行。而本案被申请人熔盛公司的书面陈述理由并不符合拒绝承认该仲裁裁决的规定。

6. 根据LCIA仲裁规则，仲裁庭可以指示(有关指示应同时抄送书记员)仲裁庭与当事人之间应直接通讯

裁判规则 ▶▶

LCIA《仲裁规则》第13.2条规定，仲裁庭组成之后，除非仲裁庭指示(有关指示应同时抄送书记员)仲裁庭与当事人之间应直接通讯，否则仲裁庭与当事人之间的一切书面通讯均应继续通过书记员进行。本案仲裁庭向双方当事人发送过要求仲裁庭直接与当事人通讯的指示，并同时抄送了书记员。因此，仲裁庭直接与嘉能可公司通讯并不违反仲裁规则的相关规定。

典型案例 ▶▶

嘉能可国际股份有限公司与浙江企赢能源化工有限公司申请承认与执行外国仲裁裁决案[浙江省宁波市中级人民法院民事裁定书(2014)浙甬仲确字第1号(2016年6月24日)]

申请人：嘉能可国际股份有限公司(以下简称嘉能可公司)

被申请人：浙江企赢能源化工有限公司(以下简称企赢公司)

裁判观点 ▶▶

上海海事法院认为，关于企赢公司认为仲裁庭与当事人直接通信，裁决程序违反仲裁规则的抗辩。LCIA《仲裁规则》第13.2条规定，仲裁庭组成之后，除非仲裁庭指示(有关指示应同时抄送书记员)仲裁庭与当事人之间应直接通讯，否则仲裁庭与当事人之间的一切书面通讯均应继续通过书记员进行。上述规则表明，仲裁庭有权事先在作出指示的前提下与当事人直接通讯。本案仲裁庭已于2012年7月

7日向双方当事人发送过要求仲裁庭直接与当事人通讯的指示,该指示通过电子邮件发送双方并同时抄送了书记员。上述事实嘉能可公司已经提交初步证据予以证明,企赢公司未能就此提出相反证据。因此,仲裁庭直接与嘉能可公司通讯并不违反仲裁规则的相关规定,本案不存在仲裁庭与当事人直接通讯违反仲裁规则并导致仲裁程序与当事人之间协议不符的情形。故企赢公司该项抗辩亦不成立。

7. 裁决不具有约束力以及裁决在裁决作出地国被撤销或停止执行,可以拒绝承认与执行

裁判规则 ▶▶

根据《纽约公约》第5条第1款(戊)项,裁决不具有约束力以及裁决在裁决作出地国被撤销或停止执行,可以拒绝承认与执行,但应由负有履行裁决义务一方当事人举证证明。

典型案例 ▶▶

沃泰思航运有限公司与华风国际海运有限公司申请承认与执行外国仲裁裁决案[上海海事法院民事裁定书(2019)沪72协外认2号(2019年8月23日)]

申请人:沃泰思航运有限公司

被申请人:华风国际海运有限公司(以下简称华风公司)

裁判观点 ▶▶

上海海事法院认为,根据《纽约公约》第5条第1款(戊)项,裁决不具有约束力以及裁决在裁决作出地国被撤销或停止执行,可以拒绝承认与执行,但应由负有履行裁决义务一方当事人举证证明。被申请人华风公司虽然提出其已针对最终裁决向英国法院提起诉讼,但并未提交符合法律形式要件的证据,无证据证明涉案仲裁裁决已被英国法院撤销,故该理由不能成立。此外,被申请人华风公司亦未提交本案仲裁裁决具有不符合《纽约公约》第5条第1款所列其他情形的书面意见或证据材料。

8. 具有涉外因素的契约性商事法律关系可以约定在外国通过仲裁方式解决,不违反我国加入《纽约公约》时所作的商事保留声明

裁判规则 ▶▶

租船合同纠纷属契约性商事法律关系,具有涉外因素的争议事项可以约定在外国通过仲裁方式解决,不违反我国加入《纽约公约》时所作的商事保留声明。而

且，涉案租船合同纠纷因租金支付引起，属公司商业行为，涉及商业利益，与公共秩序无涉。

典型案例

沃泰思航运有限公司与华风国际海运有限公司申请承认与执行外国仲裁裁决案[上海海事法院民事裁定书(2019)沪72协外认2号(2019年8月23日)]

申请人：沃泰思航运有限公司

被申请人：华风国际海运有限公司

裁判观点

上海海事法院认为，根据《纽约公约》第5条第2款规定，可由法院主动审查拒绝承认与执行裁决的理由是：争议的事项不可以用仲裁方式解决；承认和执行该仲裁裁决违反法院地国的公共秩序。本案仲裁裁决系就租船合同纠纷所涉部分先决事项进行仲裁过程中申请人产生的法律费用进行仲裁，而该租船合同纠纷属契约性商事法律关系，双方当事人均为外籍法人，具有涉外因素，争议事项可以约定在外国通过仲裁方式解决，不违反我国加入《纽约公约》时所作的商事保留声明。而且，涉案租船合同纠纷因租金支付引起，属公司商业行为，涉及商业利益，与公共秩序无涉。

9.违反我国法律、行政法规、部门规章中的强制性规定，不当然构成对我国公共政策的违反

裁判规则

我国司法实践一直秉持"有利于执行"的公约理念对《纽约公约》第5条第2款规定的公共政策采取慎用的态度。在承认与执行外国仲裁裁决案件中，违反我国法律、行政法规、部门规章中的强制性规定并不当然构成对我国公共政策的违反，《纽约公约》中的公共政策不是仲裁所涉合同签订时或仲裁裁决作出时执行地国家的公共政策，而是仲裁裁决承认和执行时的公共政策。

典型案例

大韩海运株式会社与海航集团有限公司申请承认与执行外国仲裁裁决案[海口海事法院民事裁定书(2016)琼72协外认1号之二(2017年8月15日)]

申请人：大韩海运株式会社

被申请人：海航集团有限公司(以下简称海航集团)

裁判观点

海口海事法院认为,公共政策是一个国家根本政治经济秩序和一般社会道德规范、基本法律原则的集中反映,是维护一国根本社会利益和正义的“安全阀”,我国现有法律并未明晰地界定公共政策的内涵和外延,也没有规定其适用的标准和范围,但我国的司法实践一直秉持“有利于执行”的公约理念对《纽约公约》第5条第2款规定的公共政策采取慎用的态度。在承认与执行外国仲裁裁决案件中,违反我国法律、行政法规、部门规章中的强制性规定并不当然构成对我国公共政策的违反,不得当然地以此为由拒绝承认与执行相关外国仲裁裁决的裁判规则。此外,公共政策也会因执行地国家所处的不同历史时期而具有时间上的可变性,《纽约公约》中的公共政策不是仲裁所涉合同签订时或仲裁裁决作出时执行地国家的公共政策,而是仲裁裁决承认和执行时的公共政策。本案中,海航集团未经批准即对外担保(对外担保时间为2008年8月5日)的行为确实违反了当时的《外汇管理条例》《境内机构对外担保管理办法》等行政法规和部门规章,但2014年6月1日起实施的《跨境担保外汇管理规定》已将对外担保由审批制改为登记制,并明确外汇管理部门对跨境担保合同的核准、登记或备案等管理要求不构成跨境担保合同的生效要件。在此背景下,本院认为海航集团前述担保行为并不构成对我国公共政策的违反;承认与执行涉案最终裁决也无其他违反我国法律基本原则、侵犯我国国家主权、危害国家及社会公共安全、违反善良风俗等危及我国根本利益的情形存在。因此,承认与执行涉案最终裁决不违反我国公共政策。

10. 当事人对仲裁庭管辖权异议应在法定期间内提出

裁判规则

依据英国《1996年仲裁法》的相关规定,本案被申请人未在实体抗辩前提出有效管辖权异议。之后,仲裁庭要求各方提出管辖权异议的事实,不能单独构成被申请人延迟提出管辖权异议的正当理由,仲裁庭仍然对于该异议可以选择接受或不接受。综上,被申请人青润公司未提出有效的管辖权异议,棉花协会对争议行使管辖权,符合英国《1996年仲裁法》的规定。

典型案例

杰斯史密斯&桑斯棉花有限责任公司与山东省青润进出口有限公司申请承认与执行外国仲裁裁决案[山东省青岛市中级人民法院民事裁定书(2016)鲁02协外认3号(2018年4月26日)]

申请人:杰斯史密斯&桑斯棉花有限责任公司(以下简称棉花协会)

被申请人:山东省青润进出口有限公司(以下简称青润公司)

裁判观点

青岛市中级人民法院认为,对于本案仲裁庭是否具有管辖权的判断,需要解决的第一个问题是:被申请人提出管辖权异议是否超过英国《1996年仲裁法》所规定的应当提出管辖权异议的期间。对该问题的审查,仍应依据英国《1996年仲裁法》的相关规定进行。第一,根据英国《1996年仲裁法》第31条第(1)、(2)款的规定,在程序开始时,当事人一方关于仲裁庭缺乏实体管辖权的异议应当不迟于其在诉讼第一阶段花费的时间提出,并且关于仲裁庭超越其实体管辖权的异议,被指超越管辖权的事项一经发生,必须尽快提出;但根据第31条第(3)款如认为延迟具有正当理由,仲裁庭可以接受迟于第(1)、(2)款规定时间提出的异议。根据英国《1996年仲裁法》第73条第(1)款的规定,提出仲裁庭管辖权异议权利的丧失的情形包括未在仲裁庭允许的时间内提出异议,故结合第31条第(3)款以及第73条第(1)款的相关规定可以确认:仲裁庭有权在一方延迟提出管辖权异议后,重新赋予提出管辖权异议的期限。但仲裁庭对于该权力的行使是附有条件的而不是无限制的,其条件是延迟提出具有正当的理由。而在本案中,被申请人并未在实体抗辩前提出有效管辖权异议,在仲裁开始三个多月后,仲裁庭虽然向被申请人征求关于管辖权问题的意见,但被申请人不具备可以迟延提出管辖权异议的正当理由,因此,仲裁庭无法再对其异议进行审查。第二,2013年1月22日,仲裁庭要求各方提出管辖权异议,是否构成被申请人延迟提出异议的正当理由。本院认为,该事实并不构成被申请人延迟提出的正当理由。在本案中,被申请人在此之前对于仲裁庭管辖权异议的理由并未涉及ICA无管辖权的这一事实,而对于ICA无管辖权的异议,是其在仲裁庭的要求后提出,而此时被申请人提出的时间已经远远超过了应当提出管辖权异议的合理期间,对于被申请人提出的管辖权异议,仲裁庭仍需结合英国《1996年仲裁法》第31条第(3)款的规定,首先判定被申请人是否具有仲裁庭可以接受的延迟理由,能否接受被申请人的异议,再判定被申请人的管辖权异议是否成立。然而,在本案中,被申请人并未提交存在正当延迟理由的证据,故一审及上诉审的仲裁庭均不认为被申请人具有延迟提出管辖权异议的正当理由。综上,仲裁庭要求其提出管辖权异议的事实,不代表仲裁庭在作出该要求之时即判定被申请人具有延迟提出的正当理由,而恰恰是被申请人提出该异议后,仲裁庭综合审查该异议,认为其异议不符合英国《1996年仲裁法》的规定,而不应被审查和考虑。因此,仲裁庭要求各方提出管辖权异议的事实,不能单独构成被申请人延迟提出管辖权异议的正当理由。第三，仲裁庭依据法律并不是必须接受被申请人的异议。退一步讲，即使认定被申请人在仲裁庭征求关于管辖权问题所要求的期间提出相应异议，即视为其具备正当延迟理由。那么对英国《1996 年仲裁法》第 31 条第(3)款的规定，即"如认为延迟具有正当理由，仲裁庭可以接受迟于第(1)、(2)款规定时间提出的异议"的文义解释，仲裁庭对于该异议的接受系"可以"，而非"必须"，因此，仲裁庭仍然对于该异议可以选择接受或不接受，从本案仲裁庭的判定来看，仲裁庭并未接受该异议。故本案仲裁庭在征询双方当事人意见后，仍可以行使管辖权。综上所述，被申请人青润公司未提出有效的管辖权异议，棉花协会对争议行使管辖权，符合英国《1996 年仲裁法》的规定。

11. 表见代理人签订的合同中的仲裁条款依法有效

裁判规则

申请人在签订系争合同时有合理理由相信韩某是有权代表被申请人的，合同中的仲裁条款依法有效，被申请人认为双方之间不存在仲裁协议的主张不成立，本院不予支持。

典型案例

哈勒瓦得莱瑞有限公司与上海富正贸易有限公司申请承认与执行外国仲裁裁决案[上海市第一中级人民法院民事裁定书(2017)沪 01 协外认 4 号(2017 年 12 月 11 日)]

申请人：哈勒瓦得莱瑞有限公司

被申请人：上海富正贸易有限公司

裁判观点

上海市第一中级人民法院认为，本案的争议焦点在于：申请人是否有合理理由相信韩某有权代表被申请人签约，申请人与被申请人之间是否存在有效的仲裁协议。首先，系争合同载明的买方为被申请人，韩某签字处亦记载其为被申请人负责人，故系争合同在形式上的一方当事人是被申请人，而非韩某个人。其次，2011 年期间的业务过程中，韩某系以被申请人名义与申请人签约，被申请人对此并无异议，目前被申请人并未举证证明在被申请人与韩某之间的代理关系于 2011 年年底终止后，被申请人曾将该情况告知过申请人。在无相反证据的情况下，申请人相信韩某有权继续代表被申请人签订本案系争合同是合理的。最后，本案中需要判断的是仲裁条款的效力，仲裁条款一经成立后其效力独立于合同，合同后续履行情况并不影响仲裁条款成立时的效力。被申请人在本案中提供的相关电子邮件均是申请人与韩某之间于2013年就有关货款欠款事宜进行的协商,其中虽提到了韩某新注册的公司,但并不能据此证明申请人在签订系争合同时就已经知道合同相对方不是被申请人,且邮件内容亦不能区分本案系争合同业务与韩某自己的其他业务。据此,本院认为,申请人在签订系争合同时有合理理由相信韩某是有权代表被申请人的,合同中的仲裁条款依法有效,被申请人认为双方之间不存在仲裁协议的主张不成立,本院不予支持。

12.《纽约公约》对仲裁裁决书的形式要求

裁判规则

申请人提供了经过公证认证的仲裁裁决书的原件,且委托上海市外事翻译工作者协会对仲裁裁决书翻译成中文译本,符合《纽约公约》第4条规定的形式要件。《纽约公约》第4条第2款规定的译本需要认证的情形是指裁决的文字并非依据裁决地的官方文字作出的情形下,本案所涉仲裁裁决是依据新加坡的官方语言之一英文作出,故不符合上述情形。

典型案例

信息管理服务全球有限公司与新疆美克化工股份有限公司申请承认与执行外国仲裁裁决案[上海市第一中级人民法院民事裁定书(2018)沪01协外认23号(2019年3月12日)]

申请人:信息管理服务全球有限公司(以下简称信息管理公司)

被申请人:新疆美克化工股份有限公司(以下简称美克公司)

裁判观点

上海市第一中级人民法院认为,《纽约公约》第4条规定:一、声请承认及执行之一造,为取得前条所称之承认及执行,应于声请时提具:(甲)原裁决之正本或其正式副本,(乙)第二条所称协定之原本或其正式副本。二、倘前述裁决或协定所用文字非为援引裁决地所在国之正式文字,声请承认及执行裁决之一造应备具各该文件之此项文字译本。译本应由公设或宣誓之翻译员或外交或领事人员认证之。经审核,申请人信息管理公司向本院提供了经过公证认证的仲裁裁决书的原件,且委托上海市外事翻译工作者协会对仲裁裁决书翻译成中文译本,符合《纽约公约》第4条规定的形式要件。《纽约公约》第4条第2款规定的译本需要认证的情形是指裁决的文字并非依据裁决地的官方文字作出的情形下,本案所涉仲裁裁决是依据新加坡的官方语言之一英文作出，故不符合上述情形。被申请人美克公司认为仲裁裁决书未经公证认证，相应的翻译件也经过公证认证，不符合承认与执行外国仲裁裁决的形式要件的抗辩缺乏事实和法律依据，本院亦不予采信。

13.《纽约公约》中仲裁协议书面形式的认定

裁判规则

《纽约公约》签订于1958年，当时尚未出现包括电子邮件在内的电子数据通讯方式，但从公约所使用的"互换函电"一词及条文意图来解释，应当认为电子邮件属于书面形式的一种，而非口头形式。

典型案例

佳施国际株式会社与上海市振戎石油有限公司申请承认与执行外国仲裁裁决案［上海市第一中级人民法院民事裁定书（2016）沪01协外认12号（2017年2月22日）］

申请人：佳施国际株式会社

被申请人：上海市振戎石油有限公司（以下简称振戎公司）

裁判观点

上海市第一中级人民法院认为，包含仲裁条款的买卖合同系通过电子邮件的方式签署。根据《纽约公约》第2条第2项规定："称'书面协定'者，谓当事人所签订或在互换函电中所载明之契约仲裁条款或仲裁协定。"《纽约公约》签订于1958年，当时尚未出现包括电子邮件在内的电子数据通讯方式，但从公约所使用的"互换函电"一词及条文意图来解释，应当认为电子邮件属于书面形式的一种，而非口头形式，故振戎公司认为系争仲裁条款非书面形式的理由不能成立，本院不予支持。

14. 仲裁裁决书的送达

裁判规则

仲裁庭第三位仲裁员通过声明书方式明确其在送达电子版仲裁裁决后将三位仲裁员共同签字的仲裁裁决原件邮寄给各当事人，故可以认定最终仲裁裁决已送达被申请人。

典型案例

来宝资源国际有限公司与山东中淼商业有限公司申请承认与执行外国仲裁裁

决案[山东省日照市中级人民法院民事裁定书(2018)鲁11协外认2号(2018年12月20日)]

申请人:来宝资源国际有限公司

被申请人:山东中淼商业有限公司

裁判观点 ▶▶

日照市中级人民法院认为,本案中,2016年8月1日,仲裁庭向被申请人委托代理人送达电子版最终仲裁裁决,且被申请人的委托代理人已将该电子版仲裁裁决转发给被申请人。仲裁庭第三位仲裁员Robert Gaisford通过声明书方式明确其在送达电子版仲裁裁决后将三位仲裁员共同签字的仲裁裁决原件邮寄给各当事人。故可以认定最终仲裁裁决已送达被申请人。2016年9月19日,仲裁员Robert Gaisford以邮寄方式将经签署的补充仲裁裁决送达给被申请人。对于被申请人主张的仲裁裁决没有合法送达的问题,本院不予支持。

15. 可以认定为涉外民事关系的其他情形

裁判规则 ▶▶

西门子公司与黄金置地公司虽然都是中国法人,但注册地均在上海自贸试验区区域内,且其性质均为外商独资企业,此类主体与普通内资公司相比具有较为明显的涉外因素。合同项下的标的物设备虽最终在境内工地完成交货义务,但本案合同的履行因涉及自贸试验区的特殊海关监管措施的运用,与一般的国内买卖合同纠纷具有较为明显的区别。本案合同关系符合《涉外法律适用法司法解释(一)》第1条第5项规定的"可以认定为涉外民事关系的其他情形"。

典型案例 ▶▶

西门子国际贸易(上海)有限公司与上海黄金置地有限公司申请承认与执行外国仲裁裁决案[上海市第一中级人民法院民事裁定书(2013)沪一中民认(外仲)字第2号(2015年11月27日)]

申请人:西门子国际贸易(上海)有限公司(以下简称西门子公司)

被申请人:上海黄金置地有限公司(以下简称黄金置地公司)

西门子公司申请承认与执行新加坡国际仲裁中心在编号为ARB062/07的仲裁案件中做出的最终裁决(2011年第73号裁决)。

裁判观点

上海市第一中级人民法院认为，关于系争仲裁条款的效力问题。双方当事人在货物供应合同中约定：合同争议须提交新加坡国际仲裁中心进行仲裁解决。上述仲裁条款是双方当事人的真实意思表示，且文字约定明确，将争议提交仲裁机构解决的意思表示清楚。影响该条款效力的判断关键在于系争合同关系是否具有涉外因素，如果本案纠纷系涉外合同纠纷，则当事人协商将合同争议提交外国仲裁机构的约定应为有效；反之则应认定仲裁条款无效。

根据《涉外法律适用法司法解释(一)》第1条规定："民事关系具有下列情形之一的，人民法院可以认定为涉外民事关系：(一)当事人一方或双方是外国公民、外国法人或者其他组织、无国籍人；(二)当事人一方或双方的经常居所地在中华人民共和国领域外；(三)标的物在中华人民共和国领域外；(四)产生、变更或者消灭民事关系的法律事实发生在中华人民共和国领域外；(五)可以认定为涉外民事关系的其他情形。"

本案中，申请人西门子公司与被申请人黄金置地公司均为在中国注册的公司法人，合同约定的交货地、作为合同标的物的设备目前所在地均在我国境内，该合同表面上看并不具有典型的涉外因素。然而，综观本案合同所涉的主体、履行特征等方面的实际情况，该合同当前存在与普通国内合同有明显差异的独特性，可以认定为涉外民事法律关系，主要理由有：第一，本案合同的主体均具有一定涉外因素。西门子公司与黄金置地公司虽然都是中国法人，但注册地均在上海自贸试验区区域内，且其性质均为外商独资企业，由于此类公司的资本来源、最终利益归属、公司的经营决策一般均与其境外投资者关联密切，故此类主体与普通内资公司相比具有较为明显的涉外因素。在自贸试验区推进投资贸易便利的改革背景下，上述涉外因素更应给予必要重视。第二，本案合同的履行特征具有涉外因素。合同项下的标的物设备虽最终在境内工地完成交货义务，但从合同的签订和履行过程看，该设备系先从我国境外运至自贸试验区(原上海外高桥保税区)内进行保税监管，再根据合同履行需要适时办理清关完税手续，从区内流转到区外，至此货物进口手续方才完成，故合同标的物的流转过程也具有一定的国际货物买卖特征。因此，本案合同的履行因涉及自贸试验区的特殊海关监管措施的运用，与一般的国内买卖合同纠纷具有较为明显的区别。综合以上情况，本院认为，本案合同关系符合《涉外法律适用法司法解释(一)》第1条第5项规定的"可以认定为涉外民事关系的其他情形"，故系争合同关系具有涉外因素，双方当事人约定将合同争议提交新加坡国际仲裁中心进行仲裁解决的条款有效。

【类案检索】

1. 检索词:未参加庭审陈述意见

典型案例 ▶▶

ACME清洁技术解决方案私人有限公司与中电电气(上海)太阳能科技有限公司(以下简称中电公司)申请承认与执行仲裁裁决案[上海市第一中级人民法院民事裁定书(2019)沪01协外认12号(2019年12月17日)]

裁判观点 ▶▶

上海市第一中级人民法院认为,依照《新加坡国际仲裁中心仲裁规则》(第6版,2016年8月1日)第2条"通知送达及期间的计算"第2.1条规定:本规则所称的任何通知、通讯或建议,均应采用书面形式。上述通知、通讯或建议,可以采用当面递交、挂号信、快递服务寄送,或者通过任何一种电子通信方式(包括电子邮件和传真)进行递送,或者通过其他任何适当的、能提供递送记录的方式进行递送。任何通知、通讯或建议在下列任一情形下均应被视为已经送达:(ⅰ)直接递交受送达人或其授权代表;(ⅱ)递送到受送达人的惯常居所地、营业地或者受送达人指定的地址;(ⅲ)递送到当事人约定的任何地址;(ⅳ)按照当事人此前业务往来的习惯做法进行了递送;或者(ⅴ)经合理努力后,仍未能找到前述任一地址,则递送到最后一个为人所知的受送达人的居所地或者营业地。第2.2条规定:根据第2.1条递送的任何通知、通讯或建议,均应被视为在递送当日即为已经送达。

本案中,新加坡国际仲裁中心通过电子邮件向中电公司多次发送了仲裁通知,其中,J先生是双方购货协议中指定的收件人,同时邮件抄送给了中电公司的五名高管,其中包括公司董事长陆某秀先生。之后刘某代表中电公司向仲裁中心发送邮件,询问案件情况,这表明仲裁中心向中电公司发送的邮箱地址是正确的。在刘某代表中电公司提出延期审理的申请后,仲裁庭决定延长了中电公司提交答辩书的期限,并延后了庭审日期,中电公司对此表示无异议,同时确认已收到对方的证据。虽然之后中电公司称因刘某离职而未能及时参加庭审,但此系中电公司的内部管理问题,中电公司向仲裁庭提交的相关函件表明,刘某代表中电公司已经收到了仲裁庭的2号程序令,并已确认了新的庭审日期。因此,本案的仲裁庭审通知以及对方的证据均以电子邮件的方式向中电公司送达,且中电公司亦已实际收到,上述送达方式符合仲裁规则第2.1条的规定。仲裁庭按2号程序令的规定进行了两天的庭审,中电公司未参加庭审陈述意见,逾期提交的答辩书未被仲裁庭采纳,均系由其自身原因造成,仲裁庭审程序并无违反仲裁规则之处。因此,中电公司对仲裁庭的送达及庭审程序提出的异议均不成立,本院不予采纳。

2. 检索词:仲裁送达

典型案例

佳施国际株式会社(以下简称佳施公司)与上海市振戎石油有限公司(以下简称振戎公司)申请承认与执行外国仲裁裁决案[上海市第一中级人民法院民事裁定书(2016)沪01协外认12号(2017年2月22日)]

裁判观点

上海市第一中级人民法院认为,一方面,仲裁裁决书第11~30段"历审程序"中写明了仲裁审理的各项程序进程,其中包括各项通知的发送情况及当事人的回复情况。经查,用以仲裁送达的振戎公司通信地址、传真电话均正确,从仲裁立案到庭审结束期间,振戎公司对部分通知有明确回复,还提交过相关意见及证据材料,佳施公司在本案中也提供了其调取的涉及上述第17、18、19段仲裁送达的相关凭证,这些凭证虽为复印件,但与裁决书记载的整个仲裁审理过程可以相互对应。另一方面,振戎公司所称未收到的通知与其确认收到的通知或材料在内容上互有关联,但振戎公司从未提出过未收到通知的异议。例如,振戎公司称未收到指定仲裁庭的通知,但其对此后以仲裁庭的名义发出的各项通知和材料均妥收,未提出过异议;振戎公司称未收到召开预备会议的通知,也未参加预备会议,但其收到预备会议记录后亦未提出过异议。综合以上情况,本院认为,在仲裁送达使用的振戎公司通信地址、传真电话均正确无误的情况下,振戎公司仅对部分通知的送达提出异议,依据不足,其理由本院不予采纳。

3. 检索词:仲裁裁决书的文本与语言

典型案例

来宝资源国际有限公司与山东中淼商业有限公司申请承认与执行外国仲裁裁决案[山东省日照市中级人民法院民事裁定书(2018)鲁11协外认2号(2018年12月20日)]

裁判观点

日照市中级人民法院认为，申请人已提交仲裁裁决正本和仲裁协定正本副本，以及仲裁裁决的中文译本。申请人向法院提交的仲裁裁决书等经过法定的公证、认证和翻译，其申请在文件的提交方面符合《纽约公约》第 4 条的规定。被申请人的该项抗辩主张不能成立，本院不予支持。

图书在版编目(CIP)数据

仲裁司法审查裁判规则理论与实务 / 杨秀清著. --
北京 : 法律出版社, 2021
(鼎典法律应用百科)
ISBN 978-7-5197-3192-2

Ⅰ. ①仲… Ⅱ. ①杨… Ⅲ. ①商事仲裁–研究–中国
Ⅳ. ①D925.7

中国版本图书馆 CIP 数据核字(2020)第 271587 号

仲裁司法审查裁判规则理论与实务
ZHONGCAI SIFA SHENCHA CAIPAN GUIZE LILUN YU SHIWU

杨秀清 著

策划编辑 朱 峰
责任编辑 朱 峰 苗 婕
装帧设计 鲁 娟

出版 法律出版社
总发行 中国法律图书有限公司
经销 新华书店
印刷 三河市兴达印务有限公司
责任校对 王晓萍 王语童
责任印制 张建伟

编辑统筹 辞书·融出版编辑部
开本 710 毫米×1000 毫米 1/16
印张 19
字数 286 千
版本 2021 年 3 月第 1 版
印次 2021 年 3 月第 1 次印刷

法律出版社 / 北京市丰台区莲花池西里 7 号(100073)
网址 / www.lawpress.com.cn
投稿邮箱 / info@lawpress.com.cn
举报维权邮箱 / jbwq@lawpress.com.cn
销售热线 / 400-660-8393
咨询电话 / 010-63939796

中国法律图书有限公司 / 北京市丰台区莲花池西里 7 号(100073)
全国各地中法图分、子公司销售电话:
统一销售客服 / 400-660-8393/6393
第一法律书店 / 010-83938432/8433 西安分公司 / 029-85330678 重庆分公司 / 023-67453036
上海分公司 / 021-62071639/1636 深圳分公司 / 0755-83072995

书号:ISBN 978-7-5197-3192-2
定价:79.00 元
(如有缺页或倒装,中国法律图书有限公司负责退换)